질적연구방법

Qualitative research method

이미나·김동일·김병남·이은경·조미정·주은하·추양 공저

질적연구 방법

QUALITATIVE RESEARCH METHOD

dm 동문사

머리말

최근 질적연구방법에 대한 관심이 점점 높아지고 있다. 문화인류학을 비롯하여 간호학, 사회복지학, 사회학, 교육학 등 사회과학 전반에서 다양한 질적연구들이 확산되고 있다. 대학과정의 연구방법론 강좌에서 질적연구방법에 대한 내용이 점차 강조되고, 대학원과정에서의 질적연구방법 강좌도 더욱 다양한 모습으로 개설되고 있으며, 각종 학회나 학술대회를 통해 더 많은 질적연구물의 발표와 학습기회가 제공되고 있다. 이는 기존의 양적연구가 현실적 사회현상이나 문제를 분석하고 예측하는 데 갖는 한계와도 관련되지만 질적연구가 갖는 사회적 실체와 현상에 대한 이해 및 경험의 의미가 주는 유용성과도 무관하지 않을 것이다.

질적연구방법은 현상을 해석하고 설명하는 다양한 방법 중에서 수치적, 계량적 방법 이외의 방법을 의미하는 넓은 개념이다. 다양하고 다중적인(multiplicity) 방법을 포괄하는 것으로 질적연구방법에 의존하는 경우 학술적 목적, 관심, 방법도 다르며, 비교적 덜 알려진 영역에서의 사회적 실체와 현상의 사회적 맥락에 관심을 가진다. 연구자의 인식을 중시하면서 행위자에 의해 지각된 사회적으로 구성된 실재(socially constructed reality)를 추구하는 것이다.

이 책은 전체 14장으로 구성되어 있다. 제1장에서는 질적연구방법의 이해, 제2장에서는 질적연구 설계, 제3장에서는 근거이론 방법, 제4장에서는 문화기술지, 제5장에서는 현상학적 연구, 제6장에서는 사례연구, 제7장에서는 내러티브 연구, 제8장에서는 협력적 실행연구, 제9장에서는 인터뷰 방법, 제10장에서는 관찰 방법, 제11장에서는 문서 활용, 제12장에서는 글쓰기, 제13장에서는 질적연구의 타당성과 신뢰성, 그리고 마지막 제14장에서는 질적연구 윤리로 구성되었다.

이 책은 기존의 저술에서 구체적으로 다루지 않았던 연구의 엄격성과 확실성의 이슈와 질적연구 글쓰기와 결과보고서 작성과 관련한 내용을 강조하였으며, 자료수집과 자료분석 등과 관련한 실제적인 활용을 위해서 예시를 제시하고 각 장별 주제와 관련한 최근의 국내외 자료를 포함하고자 노력하였다. 그럼에도 불구하고 기존의 저서들과 크게 다르지 않으며 연구방법을 실제로 익히도록 시도했으나 여전히 이론적 내용을 많다는 아쉬움을 갖는다. 향후에는 질적연구의 다양한 접근법과 장르 및 각 장별 주제와 관련한 더욱 깊이 있는 각론적 성격의 후속 책을 발간하기를 기대해 본다.

따라서 인문사회 각 분야의 발전을 위한 제반 이론과 실천, 그리고 정책에서 새로운 변화를 요구하는 학문적 기대에 부응하고자 활동하고 있으며, 이 책은 그와 관련한 저술작업의 일환으로 발간되는 것이다. 이러한 과정에서 그동안 국내외의 다양한 이론과 발전적 실천들을 담는 계기를 갖고자 함께 노력하고 있는 여러 연구자와 교수들에게 고마움을 전한다. 끝으로 이 책의 발간을 흔쾌히 맡아주신 도서출판 동문사의 관계자 여러분께 깊은 감사를 드린다.

2022년

저자 일동

차 례

CHAPTER 05 현상학적 연구(Phenomenological Research)

CHAPTER 06 사례연구(Case Study Research)

CHAPTER 07 내러티브 연구(Narrative Inquiry)

CHAPTER 08 협력적 실행연구

차 례

CHAPTER 13 질적연구의 타당성과 신뢰성

CHAPTER 14 질적연구 윤리

CHAPTER 01

질적연구방법의 이해

1. 질적연구의 등장
2. 질적연구의 특징

1. 질적연구의 등장

지난 400여 년간 실증주의는 자연과학과 사회과학에서 공식적인 담론으로 여겨졌으며 가장 표준적이고 과학적인 기준으로 받아들여졌다(김영천, 2016).

실증주의 패러다임은 실재(reality)의 본질이 외부에 있다고 믿으며 우리가 도달할 수 있는 불변의 절대적인 진리가 있다고 전제한다. 이때 정교한 표집과 통계적 기법을 통한 과학적 탐구 절차는 절대적인 진리를 발견할 수 있는 유일한 방법으로 간주된다(김영천, 2016).

따라서 연구자는 감각을 통해 들어오는 요소들을 수동적으로 받아들여 분석하고 가치 판단, 주관적 판단은 철저히 배제해야 하며 연구자는 연구대상과 객관적 거리를 유지해야 한다. 실증주의 패러다임에서 연구자와 연구대상 간의 관계는 독립적이고 서로 영향을 끼치지 않는 것으로 간주된다(김영천, 2016).

실증주의 패러다임은 사회현상에도 보편적인 법칙이 있고 이러한 사실은 연역적으로 설명될 수 있다고 믿는다(조영달, 2015). 다시 말해 실증주의자들은 사회현상 안에도 불변의 절대적인 진리가 존재하며 이는 자연과학의 탐구절차에 따라 검증 가능하다고 믿는다. 그러나 사회현상은 복잡하고 역사성을 지니며 통제할 수 없는 수많은 변인들로 인해 예측이 어렵다(조영달, 2015).

따라서 변인을 통제하고 실험실에서의 실험을 통해 원인과 결과를 추론하는 연구방법으로는 사회현상을 연구하는 데 무리가 있다(조영달, 2015).

Thomas Kuhn은 <The Structure of Scientific Revolution>에서 패러다임이라는 용어를 소개하였으며, 이를 사회에서 통용되는 이론적 믿음 체계라고 설명하였다(김영천, 2016; 조영달, 2015). 그는 과학혁명을 패러다임 전환에 의해 일어나는 것으로 보았으며, 이를 새로운 신념 체재의 재구성 과정으로 보았다(김영천, 2016). 그에 따르면 패러다임의 전환은 어떤 가설이 확립되고 이를 반증한 뒤 새로운 가설이 확립되고 또다시 반증되는 방식으로 누적되고 진화되는 것이 아니다(조영달, 2015). 이는 당시 과학자 사회에서 통용되는 가치에 의존하고 비과학적인 요인들이 개입하면서 혁명적으로 발전하는 것이다(조영달, 2015).

패러다임의 전환은 논리적이고 합리적인 사유 과정을 통해 이루어지는 것이라기보다는 비합리적이고 정의적인 것에 가깝다(김영천, 2016). 또한, 패러다임 전환에서 새롭게 등장한 과학적 담론은 이에 대한 학자들의 정의적, 집단적 관심이 반영되어 있기 때문에 상대적이다(김영천, 2016). 과학적 지식은 과학 내부가 아닌 외부의 조건들에 영향을 받으며 논리가 아닌 합의와 설득에 의해 만들어진다고 주장한 Kuhn의 해석은 지식 구성에 다른 이론적 전제와 방법론적 틀 형성에 영향을 주었으며 이는 1970년대 질적 연구방법의 활성화에 중요한 역할을 하였다(이윤경, 2017).

실재에 대한 인식과 접근방식에 있어 실증주의와 질적연구는 극명한 차이를 보인다. 실증주의의 경우 실재는 외부에 존재하며, 이는 규칙성, 법칙성과 함께 탈맥락적 성격을 가지고 있어 보편적인 법칙이 발견될 수 있고 일반화될 수 있다(김영천, 2016). 그러나 질적연구에서는 인간과 사회현상에 적용될 수 있는 범맥락적인 법칙이나 명제는 존재하지 않는다(김영천, 2016). 또한, 실재는 외부에 존재하는 불변의 절대적인 것이 아니라 사회적 상호작용으로 인해 만들어지고 재구성되는 것이다(김영천, 2016; 조영달, 2015). 따라서 질적연구는 불변하는 실재와 이를 설명해 줄 보편적인 법칙을 발견하기보다는 사회상황 속에서 실재에 대해 참여자들이 어떤 의미를 부여하는지 기술하고 이해하는 데 주목한다(김영천, 2016).

질적연구의 주요 목적은 의미와 이해에 있다. 다시 말해 질적연구는 현상에 대한 의미 혹은 인간 행동의 이면에 있는 관념, 신념, 동기, 느낌 등을 심층적으로 이해하는 것을 목적으로 한다(김영천, 2016; 유기웅 외, 2021). 이때 이해는 연구자가 아닌 내부자의 입장에서 바라보고 그들의 관점에서 기술하고 이해하는 것을 의미한다(김영천, 2016; 유기웅 외, 2021). 질적연구는 연구참여자가 자신의 세계와 행위에 어떤 의미를 부여하고 정의하며 행위하는지 그들의 관점에서 이해하고자 한다(김영천, 2016).

질적연구는 보편타당한 진리를 추구하는 것이 아니라 진리를 둘러싼 대립 혹은 합의 과정과 그 의미를 이해하는 데 중점을 둔다(조용환, 1999). 또한, 질적연구는 개인의 주관이 공적이고 집단적인 맥락에서 어떻게 형성되고 작용하는지를 밝히는 것으로, 이는 사적이거나 개인적인 것과 구별된다. 질적연구를 통해 독자들은 그들의 경험과 자신과의 공통점, 유사점을 찾아낼 수 있으며 인간의 삶이 가지는 복잡성을 이해하게 된다. 또한, 그들은 연구를 통해 개인의 삶과 사회의 구조적인 문제가 어떻게 영향을 주고받는지 이해하게 된다(Seidman, 2009).

질적연구는 발견과 통찰을 중요시한다. 질적연구는 인간 혹은 사회현상에 대해 연구되지 않거나 설명되지 않은 혹은 찾아내지 못한 새로운 사실 또는 의미를 찾아내는 것을 목적으로 한다(김영천, 2016). 아울러 질적연구는 이론과 실제에 대한 새로운 통찰을 제공하는 것을 목적으로 한다. 질적 접근은 그동안 당연하게 받아들였던 것에 대해 새로운 시각으로 접근할 것을 요구하며 익숙한 현상을 낯선 것으로 간주하여 새롭게 탐구할 것을 요구한다. 질적연구는 우리 주변에서 일어나는 현상 혹은 경험에 대한 탐구를 자극하고 무의식적으로 받아들였던 기존의 사고와 태도를 비판적으로 되돌아보게 한다(김영천, 2016).

2. 질적연구의 특징

질적연구는 자연스러운 상황에서 일어나며(Creswell, 2003) 질적자료는 자연적(naturalistic) 방법으로 수집된다(Stainback & Stainback, 1998). 다시 말해 질적연구자는 참여자를 실험실로 데려오거나 인위적인 상황에 놓고 연구하는 것이 아니라 그들의 일상, 그들이 머무는 현장에 찾아가 직접 대화하고 관찰하며 정보를 수집한다(Creswell, 2013). 질적연구자는 현장에 머물며 그들과 계속해서 만나고 대화하고 질문하며 내부자의 관점에서 그들의 행위와 의미를 이해하고자 한다(김영천, 2016).

질적연구자들은 가설 또는 특정 질문을 가지고 연구에 들어가지 않으며 그들이 방문할 장소와 사람에 대해 거의 알지 못하는 것처럼 연구를 수행한다(Bogdan & Biklen, 2007). 그들은 기존에 자신이 가지고 있었던 선입견에서 벗어나 내부자의 관점에서 이해하려고 시도하며 이로 인해 연구의 구체적인 구성과 연구문제는 자료수집을 통해 구체화된다(Bogdan & Biklen, 2007).

질적연구 과정은 유연하다(Creswell, 2013). 질적연구에서 연구 설계는 연구 이전에 명확하게 결정되는 것이 아니라 연구가 수행되는 과정에서 점차적으로 구체화되는 특징을 가진다(김영천, 2016). 따라서 질적연구의 연구계획은 현장에 들어가 자료를 수집하면서 변경될 수 있다(Creswell, 2013). 예를 들어, 연구 과정에서 연구참여자 혹은 연구 현장이 변경될 수 있으며 자료수집의 형태가 바뀔 수도 있다(Creswell, 2013). 또한, 자료수집과 분석과정에서 연구문제가 수정되거나 연구참여자 모집이 연장될 수 있다. 연구자는 연구 과정에서 상황에 맞게 의사결정하고 그에 따라 연구를 수행해 나가게 된다(김영천, 2016).

질적연구에서 자료수집과 자료분석은 순환성을 가진다(김영천, 2016).

자료수집과 자료분석은 서로 분리되는 것이 아니라 두 개의 과정이 상호보완적으로 이루어진다(김영천, 2016). 연구자는 자료를 수집하면서 자료분석을 시도하기도 하며 자료분석과정에서 추가적인 자료수집을 위해 다시 현장에 들어갈 수도 있다(김영천, 2016). 자료가 얼마나 필요하고 어떤 자료가 추가로 필요한지 예측할 수 없기 때문에 질적연구에서 자료수집과 자료분석은 순환적으로 이루어지게 된다(김영천, 2016).

질적연구에서 연구자료는 귀납적으로 분석된다(김영천, 2016). 연구자는 가설을 입증하기 위해 자료와 증거를 모으는 것이 아니라 자료를 통합하고 분석함으로써 그 체계를 드러내게 된다(Bogdan & Biklen, 1982).

연구자는 자료에서 공통적으로 드러나는 성질을 찾아 귀납적으로 조직화하고 패턴과 범주, 주제를 형성하면서 그것을 기반으로 새로운 지식을 도출한다(김영천, 2016).

질적연구는 근본적으로 기술적이며 해석적이다(Creswell, 2005).

질적연구의 자료는 숫자가 아닌 말 혹은 그림의 형태를 띠며 수집된 자료는 직접 인용의 형태로 제시된다. 질적연구에서 글은 자료를 기록하고 연구결과를 제시하는 데 중요한 역할을 하며, 연구참여자의 시각에서 바라본 현상과 그들의 주관적 경험은 언어라는 매개를 통해 설명되고 이해될 수 있다(이윤경, 2017).

질적연구에서 연구자와 연구대상자는 상호작용하는 양방적 관계에 놓이게 된다(신옥순, 2001). 연구자는 연구참여자와 공동의 목표를 향해 함께하는 협력자로 서로는 공생 관계에 놓이게 된다(신옥순, 2001).

질적연구는 연구참여자의 경험과 이야기 없이는 수행되기 어렵다. 또한, 그들의 경험과 이야기는 연구자의 판단에 따라 일방적으로 재단될 수도 없다. 연구자는 끊임없이 연구참여자와 상호작용하고 그들의 관점에서 바라보고 이해하기 위해 노력해야 한다. 이때 연구참여자와의 심리적 공감대 형성은 무엇보다도 중요한 요소가 된다(김영천, 2016).

질적연구에서 연구자는 스스로가 연구도구가 된다(김영천, 2016). 따라서 연구자가 어떤 렌즈를 가지고 있느냐에 따라 의미 해석은 달라질 수 있다. 연구참여자의 생활세계는 연구자의 것과 다르기 때문에 연구자의 관점에서 벗어나지 않는다면 연구참여자의 생활세계는 제대로 파악될 수 없다(김영천, 2001).

질적연구에서 의미는 매우 중요한 관심사이며 연구자들은 연구참여자들이 의미를 부여하는 방법, 즉 그들의 관점에 관심을 가져야 한다(Bogdan & Biklen, 1982). 따라서 질적연구에서 연구자 자신의 관점, 편견에 대한 자기 성찰은 필수적이다.

질적연구에서 연구자는 연구참여자의 일상에 들어가 그들과 대화하고 관찰하며 끊임없는 상호작용을 통해 연구를 수행하게 된다. 또한, 질적연구는 연구문제, 연구계획, 연구 과정이 현장에서 유연하게 변화되며 수집된 자료는 귀납적으로 분석되는 특징을 가진다. 질적연구에서 연구자는 스스로가 연구 도구가 되어 연구참여자의 이야기를 듣고 그들의 관점에서 바라보기를 시도하며 이는 언어라는 매개를 통해 기술되고 해석된다. 질적연구의 이러한 특징으로 인해 연구자는 현장에 진입하는 과정, 연구참여자를 섭외하고 자료를 수집하는 과정, 자료를 분석하고 출판하는 연구의 모든 단계에서 윤리적인 문제에 직면하게 된다.

질적연구는 연구자가 연구대상의 행위와 개념이 놓여 있는 맥락인 연구대상의 일상적 삶에 참여하거나 관찰하면서 연구대상이 가지고 있는 경험세계와 가치관을 당사자의 주관적 시각으로 이해하는 연구방식을 말한다(윤택림, 2002). 질적연구는 현상학과 해석학에 근거하여 객관적 실재가 아닌 구성된 실재를 전제로 하는데, 내부자적(emic) 관점으로 인간의 의도를 중시하며 거시적 측면에서 귀납적으로 이론을 개발하거나 참여자의 관점을 이해하는 데 초점을 둔다(조영남, 2001).

질적연구는 연구대상으로 선정된 사람들이 자신의 사회세계와 행위에 대하여 어떤 의미를 부여하고, 상황을 정의하고, 그에 따라 행위 하는지를 그들의 관점에서 이해하려는 것을 말한다(김영천, 2012).

인간은 의미에 기초하여 행위하고 상호작용하기 때문에 이와 같은 의미를 기술하고 이해한다는 것은 그들의 관점에서 세계를 바라보려는 문화상대주의적 시각을 드러내는 것이며, 내부자적 시각(emic perspective)을 기술하고 이해하려는 노력을 반영하는 것이다.

질적연구는 연구대상자들이 일상적으로 살아가는 삶을 밀도 있게 기술하고 심층적으로 묘사함으로써 해석과 분석을 가능하게 하며, 인간 및 사회 현상에 대하여 연구되지 않은, 즉 설명되지 않았던 어떤 새로운 사실이나 의미들을 찾아내는 과정을 말한다(김영천, 2012). 이러한 과정을 통해 기존의 방식이나 이론으로 설명하지 못하였던 현상을 새로 이해시켜 주거나 설명할 수 있는 이론 및 해석체계 생성이 가능한 것이다.

질적연구의 철학적 패러다임에서는 인간 사회의 삶 자체를 학문의 전제이자 동시에 학문의 대상으로 삼고 인간 주체의 모든 표현학문 활동의 근본으로 받아들인다(최신일, 2001). 그리고 인간의 사회에서 일어나는 현상을 주관적 인식, 상호주관적 의미해석과 상황규정, 의미의 상호이해를 바탕으로 일어나는 상징적 상호작용 등의 역동적인 과정에서 생성하는 현상으로 규정한다. 또한, 역동적인 과정 속에 생성하는 사회적 실재(reality)를 연구하기 위해서 끊임없이 움직이는 사회적 실재를 지속적으로 관찰하고, 기록하고, 의미를 해석하는 일을 중요하게 여긴다.

질적연구는 사회적 실체와 현상이 어떻게 해석되고, 이해되고, 경험되거나 생성되는가에 관심을 둔다는 점에서 넓은 의미로 해석적 연구이다(윤택림, 2002).

질적연구의 대상이 되는 사회적 실체와 현상이 복합적, 다층적으로 구성된 사회의 유의미한 구성요소로 간주된다. 그렇기 때문에 질적연구방법들은 자료를 만들어내는 방법이 융통성 있고, 자료가 창출되는 사회적 맥락에 보다 관심을 기울인다.

질적연구의 분석과 설명방법에서는 복합성, 세부사항, 맥락을 이해하는 데 중점을 두고, 풍부하고 상황적이며 세부적인 자료를 바탕으로 완숙한 이해를 창출해 내는 데 목적을 둔다(윤택림, 2002). 그래서 피상적인 유형, 추세나 상관관계의 묘사보다는 심층적인 분석과 설명을 강조한다.

Creswell(2007)은 질적연구들을 분석하여 다음과 같은 특성들을 발견했다.

질적연구는 자연스러운 상황에서 이슈나 문제들을 경험하고 현장에서 자료를 수집한다. 자료의 수집 과정에서는 연구자가 주요 도구가 되는데, 연구자 스스로 문서를 검토하고, 대상자들의 행동을 관찰하며, 참여자들과 인터뷰를 함으로써 스스로 자료와 정보를 수집하고 분석한다. 질적연구를 수행하기 위해서는 대체로 단일한 자료 원천에 의존하기보다는 인터뷰, 관찰, 문서 등 다양한 형태의 자료들을 수집하여 검토하고 이해한다. 질적연구는 연구자가 보고, 듣고, 이해하는 것을 해석하는 탐구 형태로서의 해석적 연구이며, 연구문제나 이슈에 관해 다양한 관점들을 보고 상황에 관계된 많은 요인을 확인하면서 총체적인 이해를 시도한다는 특성을 갖는다.

질적연구수행 과정에는 연구자들이 포괄적인 주제 체계를 구축할 때까지 주제와 기초 자료 사이를 오가며 수행하는 작업들이 포함된다. 그러다보니 연구자들은 연구대상자들이 연구문제 및 이슈에 대해 부여하는 의미를 이해하기 위해 노력하며, 연구 자체는 귀납적인 특성을 갖는다(Creswell, 2007).

1) 현지조사와 참여관찰

현지조사(fieldwork)는 연구대상자의 삶에 참여하고 그들과 관계를 맺어서 그들의 문화를 이해하는 연구방법이다(윤택림, 2004). 즉, 연구자가 직접 연구대상자들의 삶의 현장에 참여하여 지속적이고 깊이 있는 인간관계를 맺어 가면서 일상생활에 대한 연구 작업을 수행하는 것이다(이용숙 외, 2012). 현지조사 과정에서 연구자는 자신의 몸을 도구로 체험적인 연구를 수행하면서 현지민들과의 직접적, 대면적 접촉과 상호작용을 통해 얻고자 하는 자료를 수집한다.

연구대상 사회 속으로 들어가서 연구대상자들의 일상에 참여하고 또 이를 면밀히 관찰하여 그 사회에 대한 이해를 이끌어내는 참여관찰(participant observation)은 현지조사 연구의 원리에 가장 충실한 자료수집 방법이다(이용숙 외, 2012). 참여관찰은 연구자가 연구하고자 하는 사회의 일상생활에 참여하면서 내부인으로서의 시각을 얻고자 직접 온몸으로 연구대상자의 삶에 참여하여 그들과 관계를 맺음으로써 심층적 삶의 의미를 파악하는 방법이다.

참여관찰은 현장에서 눈으로 보고, 귀로 듣고, 입으로 대화하고, 가슴으로 느끼고, 몸을 움직여 행동하며, 머리로 사고하는 등의 전 과정을 포괄하며 이 과정에서 얻은 모든 자료는 연구자료가 된다(이용숙 외, 2012). 연구자는 참여관찰을 통해 현장의 물리적 환경과 현장 구성원들의 생활방식, 상호작용, 의례, 사건, 사고 등을 자연스러운 일상적 환경에서 파악하여 그 사회의 구성 및 작동방식과 사회 구성원들이 자신들의 삶을 의미화하는 방식을 이해하게 된다. 그리고 이 과정에서 자연스럽게 내부자적 시각(native point of view)을 얻게 되고, 내부자적 시각을 연구자 자신의 시각으로 이해해 나가는 과정이 참여관찰의 과정이다.

그러나 참여관찰은 연구자로서 전문적인 거리를 유지하면서 연구대상자의 삶에 참여하는 현장활동을 의미하기도 한다(Fetterman, 1989). 즉, 연구하고자 하는 사회에 완전히 참여하는 것이 아니라 일정한 거리를 두고 관찰하는 방법인 것이다(이용숙 외, 2012; Flick, 1995). 연구대상자들과 공감하되 객관성을 유지해야 하기 때문에 감정적인 관여와 객관적인 관찰이 동시에 존재해야 하는 다소 모순적인 연구방법이라는 비판도 존재한다(김영천, 2012; 이용숙 외, 2012). 그러나 내부인의 입장에서의 참여와 외부인의 입장에서의 관찰은 연구대상을 총체적으로 이해하기 위한 필수적인 과정이다(윤택림, 2004).

참여관찰은 단지 보는 것만이 아니라 직접 듣고, 냄새를 맡고, 대화하고, 느끼고, 생각하는 전 과정을 포괄한다(이용숙 외, 2012). 이러한 과정을 통해 연구자는 특정 주제를 더욱 전반적이고 심층적으로 이해할 수 있는 것이다. 연구대상자의 일상에 참여하여 그와 깊이 있는 관계를 맺는다는 것은 연구자가 자신의 주요 관심사를 넘어서서 연구대상자가 처한 다양한 사회적 상황을 대면하고 현장을 구성하는 다양한 사람들과 상호작용하게 됨을 의미한다. 지속적 참여관찰을 통해서 연구자는 자연스러운 상황에서 이들의 행위와 의미를 관찰하고 파악할 수 있다.

Jorgensen(1989)은 참여관찰의 특징을 다음과 같이 정리하였다(Flick, 1995).

참여관찰은 특수한 상황과 장소의 내부자 및 구성원의 시각에서 인간적인 의미와 상호행위에 특별한 관심을 둔다. 그리고 일상생활 상황이나 환경의 바로 '지금 여기'를 조사와 방법의 기반에 둔다. 참여관찰은 인간 실존(human existence)의 해석과 이해에 중점을 둔 이론 및 이론화 방법으로, 조사의 논리와 과정은 항상 개방적이고 유연하며 편의주의적이지만, 인간 존재의 구체적인 환경 속에서 수집된 사실에 기초하여 문제를 재정의한다. 또한, 참여관찰은 깊이 있게 질적으로 사례에 접근하여 그에 적합한 조사를 설계하며, 다른 정보수집 방법과 병행해서 직접 관찰을 수행한다.

참여관찰은 총체적인 관점과 맥락에서의 연구대상에 대한 이해를 가능하게 한다(윤택림, 2004). 참여관찰은 처음에는 넓게 시작하여 현지의 전체적인 맥락을 이해하고 연구대상자의 일상생활이 가지고 있는 의미를 이해하면서 그들의 삶을 총체적으로 이해하기 위해 노력한다. 그러고 나서 서서히 현지에 대한 전체적인 이해를 만들어 가면서 점차 연구자의 특정 연구주제에 초점을 맞춘다. 이러한 방법을 통해 연구주제를 현지의 맥락 속에 위치시키고 총체적인 관점에서의 해석이 가능한 것이다.

연구대상자들은 사회적 행동들을 통해서 그들의 문화를 표현하므로 연구자는 그들을 관찰하고, 기록하고, 분석해야 한다(Geertz, 1973). 일순간 존재했다가 지나가 버리는 사건들을 기록함으로써 해석 가능한 형태로 고정시키는 것이 가능하다. 사실 연구자는 문화적 행위의 당사자가 아니기 때문에 우리가 기록하는 것은 직접적인 접근이라고 보기는 어렵다. 때문에 연구자를 향해 문화적 행위를 하는 연구대상자들을 이해하는 것은 그들이 우리를 이해시키고 있는 부분만큼만 이해할 수 있다는 한계를 갖는다. 그러나 현지에서의 연구와 기록 작업은 연구대상이 되는 문화의 복합적인 특수성과 총체적인 맥락하에서의 상황성이 반영된 사회학적 연구자료수집을 가능하게 하며, 이러한 과정을 통해 우리는 그 한계를 극복하고 문화의 의미체계 분석과 해석에 좀 더 접근할 수 있다.

현지에서의 참여관찰을 위해서 연구자는 우선 단계를 설정해야 하고, 그 단계에 따라서 현장과 연구대상자에게 접근하여 조사를 수행해야 한다(Flick, 1995). 그리고 처음에는 넓은 범주에서 관찰을 시작하여 현지의 전체적인 맥락을 이해하고 연구대상자들의 삶을 총체적으로 이해하고 점차 구체적으로 초점을 좁혀가면서 연구문제의 본질적인 측면에 대해 이해해야 한다. 관찰과 인터뷰를 통해 경험한 내용은 현지에서 직접 작성하는 현지노트와 일지(journal)에 기록해야 한다.

특히, 일기처럼 매일 쓰는 참여관찰일지에는 현지작업 시 발생한 모든 경험과 아이디어, 두려움, 실수, 혼동, 돌파구, 문제점 등을 기록하며, 연구대상자들과의 상호작용을 통해 얻은 연구자 자신의 반응과 느낀 감정 등을 기록한다. 참여관찰일지는 문화기술지 작성을 위한 중요한 자료가 되며, 참여관찰 과정에서의 자기반성적 기록을 가능하게 하여 개인적인 편견과 느낌이 연구에 미치는 영향을 이해하게 해 준다.

2) 문화기술적 인터뷰

문화는 사회적으로 설정된 의미체계들로 이루어져 있다(Geertz, 1973). 해석가능한 부호와 상징들이 상호 연결된 체계로서의 문화는 하나의 맥락이며, 그러한 맥락 안에서 우리는 사회적 사건, 행위, 제도, 과정 등을 이해할 수 있다.

체계를 형성하고 있는 문화를 이해하기 위해서는 그 문화의 맥락 안에서 조사를 수행해야 하는데 현지조사의 중층기술(thick description)이 문화의 해석을 가능하게 한다(Geertz, 1973). 중층기술을 통해 문화를 이해한다는 것은 연구대상자 생활의 일상적이고 평범한 면을 밝히는 것이며 이러한 입장이 곧 내부자적 관점에서의 분석이자, 이해적 접근법이다.

현장에서 연구를 진행하면서 자료를 수집하는 가장 중요한 방법 중의 하나가 대화(conversation)이다. 현장에서 만나는 대상자와의 자연스러운 대화 속에서 특수한 경험을 듣는 경우가 많기 때문이다. 연구자들은 현지에서의 참여관찰 과정에서 우연적으로 발생하는 대화를 통해 대부분의 자료를 수집한다(Spradley, 1979). 대화는 평범하고 당연하지만, 매우 중요한 현지조사의 연구기술이다(윤택림, 2004).

연구자는 현지에서 항상 만나는 사람들과의 대화를 통해서 라포(rapport)를 형성하고 필요한 정보와 자료를 얻는다. 라포는 감정이입, 상호 신뢰, 이해, 공감대, 우정 등으로 해석되기도 하는데(윤택림, 2004), 현지조사 과정에서 연구자가 연구대상자들과 맺는 친밀한 관계를 일컫는다. 라포는 단순히 첫인상만으로 형성되거나 단순한 느낌으로 인해 형성되기도 하지만, 부단한 의사소통 및 설득을 통해서 만들어지기도 하고, 상호호혜성을 바탕으로 '서로에게 서비스를 교환'하는 적극적인 방식으로 만들어지기도 한다(윤택림, 2004). 연구자가 현지조사 과정에서 라포를 형성하기 위해 노력하는 이유는 연구대상자와의 사이에 형성된 친밀하고 밀접한 관계가 연구에 필요한 자료의 수집을 가능하게 하기 때문이다.

연구자가 어떤 주제에 대해서 심층적인 자료를 얻고자 할 때는 인터뷰를 한다. 현지조사에서의 인터뷰는 연구자가 현지에 체류하면서 현지에 대해 일정 정도 파악한 후에 연구 주제에 따라 인터뷰 대상자를 선정한 후 진행한다.

구조화 인터뷰 방법에 비해 현지조사 상황에서 실시되는 인터뷰는 시간과 공간의 제약에 의해 명확하게 조사형식을 갖추는 것이 어렵다. 이렇게 인터뷰기회가 자연발생적으로, 또는 갑작스럽게 찾아올 때 시행되는 개방형 인터뷰 방법이 문화기술적 인터뷰이다.

문화기술적 인터뷰(ethnographic interview)는 사람들이 습득한 문화적 의미를 발견하기 위해 고안된 질문을 하는 특별한 종류의 인터뷰이다. 문화기술적 인터뷰는 연구자와 조사대상자가 편하게 나누는 대화 과정에서 연구대상자가 정보제공자(informant)로서 반응할 수 있도록 새로운 요소를 연구자가 서서히 도입하는 방법이다(Spradley, 1979). 즉, 참여관찰 과정에서 연구자는 단지 친밀한 대화를 수행하면서 문화기술적 질문을 하는 동안 무의식적으로 인터뷰를 수행하는데, 이것이 문화기술적 인터뷰인 것이다.

문화기술적 인터뷰의 대상이 되는 정보제공자는 스스로 인식하고 있지 못하지만, 일종의 참여관찰자로서의 역할을 한다(Spradley, 1980). 연구자들이 그들에게 문화기술적 질문을 할 때 정보를 제공하는 연구대상자들은 그들의 세계 속에서 이미 알고 있던 특정 문화적 장면이나 지식에 대해 설명한다. 연구대상자들이 갖고 있는 문화적 지식은 많은 부분이 내면적이기 때문에 연구자가 관찰하는 것에 비해 훨씬 깊이 있는 내용이 될 수 있다. 이와 같은 연구대상자들의 통찰과 관찰 결과를 얻기 위해 연구자는 참여관찰 과정에서 문화기술적 인터뷰를 수행하는 것이다.

또한, 문화기술적 인터뷰를 통해 참여관찰만으로는 직접 확인할 수 없는 정보의 수집이 가능하다(이용숙 외, 2012). 문화기술적 인터뷰는 연구자가 관찰하고 있는 시기에 행해지지 않는 각종 의래 및 생활 관습에 대한 정보를 수집하거나, 연구자의 참여관찰이 허락되지 않는 상황에 있는 활동에 대한 정보를 수집할 수 있게 한다. 그리고 문화기술적 인터뷰는 참여관찰만으로는 포착되지 않는 행동이나 말, 사물 등이 지닌 의미를 이해할 수 있게 하며, 참여관찰이 전혀 불가능한 연구대상자들의 의식 세계를 이해할 수 있도록 도와준다(이용숙 외, 2012).

문화기술적 인터뷰를 위해서는 연구자가 조사대상자를 만날 때마다, 조사의 목적이 무엇인지 명확히 전달해 줄 필요가 있다. 인터뷰가 시행될 때마다 얻고자 하는 내용이 무엇인지를 조사대상자가 회상하게 만드는 것은 대화형식으로 진행되는 인터뷰라 할지라도 목적과 방향을 가지도록 하기 때문에 정보제공자가 주는 문화적 지식을 훨씬 수월하게 발견할 수 있게 한다(Spradley, 1979).

문화기술적 인터뷰의 특성은 다음과 같이 네 가지로 정리할 수 있다(이용숙 외, 2012).

첫째, 문화기술적 인터뷰는 연구대상자의 자연스러운 행동방식에 대한 연구자의 관찰을 보완해 주는 방법으로서 병행적으로 사용된다.

둘째, 문화기술적 인터뷰를 할 때는 연구대상자가 자신들의 문화의 특성을 설명하는 과정에서 자연스러운 생각의 흐름이 방해받지 않도록 정보제공자들에게 친숙한 언어로 대화해야 한다.

셋째, 문화기술적 인터뷰는 연구대상자들이 연구자에 대한 경계심을 느끼지 않고 최대한 편하고 자유롭게 느끼는 상태에서 그들의 이야기를 들려줄 수 있도록 비형식적이고 자유분방한 대화 형태를 이상적인 인터뷰 형태로 추구한다.

넷째, 문화기술적 인터뷰는 라포 형성에 기초한 심층적 이해를 추구한다. 인터뷰를 통한 심층성은 내용적인 측면에서 얻는 것이지 인터뷰의 형식이 중요한 것은 아니다. 짧은 대화 형태라 하더라도 라포 형성을 통해 얻는 정보가 심층면담(in-depth interview)에서 얻는 정보에 비해 더욱 심층적일 수 있다.

정보제공자와의 문화기술적 인터뷰는 질문하기, 말하는 것 대신에 듣기,

주장적인 역할보다는 수동적이 되기, 다른 사람에 대한 언어적인 관심을 표현하기, 눈 맞춤으로 인한 관심을 보여주기, 다른 비언어적 수단으로 관심을 표현하기와 같은 사람 간의 상호관계 기술에 의존한다(Spradley, 1979).

따라서 좋은 정보제공자를 선택하는 것이 중요하다. Spradley(1979)는 훌륭한 정보제공자는 그들의 문화에 대해 생각을 따로 하지 않아도 될 만큼 그들의 문화에 대해서 잘 알고 있어야 하며, 현재 문화적 현장에 종사하고 있는 사람이어야 한다고 하였다.

문화기술적 인터뷰의 질문은 서술적 질문과 구조적 질문, 그리고 대조적 질문의 세 가지 유형으로 나눌 수 있다(Spradley, 1979). 서술적 질문(descriptive question)은 묻기에 가장 쉬운 질문 유형으로, 모든 인터뷰에 사용되는데, 정보제공자의 용어표본을 모으는 것을 가능하게 한다. 구조적 질문(structural question)은 연구자가 정보제공자의 문화적 지식 내에 있는 기본적 단위요소, 즉 '영역(domain)'을 발견할 수 있도록 한다. 이것은 정보제공자가 어떻게 그들의 지식을 조직하는지를 밝혀낼 수 있도록 한다. 대조적 질문(contrast question)은 정보제공자가 사용하는 언어나 용어가 지니는 의미를 밝혀내고 싶을 때 하는 질문이다. 대조적 질문은 정보제공자가 그들의 세계 안에서 사건, 사물을 구별하기 위해 사용하는 의미의 중요성을 발견할 수 있게 한다.

연구자는 생소한 문화를 연구할 때 생소함 그 자체를 당연한 것으로 받아들이지 않고 문화적 지식을 탐구하고 수용하므로 생소한 문화현장에서 인터뷰 조사를 수행해야 한다. 또한, 문화적 지식을 공유하고 있는 사람들과 보다 쉽게 접촉할 수 있고 정보제공자의 인터뷰 참여 의지를 높일 수 있는 문화적 환경을 선택하여 인터뷰 조사를 수행해야 한다. 그리고 연구자는 정보제공자가 말하는 것 안에서 의미의 패턴을 찾아내야 하는데, 정보제공자는 그들 자신의 문화 분석을 하는데 항상 내부적인 관점에서 도움을 줄 수 있기 때문에 이들의 말을 지속적으로 분석해야 한다.

02
CHAPTER

질적연구 설계

1. 질적 접근방법을 이용한 설계

연구설계란 연구목적을 달성하기 위한 계획 또는 절차를 말한다. 연구의 과정은 일반적으로 연구문제를 설정하고, 관련된 선행연구들을 검토하며, 연구의 목적과 질문 또는 가설을 구체화하고 데이터를 수집하고, 그것을 분석하고 해석하고, 결과를 보고하거나 평가하는 것으로 진행된다(Creswell, 2009).

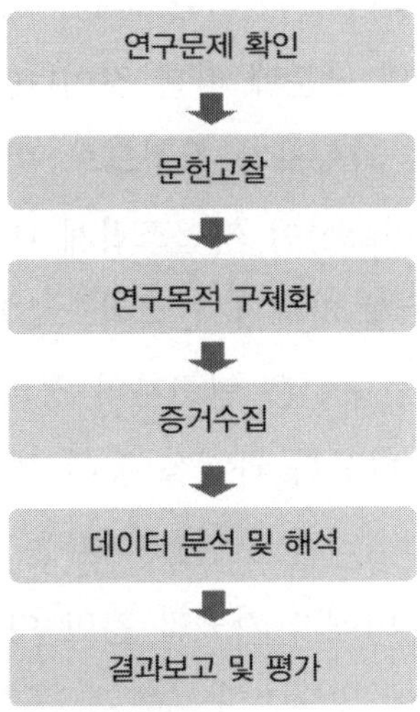

그림 2-1 연구의 과정

출처: Creswell, J. W. (2009). Research design: Qualitatve, quantitative, and mixed methods approaches (3rd ed.). Thousand Oaks, CA: Sage.

연구를 논리와 경험 사이에서 연역, 검증, 관찰, 귀납을 순환하는 과정으로 볼 수도 있다. 즉, 경험 연구에는 귀납적으로 이론을 도출하고 이것을 토대로 논리를 연역적으로 예측하며, 그 예측된 내용은 다시 경험 연구에서 구체적인 사실을 가지고 검증한다(이종승, 2009).

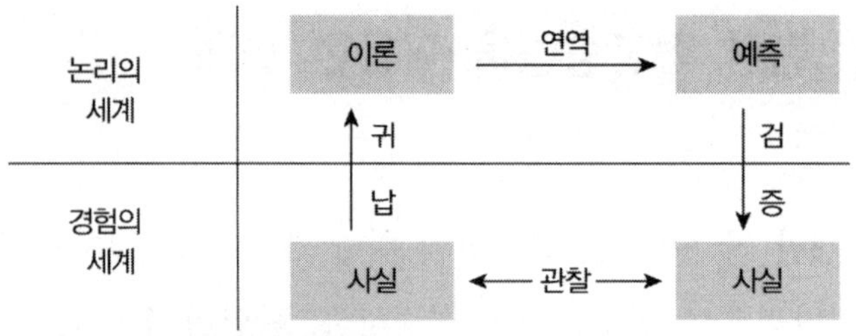

그림 2-2 과학 탐구의 순환 과정

출처: 이종승(2009). 교육·심리·사회 연구방법론. 서울: 교육과학사.

연구자가 관심을 두고 있는 변인이 양적으로 측정될 수 없는 경우라면 질적연구만이 가능할 것이다. 이러한 분류는 실증주의(Positivism)와 해석주의(Interpretation) 인식론의 구분에 따른 것이다(성숙진 외, 2005). 인간이 항상 합리적인 것은 아니며, 과학자가 진정으로 객관적일 수는 없다는 회의가 생기면서 질적연구의 필요성이 자연스럽게 대두되었다.

심리적 실재는 그 존재 자체가 간접적으로만 드러날 뿐 직접적으로 증명될 수는 없다. 심리적 구인은 연구자의 정의에 의해 비로소 존재한다고 가정될 뿐이기 때문에 타당화 과정을 통해 세상 사람들을 설득할 뿐이다. 사회 과학의 대부분이 심리적 구인을 다루는 것이기 때문에 연구자의 감정이입을 통한 주관적 이해가 가능할 뿐만 아니라 오히려 장려되어야 한다는 해석주의 인식론에 맞닿는다.

해석주의 인식론의 이론이란 일반적 보편화보다는 풍부하고 상세한 특유의 설명에 그 목적이 있으며 기본적으로 질적 증거들을 찾는 데 초점을 두기 때문에 양적연구보다는 질적연구가 대부분을 이룬다.

양적연구와 질적연구는 각자의 장점과 더불어 단점을 갖고 있다. 둘의 단점을 보완하면서 연구자료를 수집하고 분석하거나 해석할 수 있다는 제3의 부류가 혼합 연구다. 질적자료를 수집하고 분석하는 데 의심의 눈길을 보내는 양적연구 지지자들을 안심시키기 위해, 하나의 현상을 본 여러 관찰자와 해석자들의 일치도를 계산해서 그것의 타당성을 입증하려는 삼각화(triangulation)가 좋은 예이다(Creswell. 2014).

Cohen 등(2000)은 질적 접근방법을 이용한 연구계획에서 17단계의 연구

과정을 소개하는데 다음과 같다(김지숙, 2014).

① 연구의 일반적 목표와 목적 설정
② 연구목표와 목적의 조작화(operationalize) 방법 결정
③ 연구문제(research question)
④ 연구의 우선순위와 제약을 확인 정리
⑤ 연구설계 착수
⑥ 연구의 초점 확인
⑦ 인구의 방법론 확인
⑧ 윤리적 문제 확인
⑨ 연구의 이용자 혹은 청자(audiences) 확인
⑩ 도구 준비
⑪ 샘플링
⑫ 연구기간
⑬ 필요한 자원
⑭ 타당성과 신뢰성
⑮ 자료분석
⑯ 자료의 확증과 타당성
⑰ 연구의 보고서 작성

Morrison(1993)은 위의 17단계를 4단계로 줄여서 다음과 같이 제시하였다.

① 연구의 초기결정단계
② 연구설계와 방법론 결정단계
③ 자료분석단계
④ 결과의 발표와 보고단계

기본적으로 문제형성, 표본추출, 자료수집, 자료분석, 그리고 결과제시의 단계로 이루어진다. 대부분 연구과정이 그다지 명확하지 않은 질적연구에서 설계라는 용어는 지나치게 순서를 강조하는 듯한 느낌을 준다. 실제로

양적연구의 연구설계는 다분히 직선적이며, 따라서 연구설계로부터 벗어나는 모든 것은 연구의 엄격성과 타당성을 저해하는 요인으로 인식된다. 반면, 질적연구자는 연구를 진행하는 과정에서 종종 문제형성, 자료수집, 자료분석, 결과제시의 단계를 이리저리 넘나드는 듯한 느낌을 받는다. 이러한 연구단계는 결코 직선적일 수 없으며, 수집된 자료의 내용에 따라 얼마든지 이전 단계로 되돌아가거나 단계와 단계 사이를 오락가락할 수 있다(하성화, 2005). 이러한 과정에서 연구자는 새롭게 발견된 것을 토대로 연구질문을 재구성하거나, 새로운 연구대상을 찾고자 시도할 수 있으며, 새로운 질문을 갖게 되기도 한다. 경우에 따라서는 자료분석 단계에서조차도 자료수집을 위해 다시 연구현장으로 되돌아갈 수 있다.

질적연구에서는 이런 '오락가락'이 실패한 연구에 대한 보완을 의미하는 것이 절대 아니다. 이것은 질적연구의 융통성과 자기반영성이라는 특성으로, 무한히 변하는 세계와 인간에 대한 연구자의 적응이라고 볼 수 있다. 양적연구에서는 연구계획서상에 "생각해 본 것이 곧 연구자가 얻을 수 있는 것이다"라고 보는 반면, 질적연구설계에서는 "고려된 것과 얻을 수 있는 것이 반드시 일치하지는 않는다"는 생각을 바탕으로 진행된다. 질적연구에서 중요한 것은 이렇게 융통성과 자기반영성을 전제로 한 연구가 결국에는 신빙성 있고 믿을 만한 결과라는 것을 반드시 설득시켜야 하는 일이다. 이런 이유에서 다른 어떤 것보다도 질적연구에서는 연구자의 능력에 초점이 모일 수밖에 없다.

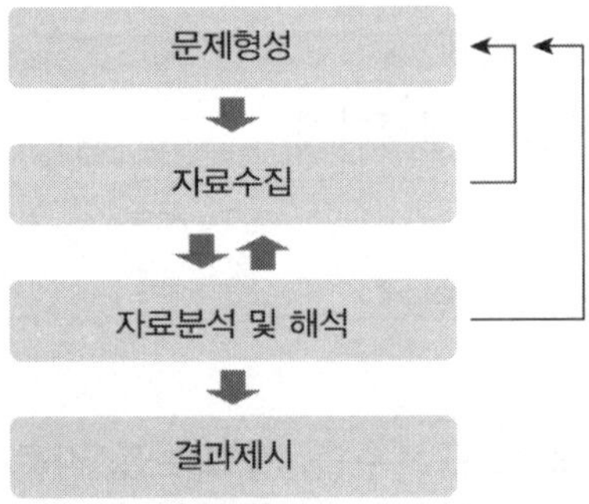

그림 2-3 질적연구 단계

출처: 권구영 외(2013). 사회복지조사방법. 서울: 한국사회조사연구소. 재인용.

2. 연구주제

1) 연구의 의미

우리가 논문을 쓴다는 것은 공부한다고 하지는 않으며, 연구한다고 한다. 연구는 공부에 비해 상대적으로 전문적인 성격을 가진다. 논문은 학술적 연구결과를 일정 형식에 맞추어 기술한 글을 논문이라고 한다(남궁용권 외, 2008). 연구는 주어지거나 정해진 문제에 대한 명확하고 유용한 답을 찾는 과정으로써 문제가 반드시 존재하며, 그 문제를 규명하는 것이 연구다(김주아 외, 2015). 즉, 논문은 각 분야에 학문상의 특정 주제를 체계적으로 논의한 글이기 때문에 학술논문 또는 연구논문이라고 표현한다(남궁용권 외, 2008). 사전적 의미의 논문은 학술적인 연구결과나 연구업적을 체계적으로 엮어 적은 글이다.

논문의 목적은 교수와 학생 간의 학문적인 접촉을 증진하고, 전공과목의 지식을 증진하며, 자주적인 학문연구의 능력과 태도를 함양하기 위한 것이다. 결국 과정을 마무리하는 최종의 평가 수단이라고 할 수 있다. 이는 졸업생으로서의 자격과 능력을 내세울 수 있는 수단이자 기회라 할 수 있다. 그러기 때문에 대학원 과정에서의 공부는 학위논문을 쓰기 위한 준비과정에 불과한 것이라 해도 좋을 만큼 중요한 의의를 지닌다. 학위논문을 통해 전문적인 연구자로서의 자격을 인정받을 수 있다. 그러므로 독립적인 연구자로의 능력이 한층 요구된다. 즉, 독창적인 연구를 통해 해당 분야의 학문에 현저한 공헌할 것을 요구한다(남궁용권 외, 2008).

많은 연구결과가 세상으로 쏟아져 나오고 있지만 그것들이 얼마나 개인과 사회에 의미가 있는지 고민스럽다. 그러나 누구나 좋은 연구를 하고 싶어 한다. 연구를 시작하려는 연구자는 자신이 선택한 연구주제와 연구문제를 앞에 두고 좋은 연구를 위해 다음과 같은 질문을 스스로에게 물어볼 필요가 있다(김주아 외, 2015).

첫째, 나는 이 연구에 대해 얼마나 아는가? 좋은 연구가 되기 위해서는 여러 가지 관련 이론들과 선행연구를 점검하고 이해하고 학습해야 한다. 혹여 그저 자신이 아는 지식을 전달하고 과시하기 위한 것은 아닌지 스스로 돌아봐야 한다.

둘째, 연구에서 내가 아는 것을 얼마나 잘 전달할 수 있는가? 아무리 좋은 연구결과라도 전달에 필요한 특정한 방법과 절차를 따르지 않으면 안 된다. 좋은 연구논문은 적절한 연구방법과 명쾌한 글쓰기를 통해 이루어진다. 연구자가 빈약하고 무의미한 연구주제를 감추고 포장하기 위해 현란한 글쓰기 솜씨와 화려한 프레젠테이션 기법에 의존한다면 이는 좋은 연구가 될 수 없다.

셋째, 연구의 결과가 세상과 전문분야에 얼마나 유익한가? 이것은 앞의 두 질문에 앞서 고민해 볼 질문이다. 많은 지식을 그저 보여주기만 하는 논문이나, 선행연구를 두 번, 세 번 다시 활용한 논문은 학문발전에 도움이 되지 않는다. 연구자는 넓은 시각과 탐구심을 갖고 자신의 관심 분야를 진솔하게 탐색하면서 한 발자국이라도 이제까지의 연구보다 더 나아가는 데 도움이 되는 연구를 해야 한다.

이런 의미에서 볼 때 가장 좋은 연구란 없다. 좋은 연구란 시대의 요구에 부응하면서 연구자가 관심을 두고 규명한 결과물일 뿐이다. 좋은 연구의 주제와 문제를 얻기 위해서 구체적으로 어떤 노력을 기울여야 할지 스스로 반문해 볼 필요가 있다.

연구자는 연구주제를 정하고 적절한 연구방법을 선정하여 자료를 수집하고 분석하여 연구결과를 도출하고 이를 해석하고 논의함으로써 한 편의 논문을 쓰기 위해 각고의 노력을 기울인다. 그러나 그러한 노력에 비해 이를 기술하여 타인에게 정확하게 전달하기 위해 필요한 형식을 갖추는 데는 인색하다. 통일된 논문양식은 독자가 연구결과를 이해하는 데 도움을 주고 논문의 수준을 한층 향상시킨다. 이런 점에서 논문의 통일된 양식은 매우 중요하다. 다시 말해, 논하고자 하는 특정한 연구주제를 중심으로 과학적이고 객관적인 방법에 따라 자료를 수집하고 분석 후 결과를 도출하는 과정을 논리적이며 체계적으로 정해진 형식과 체제에 따라 기술해야 한다(최석란 외, 2009).

연구설계에서, 서론은 연구의 필요성과 목적을 밝히고 선행연구에 대한 이론적 고찰을 통해 연구문제를 제시한다. 연구방법에서는 연구참여자 및 연구에서 사용한 다양한 측정방법과 도구, 연구의 절차 그리고 자료분석방법 등에 대해 독자들이 쉽게 이해할 수 있도록 매우 상세한 정보를 제공해야 한다. 연구결과 영역에서는 수집한 자료를 분석하여 이를 해석하고 연구의 논의 및 결론 영역에서는 분석한 연구결과를 선행연구의 결과와 비교 분석한 후 논의하고 결론지으며 연구의 제한점들을 제시한다. 마지막으로 연구자는 연구에서 인용한 저서 및 논문을 참고문헌에 정리하여 제시하고 필요한 경우 연구를 이해하는 데 도움이 되는 표, 설문지 혹은 사진 등 부록으로 제시한다(최석란 외, 2009).

2) 지식에 대한 기여

연구문제를 선정하기 전에 연구주제를 떠올리는 것이 선행되어야 할 것이다. 즉, 논문연구의 첫 단계는 연구할 문제를 탐색하고 주제를 선정하는 일이다(남궁용권 외, 2008). 연구주제는 일정 부분 연구자의 '가치가 개입'되어 있고, 나름대로 사회적으로 '의미 있는 기여'를 할 수 있어야 한다. 그리고 연구주제는 논문의 내용을 간결하고 명확하게 표현해야 한다(최석란 외, 2009).

예시 1. 비폭력 공감대화를 적용한 부모 집단상담 프로그램 연구
예시 2. 우울 및 불안을 경험한 중년여성의 모래놀이치료 개성화과정 연구

그림 2-4 연구주제 예시

'의미 있는 기여'는 연구를 수행하는 데 연구자가 '지식에 대한 기여(contribution to knowledge)'를 할 수 있는 연구주제를 선택해야 함을 의미한다. 하지만 '지식에 대한 기여'는 정의가 쉽지 않다. 왜냐하면, 어느 대학에서 충분하다고 인정되는 기여의 수준이 다른 대학에서는 수준 미달로 평가받을 수 있다. 어떤 지도교수나 논문심사위원은 지식에 대한 기여가 충분하다고 평가하는 반면, 다른 심사위원들은 정반대의 견해를 가질 수도 있다.

기존 지식에 대한 기여의 형식은 '새로운 또는 개선된 증거(new or improved evidence)', '새로운 또는 개선된 방법론(new or improved methodology)', '새로운 또는 개선된 분석(new or improved analysis)', '새로운 또는 개선된 개념이나 이론(new or improved concepts or theories)' 등이 연구를 통해 지식을 더하는 일이다. 지식에 대한 기여의 네 가지 형식은 서로 배타적인 것이 아니라 상호 이해관계에 통합하는 연구를 수행하는 일이 가능하다(김경호 외, 2012). 일반적으로 질적연구를 설계할 때는 연구의 주제 및 문제 선정하기. 이론적 틀 선정하기, 문헌분석 실시하기, 연구참여자 선정하기, 자료수집 방법 선정하기 등을 생각하게 된다(허준, 2014). 이러한 연구 설계과정은 순차적으로 이루어지지 않고 상호보완적으로 이루어진다(Merriam & Simpson, 2000).

또한, 연구주제는 연구자가 관심을 가지는 영역이거나 장차 연구를 수행할 대상 분야를 확인하고 선택하는 것이다. 그래서 연구주제를 확정하면 그 연구는 이미 반을 완성한 것이나 다름없다고 이야기하는지도 모른다. 그만큼 연구주제를 구체화하는 작업은 힘든 일이고 중요한 과정임이 틀림없다. 궁금증의 해결과 연구 사이의 차이를 인식하게 된다면 연구주제로 적합한 문제제기를 할 수 있을 것이다. 연구는 제기한 문제를 형식을 갖추어 입증해 나가는 과정이다. 따라서 연구를 진행하기 위해서는 연구의 형식을 '갖춘다'와 '입증한다'의 두 가지 요건을 고려해야 한다(김주아 외, 2015).

3) 연구주제 선정

Davis와 Parker는 좋은 연구주제가 되기 위해서는 갖추어야 할 조건으로, 첫째, 필요성과 중요성이 인정되는 연구, 둘째, 이론적 기반에서 출발하는 연구, 셋째, 적절한 연구방법론을 적용할 수 있는 연구, 넷째, 적절한 시간을 투자하여 끝마칠 수 있는 연구, 다섯째, 잠재적 연구결과의 대칭성이 있는 연구, 여섯째, 연구자의 연구능력과 관심에 상응하는 연구, 일곱째, 연구비를 지원받기에 유리한 연구, 여덟째, 전문 직업적인 발전이 가능한 영역에 관한 연구 등으로 여덟 가지를 제시하였다(Davis & Parker, 1997).

연구주제를 탐색하고 선정하는 데는 일반적으로 '어디서', '어떻게' 찾느냐 하는 것이다. 즉, 연구는 계획에 맞추어 연구대상을 반복적으로 탐구(re-search)하는 과정이다. 한 주제에 대한 반복적 탐구를 위해서는 체계적인 준비가 필요하다. 이것이 질적연구의 가장 첫 단계 설계이다(Merriam & Simpson, 2000). 연구주제를 정하는 단계는 일반적으로 연구할 만한 관심이 있는 주제를 선정한 뒤 이를 구체화하는 작업이다.

4) 연구주제와 연구문제 자원

연구문제 형성을 위한 연구활동 자원(source)을 권장해 볼 수 있다. 이종승(2009)은 연구문제 발견에 도움이 되는 일반적 원칙으로 '문제의식과 주의 깊은 관찰', '최신 정보와 연구동향 파악', '비판적 독서와 다양한 분석'의 세 가지를 제시한 바 있다. '문제의식과 주의 깊은 관찰'을 제외한 두 가지는 연구문제 형성에 실질적인 도움을 주기 위해 좀 더 구체화할 필요가 있다. 연구문제 혹은 연구주제를 선택할 수 있는 자원으로, 성태제와 시기자(2014)는 연구자의 관심과 흥미, 문헌연구, 공동연구의 참여, 새로운 학설이나 이론, 학술대회 참여, 사회적 경험, 전문가 혹은 지도교수 등의 일곱 가지를 제안한다. 연구의 주제가 될 수 있는 문제자원은 좀 더 구체적으로 정리하면 다음과 같다(남궁용권 외, 2008; Esterberg, 2002; Marshall & Rossman, 2009; Merriam & Simpson, 2000; Merriam & Tisdell, 2015).

첫째, 연구자의 일상의 삶을 돌아보는 데서부터 시작된다(Marshall & Rossman, 2009; Merriam & Simpson, 2000). 즉 가까운 곳, 상식적인 것에도 연구문제가 있다. 연구란 알려지지 않은 것을 알아보는 데에 큰 의미가 있다. 그러나 연구가 반드시 다른 사람이 하지 않은 새로운 것이어야 하고 다른 사람이 생각지 못한 특수한 것이어야 한다는 것은 아니다. 많은 연구 초보자들은 연구가 특수하고 위대한 것이어야 한다는 생각 때문에 결국 어떠한 연구주제를 발견하지 못하는 수가 많다. 물론 연구는 새롭고 특수할수록 좋다. 그러나 이러한 연구는 연구 초보자에게는 '최소'로 요구되는 것이며, '최대'로 요구되는 것은 아니다. 이러한 관점에서 문제는 가까운 곳에서 문제가 쉬운 것을 잡는 것이 좋을 것이다. 가까운 곳이란 교실에서 실험실에서 그리고 직장이나 가정에서 있는 일, 신문잡지에서 늘 거론되는 일에서도 찾을 수 있다. 그러나 흔히 연구 초보자들은 가까운 곳에서 문제가 있다는 것을 느끼지 못한다. 그것은 문제에 대한 의식을 갖지 못하기 때문이다. 만약 가까운 곳에 산재하여 있는 문제들에 대하여 '왜인가' 하는 의문을 갖는다면 문제 거리는 꼬리를 물고 일어나고 많아진다. 문제 의식을 갖고 가까운 곳에서 문제를 찾으면 너무나 좋은 문제를 쉽게 발견하게 된다.

둘째, 의문이 가는 것에 연구문제가 있다(Merriam & Simpson, 2000). 우리 사회가 경험하고 있는 다양한 문제점들은 사회의 구성원들이 해결해야 할 필요가 있다고 공통적으로 인식하고 있기 때문에 훌륭한 연구주제가 될 수 있다. 다양한 문제를 야기하고 있는 저출산 고령화 문제, 무상급식과 관련한 교육복지 문제, 청소년의 자살문제, 다문화 가정 관련 사항들은 훌륭한 질적연구의 주제가 될 수 있다. 특별히 신문이나 시사 잡지의 특집기사나 인터뷰 내용들이 질적연구의 주제에 대한 아이디어를 제공해 주기도 한다.

문제의 소재는 의문을 갖고 그 의문을 풀려고 하는 가운데에 있다는 뜻이다. 의문을 갖지 않으면 바로 앞에 좋은 연구주제 거리가 있다 해도 느끼지도 알지도 못한다. 사과나무에서 사과가 떨어지는 것을 본 물리학자는 Newton 이전에도 많았을 것이다. 그러나 Newton이 그것을 보고 의문을 가짐으로써 만유인력의 법칙을 발견하게 된 것이다. 연구는 이미 알려진 것을 정리하는 데에 의미가 있는 것이 아니고, 알려진 것을 토대로 알려지지 않은 것을 알아보는 데에 보다 큰 의미가 있다. 그러기 위해서는 기존 이론이나 방법을 그대로 따를 것이 아니라 일단 의심하는 태도가 중요한 것이다. 이러한 태도가 곧 연구주제를 발견하는 가장 중요한 계기가 되기 때문이다.

셋째, 전문지식이 연구문제를 부각시켜 준다. 즉, 학술지나 서적에서 아이디어를 얻어 새로운 연구의 주제를 선정하는 경우도 있다(Merriam & Tisdell, 2015). 특히 아직 많은 연구를 수행해 보지 않은 연구자들에게는 연구의 주제를 찾기 위해서 해당 학술 분야의 저명한 학술지나 정책 연구를 다루는 학술지 등을 살펴보는 것이 도움이 된다. 문제의 자원이 가장 많은 곳은 어느 무엇보다도 역시 전문분야에 깊이 파고 들어갈수록 보다 좋은 문제자원을 얻을 수 있다. 그리고 학문하는 동료들과 학문적 의견교환을 할 때 얻을 수 있다. 물론 교수의 강의나 세미나, 최신 연구보고서, 연구논문은 중요한 문제자원이다. 문제자원이 전문지식 속에 있다고 하지만 순간적으로 얻어지는 것은 아니다. 어떤 문제에 의문이 생길 때는 그때그때 기록을 해 두는 것이 문제의 자원을 풍부하게 해 준다. 그리고 어떤 문제에 대한 연구를 필요로 할 때 그 문제를 쉽게 발견하도록 해 주는 데에도 많은 도움을 준다.

넷째, 마지막으로 연구주제를 선정하는 가장 중요한 기준은 연구자가 연구주제에 대해 갖는 관심 정도이다(Merriam & Tisdell, 2015). 만약 연구자 자신이 관심을 갖고 있지 않은 주제를 연구하게 되면 비록, 다른 사람에게는 흥미를 주는 연구일지라도 본인에게는 괴로움을 줄 수 있다. 때문에 연구자가 관심을 갖고 있는 주제를 정하는 것이 바람직하다. 가끔 연구하기 쉬워 보이기 때문에 혹은 다른 사람이 추천을 해서 연구의 주제를 선정하는 경우를 보게 되는데, 아무리 수행하기 쉬워 보이는 연구주제라 하더라도 연구자가 관심을 갖고 있지 않는다면 연구하기 가장 어려운 주제가 될 수 있다(Esterberg, 2002).

3. 연구문제

연구문제를 설정한다는 것은 곧 실제적인 연구활동의 첫걸음을 내디딘다는 의미이다(김경호 외, 2012). 무언가를 밝히거나 말하고 싶은가에 대한 고민에서 시작된다. 연구주제가 선정되면 연구문제를 구체적으로 선정하는 과정을 거치게 된다. 연구에서 '문제'란 일정한 주제에 대해서 알려진 지식과 알고자 하는 지식 사이의 차이를 뜻한다(Merriam & Tisdell, 2015). 이는 본 연구를 통해서 기존의 연구에서 밝혀내지 못한 새롭게 밝혀낼 지식이 무엇인지를 명확히 하는 것으로 무엇을 연구할지를 선정하기 위해 연구의 필요성, 중요성, 과정 등에 대한 종합적 검토 이후에 결정된다. 즉 연구자는 교육에 대한 철학, 관심 분야의 지적 욕구나 호기심, 교육 실제에 대한 경험, 연구자를 둘러싼 시대・사회적 요청 등을 토대로 무언가를 탐구하고자 하는 필요성을 느끼게 되는데 이를 연구의 상황으로 의식화하는 과정이 연구문제의 발견 혹은 탐색이라 할 수 있다(박도순 외, 2020).

연구문제의 의미에 대해 혼란을 겪는 경우가 있는데 이는 다양한 용어가 사용되기 때문이다. 연구문제(research problem)와 유사한 용어로는 연구진술(research statement), 연구논제(research topic), 연구주제(research subject), 연구가설(research hypothesis), 연구질문(research question), 연구논점(research issue) 등이 사용되고 있다(김경호 외, 2012).

연구의 문제 안에는 연구를 통해 밝혀내고자 하는 바가 드러나게 된다. 즉 연구의 문제를 통해서 독자들은 본 연구가 어떠한 이론적 틀을 통해 이루어질 것이며, 연구의 결과를 어떻게 활용할 수 있을지 유추해 볼 수 있다(Marshall & Rossman, 2009). 질적연구의 특성으로 질적연구의 문제는 "왜" 혹은 "어떻게"로 시작하는 것이 일반적이다. 질적연구의 일반적 특성은 연구하고자 하는 현상에 대한 과정과 의미의 탐구이다(유기웅 외, 2021).

좋은 연구는 어려운 문제를 이야기하는 것이 아니라 다른 연구의 차별성과 독창성을 드러내기 위해 남들이 안 했거나 하지 않는 연구를 찾아서 발굴하는 일이다. 연구자의 역량을 벗어나지 않는 '적정선'을 지키는 연구문제이어야 한다. 이처럼 연구문제는 그 나름의 독창성, 차별성, 창의성을 지녀야 한다. 천편일률적이거나 결과가 예측가능한 연구문제는 하나의 연구문제일 수는 있지만 '좋은 연구문제'라고 하기에는 한계가 있다(김주아 외, 2015).

4. 질적연구방법 선정

연구주제를 수행하기에 가장 적합한 질적연구방법의 선정이 필요하다. 종종 우리들은 '질적연구(qualitative research)'와 '질적연구방법(qualitative research method)'이라는 개념을 혼동해서 사용한다. 하지만 이 두 개념을 구분해서 사용하는 것이 바람직하다. 먼저 '질적연구'란 주로 의미 탐구를 목적으로 하며, 숫자보다는 어휘를 사용하여 연구를 표현하고, 폐쇄형 질문보다는 개방형 질문을 사용하는 귀납적 연구방식을 갖고 있는 연구를 통틀어 표현하는 개념이다(최윤진, 2016). 양적연구에서 변수 간의 복잡한 관계의 분석을 위해 다양한 분석방법이 개발되고, 분화되었듯이 질적연구도 연구주제를 보다 효과적으로 수행하기 위한 구체적 '질적연구방법'이 전개되어 왔다(유기웅 외, 2021). 질적연구의 변인은 성(남/여), 지역, 직업, 색상, 학교급, 학교 유형 등과 같이 변인이 지니고 있는 속성에 따라 몇 개의 범주로 분류될 수 있으나 수량의 성질을 가지 못하는 변인을 뜻한다(박도순 외, 2020).

대표적 질적연구방법으로는 근거이론, 문화기술지, 현상학적 연구, 사례연구, 실행연구, 내러티브 연구들이 있다. '질적연구방법'을 때로는 '질적탐구전략'이라고 부르기도 한다(Creswell, 2011). 각각의 질적연구방법은 특정한 연구문제를 수행하기에 적합한 형태로 발전되어 왔다.

Creswell(2013)은 이러한 개념들을 "질적탐구의 접근유형(approaches to qualitative inquiry)"이라고 규정하면서 크게 문화기술지(ethnography), 근거이론(grounded theory), 사례연구(case study), 내러티브 연구(narrative research), 현상학(phenomenology) 등의 다섯 가지 유형으로 소개하고 있다.

표 2-1 다섯 가지 질적연구 전통 비교

구분	근거이론	문화기술지	현상학	사례연구	내러티브
초점	현장에서 수집한 자료에 근거하여 이론을 개발	문화적·사회적 집단을 기술하고 해석	현상에 대한 경험의 본질 이해	단일 사례 혹은 복합적인 사례에 대한 심층분석	개인의 삶을 탐구
학문적 기원	사회학	문화인류학, 사회학	철학, 사회학, 심리학	정치학, 사회적 평가, 도시연구, 기타 사회과학	인류학, 문학, 역사학, 심리학, 사회학
자료수집	범주화 작업이 포함되고 이론을 상술할 수 있을 때까지 20~30명과 면접	현장에서 상당한 기간 동안(6개월~1년) 머물면서 주로 관찰, 면접, 부수적으로 활용	10명까지 오랫동안 면접	자료수집원이 다양, 문서, 문서 기록, 면접, 관찰, 물리적 인공물	면접과 문서
자료분석	개방 코딩(open coding, 축코딩(axial coding), 선택 코딩(selective coding), 조건(결과) 매트릭스(conditional/consequential matrix)	기술분석 해석	진술의미, 의미 주제, 경험에 대한, 일반적 기술	기술 주제, 주장	이야기 발현(epiphanies), 역사적 내용
내러티브 형식	이론 혹은 이론적 모델	집단 혹은 개인의 문화적 행동 기술	경험의 본질을 기술	사례 혹은 사례들에 대한 심층연구	개인의 삶에 대한 자세한 묘사

출처: 한상길 외(2020). 연구와 실천을 위한 평생교육방법론. 경기: 공동체. 재구성.

Creswell이 분류한 다섯 가지 질적탐구의 유형 이외에도 실행 연구(action research), 생애사 연구라는 용어로 연구를 규정하는 경우도 있다. 뿐만 아니라 질적연구임에는 틀림없으나 특정한 탐구유형에 포함될 수 없는 연구들도 있는데, Merriam은 현상에 공통적으로 내재되어 있는 중심주제와 범주를 귀납적으로 추출하는 데 주력하는 일반적인 형태의 연구를 "본질적 혹은 기본적 질적연구(generic or basic qualitative research)"라고 설명한다(Merriam, 2010).

근거이론은 연구하는 현상 특히 현상을 이루고 있는 과정을 설명할 수 있는 실제적 이론을 개발하는 목적을 수행(Strauss & Corbin, 1998)하기에 적합하다.

▶ '근거이론' 연구 사례

김한별(2012)은 결혼초기 부부가 적응해 가는 과정을 탐색하고 부부로서 적응해 가는 과정이 학습으로서 어떤 의미를 갖는지에 대해서 연구하였다. 연구에서 근거이론 방법을 사용한 까닭은 "근거이론을 이용한 적응과정의 개념화는 부부 적응과정의 전개 양상을 파악할 뿐만 아니라, 그에 내포된 학습으로서 의미를 발견하는 데 유용할 것"으로 보았기 때문이다(p. 4). 연구자는 Strauss와 Corbin이 제안한 자료분석 절차를 준용하여 분석하였다. 연구자는 먼저 1) 면담자료를 여러 개의 코드로 분할, 생성하고, 2) 코드를 범주화하는 가운데 패러다임을 이용하여 각 범주의 관계를 규명, 연결하였으며, 3) 부부 적응과정의 핵심적 의미를 보여주는 중심범주를 정선(精選)해 내어 범주들을 통합하여, 4) 중심범주를 중심으로 통합된 학습으로서 부부 적응과정을 그림과 이야기 형태로 구성하였다. 이 연구는 결혼초기 부부의 적응과정은 성찰이라는 인지적 과정, 감정적 공감과 지지라는 정서적 과정, 대인관계 및 우리 사회의 사회문화적 가치 등과 같은 사회적 과정이 상호 연계되어 이루어지는 과정이며, 진정한 '배우자(spouse)'라는 정체성을 획득하는 상황학습의 과정임을 보여주고 있다.

출처: 김한별(2012). 결혼초기 부부의 적응과정에서 학습경험 탐색: 근거이론 접근. 교육문제연구, 44, 1-35.

문화기술지는 특정한 사회집단이 가지고 있는 문화를 찾아내고 해석(Bogdan & Biklen, 2007)하려는 연구주제이다.

▶ '문화기술지' 연구 사례

권지성(2008)의 문화기술지 연구는 쪽방 거주자들의 일상생활에 관한 것이다. 이 연구가 문화기술지 방법에 따라서 이루어진 까닭은 문화에 대한 관심사, 즉 "쪽방 거주자들은 쪽방지역이라는 독특한 공간에서 상당히 오랜 시간 동안 함께 생활하며 상호작용을 하고 그 과정에서 특유의 문화를 경험하거나 구성하고 있다는 점" 때문이다(p. 137). 연구자는 1년여 동안 상당히 많은 쪽방 거주자들과 만나 면담과 참여관찰을 진행하면서 쪽방 거주자의 내부자적 관점을 가지고자 하였으며, 그렇게 수집한 자료를 바탕으로 외부자적 관점에서 쪽방 거주자들이 가지고 있는 문화적 특징을 해석하였다. 연구의 결과는 쪽방 거주자들의 일상을 분석, 제시함으로써 그 문화적 특징을 보여주고 있는데, 구체적으로 거주자들의 자기 이해의 양상을 설명하는 주체, 거주공간의 특징을 다루는 공간, 거주자들의 생애궤적을 언급하는 시간, 쪽방 거주자들의 생활유형을 설명하는 생활방식의 네 가지 차원으로 설명하고 있다.

출처: 권지성(2008). 쪽방 거주자의 일상생활에 대한 문화기술지. 한국사회복지학, 60(4), 131-156.

현상학적 연구는 연구하고자 하는 현상 혹은 연구참여자 체험의 본질(이남인, 2014)이 무엇인가를 찾는 연구주제에 적합하다.

▶ '현상학적' 연구 사례

김영경 등(2004)은 우리나라 여성 노인이 겪은 학대 경험의 의미와 본질에 대하여 현상학적 연구를 실시하였다. 이들 연구자들은 여성 노인의 학대경험에 대해서 현상학적 연구방법으로 접근함으로써 "가족집단의 폐쇄성과 체면을 중요시하는 한국의 독특한 문화적 배경하에서 종종 은폐"(p. 2)되거나 왜곡되기 쉬운 학대 경험의 본질을 살펴보려고 하였다. 연구자들은 남편과 사별한 65세 이상의 여성 노인 6명에 대한 면담을 실시하여 자료를 수집하였으며, 수집한 자료는 Colaizzi가 제안한 현상학적 분석방법으로 분석하였다. 자료의 수집과 분석과정에서 연구자들은 선 이해, 가정, 편견 등을 배제하고자 의식적으로 노력했다고 진술하고 있다. 연구결과, 우리나라 여성 노인의 학대 경험은 "무시당함"과 "힘을 잃음"(p. 7)으로 요약된다고 밝히고 있다. 이 연구의 결과를 풀어 보면, 결국 여성 노인이 겪은 학대 경험의 본질이란 삶의 다양한 경험 속에서 자각하게 되는 자신의 존재에 대한 무시와 그럼에도 불구하고 어떻게 할 수 없다는 무력감에 기반을 둔다는 점을 시사한다.

출처: 김영경 외(2004). 한국 여성 노인의 학대경험에 관한 현상학적 연구. 질적연구, 5(1), 1-9.

사례연구는 다른 사례들과 구분 지을 수 있는 독특한 특성을 갖고 있는 사례에 대한 심층적 이해(Schwandt, 2007; Stake, 2010)를 목적으로 삼는다.

▶ '사례연구' 연구 사례

강영택과 김정숙(2012)은 "농촌지역에서 학교와 지역사회가 파트너십을 형성하고 그것이 변천되는 과정을 고찰"(pp. 28–29)하는 것을 목적으로 "학교와 지역사회의 파트너십을 성공적으로 수행해 오고 있다고 평가받는 충남 홍성군 홍동지역의 사례"(p. 29)를 대상으로 연구하였다. 사례를 분석하기 위하여 연구자들은 학교의 수업, 마을의 생활협동조합, 지역센터, 마을도서관, 마을카페 등을 지속적으로 방문하여 관찰하였으며, 이 지역 학교 관계자와 지역주민 35명과의 심층면담, 그리고 학교와 마을의 활동흔적을 엿볼 수 있는 문서나 기타 자료들을 수집하였다. 본 연구에서 주목하는 사례를 통하여 학교와 지역사회가 유기적인 협력관계를 형성하고 있지만, 그 관계성에 대한 인식은 계속해서 변천해 가고 있음을 지적하고 있다. 그래서 애초에 학교가 주도적이던 학교와 지역사회 간의 파트너십 관계에서 주도권

이 점차 지역사회로 넘어가고 있음을 밝히고 있다. 그리고 이러한 연구결과를 토대로 학교와 지역사회 간의 상생과 관련하여 본 연구가 시사해 주는 바를 제시하고 있다.

출처: 강영택 · 김정숙(2012). 학교와 지역사회의 파트너십에 대한 사례연구: 홍성군 홍동지역을 중심으로. 교육문제연구, 43, 27-49.

실행연구(action research)는 연구자가 연구참여자와 같은 입장에서 연구참여자가 겪고 있는 문제를 해결할 수 있는 방법(Mertler, 2009; Mills, 2007)을 찾는 것을 목적으로 한다.

▶ '실행연구' 연구 사례

양미선(2009)의 연구는 자신이 담임을 맡고 있는 만 5세 유치원 학급에서 이루어지는 동극 활동의 문제점을 파악하고 이를 개선하기 위하여 이루어졌다. 연구자가 실행연구의 형태로 연구를 수행한 이유는 아이들을 직접 지도하는 교사인 연구자와 연구자가 담임인 학급 아이들이 진행한 실제 동극 활동에서 나타나는 문제점과 어려움을 개선하려는 관심 때문이다. 이 연구에서는 McTaggart의 나선형 자기반성적 연구 사이클 모형에 따라서 문제파악과 변화계획 수립단계, 계획의 실천, 변화의 과정 및 결과에 대한 관찰단계, 변화과정과 결과에 대한 반성단계를 7차례의 동극 활동을 반복하면서 수행하였다. 본 연구는 실행연구로서 자료의 수집과 분석, 동극 활동의 개선과정 전반에 걸쳐 연구자의 역할이 부각된 반면, 상대적으로 아이들의 참여가 명확하게 드러나지는 않고 있다. 그렇지만 연구를 통해서 실제로 개선한 만 5세 아이들의 동극 활동 운영 방안들을 제시하고 있을 뿐만 아니라, 동극 활동의 개선과정에서 나타난 유아들의 변화와 성장도 함께 기술하고 있다.

출처: 양미선(2009). 만 5세 파랑반의 동극 활동 개선을 위한 실행연구. 교육연구, 46, 217-250.

마지막으로 내러티브 연구는 연구참여자의 이야기 속에 담겨 있는 그들의 삶 전체 혹은 개별 경험을 해석(Atkinson, 1998; Reissman, 1993)하고자 하는 연구주제에 적합하다.

▶ '내러티브' 연구 사례

이새암(2010)의 논문은 "사범대학 입학 당시부터 교직에 대한 뜻이 있었고, 진학 이후 그 뜻이 커진"(pp. 102-103) 학생들의 경험을 중심으로 사범대학 학생으로서의 삶을 이해하려는 연구이다. 이 연구가 내러티브 연구로 이루어진 까닭은 연구참여자들이 이미 이야기를 통하여 사범대학 학생으로서 각자의 삶을 요약하고 해석하면서, "삶에서 발생하고 있는 다양한 교육적 사건들의 의미와 중요성을 스스로 구축"해 가고 있었기 때문이다(p. 100). 연구자는 참여자 3인의 이야기들을 다시 말하는(retelling) 방식으로 구성하여 "모천회귀(母川回歸)하는 연어의 삶"(p. 121)으로 내러티브를 정리하였다. 즉 사범대학 학생으로서 삶이란, 치어로 비유될 수 있는 초·중등학교 시절부터 교사에 대한 희망을 가졌던 참여자들이 기대와 좌절, 이론과 실제와 같은 상반된 요소를 동시에 접하게 되는, 마치 바다와 강이 만나는 곳에서의 경험이다. 동시에 참여자들은 사범대학이 자신들에게 꿈을 향한 희망을 실현할 수 있는 곳이자, 언젠가 교직생활 가운데 자기연찬을 위하여 다시 회귀하게 되는 숲과 같은 공간이라고 이야기한다.

출처: 이새암(2010). 사범대학 학생들의 삶에 관한 내러티브 연구. 교육인류학연구, 13(1), 99-128.

이러한 특정한 질적연구방법 이외에 Merriam과 Tisdel(2015)은 해석주의 패러다임에 입각해서 연구참여자들이 그들의 경험과 세상이 부여한 의미를 탐구하기 위해 질적자료를 수집하고 이를 분석하는 연구방법을 기본적 질적연구(basic qualitative research)로 분류하였다. Merriam과 Tisdel(2015)은 기본적 질적연구가 다양한 학문분야에서 널리 사용되고 있다(김영석, 2014).

표 2-2 질적탐구의 접근 유형

질적연구 유형	주요 용어
근거이론(Grounded Theory)	이론의 도출(theory development)
문화기술지(Ethnography)	문화(cultural context)
현상학적 연구(Phenomenology)	체험(lived experience)에 대한 연구
사례연구(Case Study)	특정사례에 대한 종합적 기술 및 분석
실행연구(Action Research)	연구 관심사의 개선(improvement)
내러티브 연구(Narrative Research)	화자가 '이야기'하는 경험의 이해

출처: 유기웅 외(2021). 질적연구방법의 이해(제2판). 서울: 박영스토리.

우리가 명심하여야 할 것은 연구하는 연구자들이 연구에 진입하기 전에 내가 연구하는 주제를 어떤 방법론적인 개념에서 어떤 철학에서 합리화할 것인가를 먼저 확인하여 연구하는 것이 중요하다. 그리고 그러한 방법론을 서두에 밝힘으로써 읽는 이에게 신뢰성이 있고 믿을 만한 것인지를 알려주는 것이 중요하다. 오늘날 학문의 세계에서 많은 발견이 있지만, 특히 사회와 교육학 연구에서 방법론적인 선언이 없는 연구는 그 발견을 지지받기 힘들다. 왜냐하면, 21세기에 접어들어서 사회와 교육 분야의 연구는 이미 많은 부분이 해석학적 패러다임을 주류로 받아들이고 방법론에서 이러한 철학과 이론에 대하여 명확히 해 줄 것을 요구하고 있기 때문이다. 연구자들은 이러한 점에서 창발적인 방법론에 대한 부단한 개발이 필요하다(이종규, 2007). 연구자는 연구주제 및 연구문제에 가장 적합한 연구방법을 선정하여 연구의 후속 과정을 설계하게 된다.

5. 이론적 배경(문헌고찰)

1) 이론적 배경(문헌고찰) 선정

질적연구의 방법을 선정한 이후에 해야 할 일은 연구의 이론적 배경(theoretical background or conceptual framework) 선정하기이다. 이론적 배경은 연구가 존재할 수 있도록 기본 줄거리이자 핵심 역할을 하고 있는 이론을 말하며(Merriam & Tisdell, 2015), 연구를 형성하고, 지탱하는 개념, 가정, 예상, 신념, 이론의 총합을 지칭한다(Maxwell, 2005). 이론적 배경은 연구자가 연구목적과 문제의 선정, 참고문헌의 탐구, 수집할 자료의 종류 선택, 자료분석의 과정 및 결과를 명확하게 하는 데 도움을 준다(Maxwell, 2005). 이론을 선정하는 것은 연구가 보다 객관적으로 그리고 학문적으로 가치가 있는 결과를 만들어내는 데 반드시 필요한 작업이다. 이론적 배경은 평소에 관심을 갖고 있던 이론이나 자신이 갖고 있는 생각과 가장 유사한 이론을 선정하게 된다(유기웅 외, 2021). 사람들 누구에게나 자신의 삶에서 세워놓은 해석의 틀을 암묵적 이론(racit theory)이라고 할 수 있다(권준모, 1999; Marshall & Rossman, 2009), 그러나 학문적 연구에서는 하나의 현상을 연구하는 데 있어서 기존의 학문적 연구를 통해 형성된 형식적 이론(formal theory)이 사용되는데(Marshall & Rossman, 2009), 이것을 바로 이론적 배경(유기웅 외, 2021) 또는 문헌고찰이라고도 한다.

연구문제를 발견하면 그에 관련된 정보를 찾아 효율적으로 연구가 진행될 수 있도록 해야 한다. 유용한 정보는 다양한 출처에서 나오기 때문에 이론을 고찰하는 일은 그 폭이 매우 넓어야 한다. 문헌고찰을 통해 정보를 수집하려면, 세심한 주의와 더불어 체계적으로 정보를 선택할 수 있도록 많은 노력을 기울여야 한다. 문헌을 고찰할 때 연구자들이 주로 염두에 두어야 할 일은 비슷한 연구문제와 본인이 하고자 하는 연구와는 무엇이 다른지, 연구문제와 직접적으로 관련된 정보는 어떻게 수집해야 하는지를 알아보는 것이다. 이 과정은 다음의 세 가지 문제와 관련된다. 첫 번째로 정보를 어디에서 찾을 것인가? 두 번째로 수집한 정보로 무엇을 어떻게 할 것인가? 세 번째는 정보를 구성하고 있는 것은 무엇인가이다. 이 질문에 대한 답변은 다음과 같다(박도순 외, 2020).

첫째, 질문은 구체적인 자료의 출처를 찾는 것으로서 대부분의 경우 인터넷 전자도서관에서 자료를 찾는다.

둘째, 질문은 정보를 수집하고 요약하는 일로서, 어떤 보고서의 내용이 연구문제와 관련이 있다면 그 정보를 유용하게 활용할 수 있도록 주요 내용을 정리해야 할 것이다.

셋째, 처음의 두 가지보다 다소 추상적인 일이다. 앞의 두 가지 문제를 해결하려면 연구자들은 정보를 찾고 그것을 정리하면 되지만, 세 번째 문제에 답하려면 연구에 필요한 정보가 무엇인지를 판단해야 한다. 따라서 세 번째 문제에 답하기 위해서는 검토하고 있는 정보에 대한 비판적인 분석이 필요하다.

문헌고찰은 연구문제에 관련된 맥락을 찾는다는 점 외에도 다음과 같은 면에서 유용하다(박도순 외, 2020).

첫째, 연구문제와 가설을 보다 구체적으로 제한하고 확인시켜 준다.

둘째, 연구자에게 그 영역에서 이미 어떤 연구가 수행되었는지에 대한 정보를 제공한다.

셋째, 연구에 사용할 수 있는 연구설계와 방법론적인 절차를 안내한다.

넷째, 예상치 않은 어려움을 피하기 위해 연구설계의 수정을 가능하게 해 준다.

다섯째, 연구에서 나올 수 있는 결함을 확인할 수 있다.

여섯째, 연구문제의 결과를 해석하는 배경을 제공한다.

2) 문헌분석

질적연구의 과정에서 문헌분석은 연구하고자 하는 학문 분야에 어떠한 새로운 지식을 더할 수 있는지를 명확하게 하기 위해서이다(Merriam & Tisdell, 2015). 문헌분석은 선행연구를 요약하여 현재의 연구동향 및 관련 문헌의 내용을 밝힘으로써 연구가 정립된 지식 기반을 제공하는 것을 목적으로 하며, 연구주제에 대한 과거와 현재의 지식을 기술하는 논문, 도서, 기타 기록을 요약하여 기술한다. 이는 통합적 고찰의 구조와 기능에 대한 지식, 고찰한 문헌을 이해하고 논의하기 위한 비평적 사고 기술, 연구의 중요성을 부각시키는 통합적인 작성 기술이 필요하다(Heppner & Heppner, 2004). 연구란 새로운 지식의 발견을 목적으로 하기 때문에, 연구와 관련된 주제에 대해 어떠한 지식이 존재하는지 그리고 연구를 통해 밝혀내고자 하는 지식이 기존의 지식과 비교하여 연구할 만한 가치가 있는 것인지에 대한 고민이 필요하기 때문이다(Merriam & Tisdell, 2015). 그러나 연구의 주제 및 목적과 관련한 기존의 연구가 충분히 존재하지 않는 경우가 존재하는데, 이는 다음과 같은 이유 때문이다.

첫째, 실질적으로 연구를 수행하기에 불가능한 주제이기 때문에 기존의 연구가 충분히 존재하지 않는다.

둘째, 연구주제 자체로는 연구하는 것이 가능하지만 연구할 만한 가치가 크게 없는 경우이다. 연구자의 흥미로 인해서 연구하려고 하지만 연구의 결과가 연구참여자, 연구를 읽는 독자, 사회 구성원 전체에게 큰 가치를 부여하지 않는 경우가 이에 속한다.

셋째, 문헌분석의 범위를 너무 좁게 잡아서 문헌분석이 어려운 경우이다(Merriam & Tisdell, 2015). 어떠한 연구의 주제이든지 간에 반드시 그 주제와 관련한 기존의 연구들은 존재한다(Merriam & Tisdell, 2015). 하지만 문헌조사의 내용이나 주제가 적은 경우에는 문헌을 분석하기가 어렵기 때문에 좀 더 범위를 넓혀서 문헌을 조사하면 관련된 연구를 찾는 데 많은 도움이 된다.

문헌분석은 선형적 과정이 아니고 상호보완적 과정이기에 연구 초기부터 진행하는 것이 가장 적합하다. 왜냐하면, 문헌분석은 연구문제, 이론적 배경, 연구방법 등을 선정하고 명료화하는 데 도움을 주며 깊숙이 이해하는 것을 도와주기 때문이다(Merriam & Tisdell, 2015).

문헌분석의 대상은 자료의 출처 유형 기준을 크게 정기간행물, 학위논문, 단행본으로 구분할 수 있다. 정기간행물은 연구정보를 하나의 큰 책(volume)으로 묶어 정기적으로 시중에 제공되는 학술지나 기타 잡지를 말한다. 학위논문은 대학원 학위논문을 중심으로 보는 것이 더 가치가 있다. 단행본은 정기적으로 발간되는 것이 아닌 책자를 가리킨다. 그 외에도 참고문헌, 인터넷 검색 주소 등이 주요 정보가 되기도 한다. 문헌 검색으로는 인터넷을 기반으로 한 데이터베이스로 인하여 문헌분석을 비교적 손쉽게 할 수 있다. 이를 위해 학술연구정보서비스(www.riss.kr)를 추천한다. 그 외에도 국가전자도서관(www.dlibrary.go.kr), 국회전자도서관(www.nanet.go.kr), 국립중앙도서관(https://nl.go.kr), 온-나라 정책연구 PRISM(www.prism.go.kr) 등에서 유용하게 검색할 수 있다.

연구주제와 관련해서 매우 다양한 문헌들이 존재할 수 있지만 문헌분석 자료들을 수집하는 데 있어서 어느 정도까지 조사하고 분석을 해야 하는지에 대한 기준은 없다. 그래도 기준을 정한다면 다음과 같은 기준에 의해서 어느 정도 분석할 문헌의 범위를 정할 수 있다(유기웅 외, 2021).

첫째, 최근 10년 내에 출간된 문헌만을 분석한다. 그러나 자신의 분석하고자 하는 영역의 큰 획을 그은 연구 혹은 이론적 배경의 근간이 되는 핵심적 문헌 등은 비록 10년 이전에 출간되었다 하더라도 문헌분석의 범위에 포함하는 것도 좋다.

둘째, 같은 분야의 분석을 실시하는 과정 가운데 자신이 이미 분석한 문헌이 계속 다른 문헌에서 인용되고 있고, 더 이상 새로운 문헌이 발견되지 않는다면 문헌분석을 멈추도록 한다. 모든 연구는 기존의 연구물을 분석하고 그 토대 위에서 연구를 실시하기 때문에 비슷한 주제를 연구하는 연구물에서는 어느 정도 동일한 연구물이 문헌분석의 범위에 포함된다. 만약 연구자가 충분히 기존 문헌들을 분석하는 과정을 거쳤다면 자신이 이미 분석한 문헌을 언급하는 연구물들을 읽게 될 것이다. 또한, 연구자 자신이 문헌분석을 통해 밝혀낸 결과물과 계속해서 비슷한 연구결과만을 발표하는 문헌이 반복적으로 조사되고 새로운 결과를 밝히는 문헌을 찾기 어렵다면 이는 더 이상 새로운 연구결과가 없다고 가정하고 문헌분석을 멈추어도 된다.

연구자는 입수한 연구논문을 꼼꼼히 검토하여 그 주요 특성을 따로 기록해놓아야 한다. 저자의 이름에 따라 가나다 또는 알파벳 순으로 기록을 저장한다. 작성 내용은 저자의 이름, 보고서(논문, 책 등)의 제목, 발행일, 출판사, 발행지역, 그리고 정기간행물에 실린 논문일 경우에는 간행물의 권, 호, 쪽 번호까지 기록한다. 처음부터 완전하고 정확하게 문헌의 특징을 기록해 두면, 연구과정에서 많은 시간을 절약할 수 있으며, 또한 여러 가지 혼란을 방지할 수 있다.

다른 문헌정보를 이용할 때는 처음부터 구체적인 것에 너무 관심 두지 말고, 개요 또는 학위논문인 경우에는 초록을 보는 것이 좋다. 상황에 따라서는 결론 부분의 내용도 추가로 보는 것도 좋은 방법이다. 논문의 개요는 연구의 전반적인 방향을 보여주기 때문에 자신의 연구와 어느 정도 관련 있는지를 파악할 수 있게 해 준다. 연구와 관련이 있다고 판단되면 그때부터 구체적인 부분에 초점을 맞추어 요약할 수 있을 것이다. 원자료에 정보를 취재할 경우에는 반드시 출처와 각주를 밝히는 관련 문헌을 기록해야 한다. 출처는 저자의 성을 시작하여 논문이나 장의 제목, 책의 제목, 정기 간행물의 이름, 출판사 이름, 도시명, 그리고 출판날짜도 기록한다. 논문은 시작 페이지와 끝 페이지를 기입한다. 출처를 기록하는 양식을 대학과 학술지마다 다소 차이가 있을 수 있으므로 대학과 학술지의 편집 규정을 확인하고 따라야 한다.

6. 연구참여자 선정

양적연구에서는 연구참여자 선정의 가장 큰 기준은 통계적으로 일반화가 가능한 집단을 선정하지만, 질적연구에서는 연구 현상에 대한 깊은 이해를 목적으로 하기 때문에 질적연구에서 연구참여자 선정의 가장 큰 원리는 '내 연구문제에 가장 심도 있는 답을 줄 수 있는 충분한 지식, 경험, 태도를 가진 대상은 누구인가?'이다. 즉 연구자가 연구문제와 관련하여 가장 많이 배울 수 있는 대상이 누구인지 선정하는 것(Merriam & Tisdell, 2015)인데, Patton(2017)은 '의도적 표집(purposeful sampling)'이라고 했다. 연구참여자 선정은 과연 얼마만큼의 표집을 수집하는 것이 질적연구를 수행하기에 적합한가이다. 그리고 지속적으로 자료를 수집하는 중에 더 이상 새로운 내용이 발견되지 않을 때 자료수집을 멈추는 것이다.

연구문제의 답을 찾는 데 가장 합당하다고 여겨지는 장소, 사람, 문서를 선정하는 기준을 미리 세워야 한다(Merriam & Tisdell, 2015). 연구참여자를 기술할 때는 표집방법, 특성, 표집지역 및 연구대상의 수 등에 대한 구체적인 정보를 제공하고 이를 설명한다. 그리고 연구참여자가 어떻게 선정되었는지는 연구결과를 일반화시키고, 연구결과의 타당성을 결정짓는 중요한 요인이 되기 때문에 이에 대해 납득할 수 있는 충분한 설명이 필요하다(최석란 외, 2009). 연구참여자가 개인이나 집단인 경우에는 성, 연령, 거주 지역, 교육수준, 직업유형, 월평균 소득을 통한 사회경제적 지위 등에 대한 인구학적 정보를 제시하고, 사회조직이나 기관 또는 사회적 산물인 경우에는 규모, 시설 유형, 특징 등에 대한 정보를 제공한다. 이러한 정보를 표로 제시하고나 서술형으로 기술할 수 있다(최석란 외, 2009).

7. 자료수집

질적연구에서 자료수집방법은 관찰, 인터뷰, 문서 수집의 세 가지로 나뉜다. 자료수집방법을 선정할 때 주의해야 할 점은 다음과 같다.

첫째, 각 수집방법은 각자의 장단점을 갖고 있기 때문에, 어떠한 수집방법을 사용할지는 연구문제와 연구의 상황에 따라 달라진다(Maxwell, 2005). 관찰은 연구참여자의 실제 삶에 들어가서 그곳에서 일어나고 있는 복잡한 상황을 종합적으로 이해하는 데 도움을 준다(Merriam & Tisdell, 2015). 인터뷰는 관찰을 통해 수집될 수 없는 연구참여자의 사고, 감정, 의도와 관련된 자료를 수집하는 데 도움을 준다(Patton, 2017). 문서 수집 방법은 연구자가 연구참여자에게 미치는 영향 없이, 연구참여자가 이미 만들어 놓은 각종 자료를 수집해서 연구문제와 관련된 자료를 수집하게 된다. 이러한 세 가지 방법의 특성을 고려하여 연구문제를 해결하는 데 가장 적합한 해답을 줄 수 있는 방법을 연구자는 선정한다.

둘째, 하나의 자료수집방법만을 사용하기보다는 복수의 자료수집방법을 사용하는 것이 바람직하다(Maxwell, 2005; Patton, 2017). 복수의 자료수집 방법을 사용하는 것을 삼각화 또는 다각화(triangulation)라고 부른다. 이는 건축학에서 사용하는 용어를 비유적으로 사용하는 것으로 반드시 세 개의 자료수집방법을 사용하는 것을 가리키는 것이 아니라, 복수의 자료수집방법의 사용이 보다 안정적임을 가리키는 용어이다. 하나의 자료수집방법만을 사용할 경우 부정확한 자료 혹은 연구자의 편견에 치우친 자료가 수집될 수 있다.

03
CHAPTER

근거이론 방법

1. 근거이론
2. 근거이론 방법의 특징 및 주요 구성요소
3. 근거이론 연구절차
4. 근거이론 방법을 활용한 연구에 대한 평가

1. 근거이론

특정한 사회현상에 대하여 알려진 사실이 거의 없거나 혹은 기존의 사회현상에 대하여 새로운 이해를 얻기 위해서 실제적 분야를 탐색하는 질적연구방법론이다. 즉, 여타 연구방법론을 통해서 포착하기 어려운 인간 및 조직의 사회적・심리적・구조적 현상(기본적 사회 과정: Basic Social Process, BSP; 기본적 사회・심리적 과정: Basic Social Psychological Process; 기본적 사회・구조 과정: Basic Social Structural Process)을 파악하는 데 유용한 질적연구방법론이다. 근거이론(grounded theory)은 Barney G. Glaser와 Anselm L. Strauss(1967)가 병원에서의 죽음이라는 주제를 가지고 수행한 연구를 통해 시작되었고, 근거이론의 발견(1967)을 통해 연구방법론을 정교화하였다(Charmaz, 2006, 2013; Creswell, 2005).

근거이론은 체계적 질적 분석을 통하여 자료로부터 이론을 구축하기 위한 목적이 있으며, 질적연구를 양적연구의 선행연구나 부차적인 연구가 아닌 그 자체로도 유용한 방법론으로 정당화될 수 있고(Charmaz, 2013), 특정한 사회현상에 대한 실제 자료를 탐색하여 인간의 행위와 상호작용에 의미 있는 통찰을 제공하는 방법론이다(Strauss & Corbin, 1998, 2001). 또한, 실질적이고 경험적인 사회학적 탐구 분야를 위해 개발된 사회적 실재에 대한 실체이론(substantive theory)뿐 아니라 실체적 영역 간의 관계를 밝혀내고 추상적인 개념을 만들어내는 형식이론(formal theory)까지 확대할 수 있는 유용한 질적연구방법론으로 평가받고 있어 많은 사회과학 연구 분야에서 활용되고 있다(Corbin & Strauss, 2008).

근거이론은 다양한 학문적 전통의 결합을 토대로 한 것인데 컬럼비아 대학교의 실증주의와 시카고 대학교의 실용주의 및 현장 연구라는 서로 대조적이며 경쟁적인 전통이 결합된 것이다(Charmaz, 2013). 그러나 근거이론의 창시자인 Glaser와 Strauss의 견해 차이와 분열로 인해 근거이론에 대한 많은 논란과 혼란으로 이어졌다(김인숙, 2021). 이후 많은 학자가 Glaser

및 Strauss와 Cobin의 접근에서 벗어나 새로운 지맥을 형성하였는데 대표적으로 Charmaz학파와 Clark의 상황 분석 등으로 구분해 볼 수 있다(Morse & Niehaus, 2009). Charmaz는 자신의 이론을 구성주의적 근거이론이라고 칭하고 Glaser와 Strauss의 객관주의적 근거이론과 구별하였다. 구성주의적 근거이론은 해석학적 전통을 따르고 있고, 객관주의적 근거이론은 실증주의에서 출발하였다고 밝히며 다양한 연구자가 연구의 핵심적 특성이 어떠한 전통을 따르는가에 따라 견해가 달라진다는 것을 주장하였다(Charmaz, 2013).

구성주의적 접근은 연구 현상에 우선순위를 두며 참여자가 당면한 상황 속에서 왜 그러한 행위를 하고 그 의미는 무엇인지를 연구하는 접근법이다(Charmaz, 2013). 구성주의적 근거이론을 활용하는 질적연구자는 가치중립적인 존재가 아니기 때문에 연구과정에서 발생할 수 있는 권력관계를 성찰해야 하며, 연구참여자들과 연구과정에 미칠 수 있는 연구자의 영향력에 대한 반영성(reflexivity)에 대한 성찰을 강화해야 한다고 주장하였다(이동성 · 김영천, 2012). 국내의 근거이론 연구동향을 살펴보면 객관주의적 접근인 Strauss와 Corbin(1990, 1998)의 방법에 편향되어 있는 것을 볼 수 있는데, 최근 상담분야의 근거이론 연구동향을 분석한 연구에서 Strauss와 Corbin의 접근방식은 56편으로 96.6%에 달한 것으로 나타났다. 국외의 경우 Strauss와 Corbin의 접근방식이 20편으로 45.5%, 2개 이상 접근방식을 절충하여 사용한 기타 접근방식이 13편으로 29.5%, Charmaz의 접근방식은 7편인 15.9% 등으로 나타났다. 국내 연구와 다르게 국외 연구에서는 다양한 접근방식을 적용하고 있는 것으로 확인되었다(양홍식, 2017).

질적연구방법의 한계라 할 수 있는 데이터 분석에 관한 논의를 일정 부분 상쇄하는 것이 근거이론이다. 실증적인 연구는 이미 형성되어 있는 이론과 틀을 차용하여 가설을 설정한 후 이를 검증하는 과정이다. 반면, 근거이론은 경험적 자료를 이론적으로 치환하는 분석 작업인 질적 코딩 과정을 통해 포괄적이며, 실용적인 이론을 도출한다는 점에서 독특한 차별성이 있다(이은성, 2010). 근거이론은 명확한 결과를 제시함을 뛰어넘어 분석된 자료들을 해석하여 개념화하고, 사실관계들을 통해 이론으로까지 형성하는 연구방법이다(Strauss & Corbin, 1990). 근거(grounded)라는 표현에서 알 수 있듯이 근거는 경험적인 자료들을 토대로 고유한 특성을 도출하기 위해 등장하였다(Jensen & Jankowski, 1991). 따라서 이론에서 출발하는 것이 아니라 연구의 영역에서 시작되는 것으로, 특정 현상 속에 내포된 다양한 자료들을 체계적으로 수집하고 분석하는 과정인 귀납적 접근방법을 취한다. 따라서 근거이론은 특별한 현상으로부터 일반적 이론을 도출하는 것으로 연구의 대상인 현상에 대한 특성을 파악하는 것이 중요하며(김미예 외, 2004), 이를 통해 핵심범주를 구성하는 것에서 출발한다.

근거이론은 사회심리학자인 Mead(1934)의 실용주의 철학인 자아 이론과 Simmel(1904)의 형식주의 영향을 토대로 한다. 이후 Mead의 제자인 Blumer (1986)에 의해 체계화된 상징적 상호작용론(symbolic interactionism)에 철학적 근거를 두고 있다(Munhall, 2001). 상징적 상호작용론은 관념론과 실재론 사이의 간극을 극복하기 위해 등장한 이론으로, 개인과 사회의 관계에 있어 인간의 자아 형성에 영향을 미치는 사회적 역할 즉, 사회적 과정을 거친다는 점을 강조한다(이은성, 2010). 근거이론은 기존 이론을 수정하거나 새로운 이론을 형성하기 위한 목적으로 개념과 범주 간의 인과적 연결 구조를 찾기 위한 체계화된 과정이라는 특징을 갖는다(Suddaby, 2006). 따라서 현상에 대한 개념적 틀이 명확하지 않거나, 연구주제에 대해 일반적으로 알려진 것이 없어 그것을 설명하거나 예측하기 위한 적절한 이론 또한 존재하지 않을 때 유용하게 활용된다(김철원 · 이태숙, 2019). 또한, 개념 간의 관계에 대한 이해가 부족하고, 특정 문제에 대해 지속적이고 반복적인 연구가 수행되지 않아 적합한 변수를 찾거나 결정하기 어려울 때 활용되는 연구방법이다(신경림 외, 2004). 분석과 재구성의 과정을 통해 개인의 행동 변화 및 상호작용의 메커니즘을 분석하는 데 효과적이며(김진숙, 2008), 질적분석 방법임에도 불구하고 분석과정을 패러다임을 통해 구조화하여 조직적이고, 체계적인 결과를 도출할 수 있다는 장점도 있다(Creswell, 2007).

이러한 이유로 근거이론은 다른 질적연구들과 몇 가지 특성에서 차이를 보인다(Stern, 1980). 첫째, 개념적인 틀과 이론에 있어서 일반적인 질적연구들이 기존의 연구결과물을 종합하여 이를 포괄하는 형태를 취하는 반면, 근거이론은 현상에서 나타난 자료에 의해 개발된다. 둘째, 현상에 대한 단편적인 특정한 단위(unit)가 중심이 아니라 그러한 현상이 발생하는 사회적 과정에 초점을 맞추어 기술하는 특성을 보인다. 셋째, 자료수집 또한 자료 자체에 의해 나타나는 다양한 현상과 이론에 따라 변화하고 조정된다. 넷째, 근거이론 방법의 연구자는 모든 자료가 수집된 후 분석하는 것이 아니라, 자료를 수집하는 과정과 동시에 분석하고 메모하는 작업을 거쳐야 한다.

이처럼 근거이론을 사용하는 주요한 목적이 이론을 정립하는 것이므로 현상에 대한 깊이 있는 이해와 탐구를 위하여 자유롭고 유동적인 연구질문이 이루어져야 한다(현명선 외, 2020). 이러한 근거이론의 귀납적인 특성은 연구질문의 과정에도 적용된다. 즉, 연구질문 역시 자료로부터 생성되고 분석되며, 자료에 따라 변할 수 있다는 것을 의미한다(김은희, 2004). 따라서 최초 설정한 연구질문은 처음 시작하기 위한 방향성을 제공할 뿐이며, 연구 초기부터 완벽한 질문지를 구성하는 것은 불가능하므로 연구가 진행되어가는 과정에서 변경 가능하다(이은성, 2014).

이처럼 근거이론은 현상을 탐구하기 위한 현장 연구로 현장의 실제 존재하는 자료에 근거하여 실체이론을 형성한다. 실체이론(substantive theory)은 귀납적 방법에 의해 체계적으로 수집된 자료들을 연역적으로 분석하고, 연역적 분석에 의해 도출된 결과를 다시 귀납적인 방법으로 검증하는 나선형 연구를 일컫는다(김소선, 2003). 여기서 근거이론의 방법론적인특성이 드러나는데, 근거이론은 귀납적 방법과 연역적 방법이 나선형으로 지속해서 비교하여 분석된다. 대다수의 질적연구가 분석과정에서 자의적인 해석으로 비판받지만, 근거이론은 이러한 한계를 극복하기 위하여 나선형 연구과정을 통해 지속적인 비교분석을 한다.

이러한 복잡한 과정을 통해 특수한 현상으로부터 일반적인 현상을 도출하여 실질 이론을 형성하므로 다른 일반적인 연구방법에 비해 매우 까다롭고 복잡한 과정을 거칠 수밖에 없다. 근거이론은 언급한 분석의 비체계성을 극복하기 위하여 다양한 방법을 활용한다. 우선 기본적으로 자료의 신뢰성을 높이기 위해 이론적 표본추출 과정을 통해 자료를 수집할 뿐만 아니라, Strauss와 Corbin(1990)의 패러다임 모형을 통해 체계적인 구조를 도출해낸다. 근거이론은 이러한 과정을 통해 질적 방법론의 한계를 최소화할 뿐만 아니라, 현상을 제대로 설명하고, 논리적 힘을 갖는 이론을 개발하게 된다(Strauss & Corbin, 1998).

2. 근거이론 방법의 특징 및 주요 구성요소

1) 근거이론 방법

근거이론 방법은 사회심리학자인 George Herbert Mead(1934)에 의해 주창되었다. Mead는 <Mind, Self and Society>라는 저서에서 "인간은 어떠한 사건에 반응하기 전에 그 의미가 이미 그 개인의 마음속에 구축이 된다."고 하였으며, 해석하고 통제하는 데 있어 그 개인의 마음이 어떤 역할을 하는지에 대한 과정을 이해하는 것이 중요하다고 보았다.

이후 Strauss & Glaser(1967)는 최초로 근거이론 연구를 학문적으로 정립하면서 발전되었다. Strauss와 Glaser의 공동 작업에 의해 발전되었지만 연구절차와 기법에 대한 심각한 견해 차이를 가지면서 갈라지게 되었다. Glaser(1978)는 인간의 경험적 현상을 설명하고자 하는 것에 초점을 두어 자료를 보다 객관적으로 바라보면서 과학적인 방법을 전제로 하였다. Strauss는 현장관찰과 심층인터뷰 방법을 중시하는 실용주의가 자신의 연구 뿌리라고 밝히면서 문제적 상황에서 문제를 해결하는 과정에 초점을 두면서 행위자의 관점에서 대응과정을 분석한다고 하였다.

Strauss와 Corbin(1998)은 상징적 상호작용주의와 실용주의를 강조하면서 인간은 상호작용을 통해 새로운 행위와 의미가 과정에서 나타남으로써 과정을 이해하는 것이 중요하다고 하였으며, 실제적이고 현장 중심의 연구인 문제 해결 접근을 강조하였다. 또한, 연구참여자들의 자료들을 통해 시간의 흐름에 따른 여러 수준의 작용과 상호작용의 변화 과정을 찾는 것을 목표로 하였다(김영천 · 이현철 외, 2017). 이러한 견해의 차이는 연구 주제의 선정 방식, 면담 질문의 방식, 문헌고찰 방식, 분석과정에서의 중심현상과 핵심범주, 축코딩, 이론적 코딩의 차이 등이 달라질 수 있다고 하였다(김영천, 이현철, 2017).

근거이론의 연구는 체계적으로 수집되고 분석된 자료에서 나오는 이론을 의미한다. 이 방법에서는 자료수집과 분석, 최종 이론에 이르기까지 서로 밀접한 관계를 맺고 연관되며, 연구자는 미리 이론을 설정한 후 연구를 진행하는 것이 아니라 자료로부터 점차 생성되어 나가게 되는 것이라고 하였다(Strauss & Corbin, 1998). 또한, 근거이론은 연구자의 주관적이고 해석적 의사결정을 포함한다고 하였으며, 연구가 거의 이루어지지 않은 분야와 연구가 이루어졌다 하더라도 새로운 관점을 이끌어내야 할 부분에 매우 유용한 것으로 알려져 있다(조영달, 2005).

2) 근거이론의 자료분석방법

근거이론은 경험적 자료로부터 이론을 도출해내기 위하여 개발된 연구방법으로서 현장에 존재하는 연구 현상을 발견, 개발하여 그 현상에 적합한 자료의 체계적인 수집과 분석이 동시에 이루어져 자료수집, 분석, 이론이 상호적인 관계를 갖는다(Strauss & Corbin, 1990). 자료로부터 나온 이론은 경험에 근거하여 일련의 개념을 조합하여 생성되는데, 이러한 과정은 추론을 통해 도출된 이론보다 현실적인 이론을 생성할 수 있도록 도움을 준다(김민창, 2017).

근거이론방법에서 연구자는 자료분석과정 전반에 걸쳐 사용되는 전략(Strauss & Corbin, 1990)을 살펴보면 다음과 같다. Strauss와 Corbin(1998)에 의하면 근거이론의 자료분석은 자료 속에서 중요한 것을 찾아내고 적절한 의미를 부여할 수 있는 능력을 의미하는 연구자의 이론적 민감성이 요구되며, 분석과정에서 연구자는 실제와 해석 간의 균형을 유지하는 것이 중요하다고 하였다. 이를 통해 자료분석은 현장에서 얻은 사실을 발전시키는 과정을 위해 자료 조사부터 해석 단계까지 끊임없이 비교를 지속해야 한다. 또한, 자료수집 시 다양한 연구문제와 관련된 현상을 넓은 관점에서 다룰 수 있도록 다양한 경험을 관찰하고 축적해야 한다. 더불어 자료수집 과정에서는 코딩과 분석을 통해 이론적 관련이 검증된 개념을 기초로 표본을 추출하고, 표본추출은 새로운 개념이 나타나지 않은 포화에 이르기까지 수집하여야 한다. 구체적인 근거이론 방법에서의 자료분석 절차는 다음과 같다.

(1) 이론적 민감성

근거이론과 자주 연관되는 용어로서 연구자의 개인적 자질을 의미한다. 즉, 이론적 민감성(theoretical sensitivity)이 통찰력이라는 자질로 연관되며, 자료에 의미를 부여하고 이해할 수 있는 능력과 관련이 있는 것과 없는 것을 구분해 낼 수 있는 능력이라고 하였다(Strauss & Corbin, 1990). 이처럼 질적 연구를 수행할 때 문헌고찰은 연구자의 이론적 민감성을 증진시킬 수 있으며, 연구자가 연구의 엄격성에 위협이 될 수 있는 잠정적 편견을 맞는 방법이기도 하다(Schreiber & Stern, 2001).

이론적 민감성은 다양한 자료로부터 얻을 수 있으며, 정기적으로 발간되는 학술지, 서적, 연구보고서 등과 같은 다양한 종류의 이론과 기록들을 포함한다. 이처럼 다양한 문헌들을 접하면서 연구자는 '세밀하게 감지하고 예리하게 볼 수 있는 능력'을 갖게 된다(Strauss & Corbin, 1990).

전문적 경험(professional experience)은 그 분야의 일이 어떻게 돌아가는지, 그리고 어떤 상황에서는 무슨 일이 어떤 이유 때문에 발생하게 되는지를 알 수 있다. 이러한 지식은 설령 명확하지 않더라도 연구 과정을 이해하는 데 도움을 준다. 전문분야의 경험이 많을수록 연구에 사용할 수 있는 기본 지식과 통찰력은 더욱 풍부해질 수 있다. 연구자의 개인적 경험(personal experience)은 수집된 자료에 대해 훨씬 더 잘 이해하고 자료들 간의 민감한 차이를 잘 선별해 내는 '감(sense)'을 잘 발휘할 수 있다는 것이다. 이러한 분석과정(analytic process)이 이론적 민감성이 잘 발휘될 수 있는 부분이다.

(2) 이론적 표본추출

근거이론 방법을 통한 연구에서는 자료를 수집하는 데 있어서 이론적 표본추출(theoretical sampling)은 기준이 되는 개념으로 입증된 이론적 관련성(proven theretical relevance)이다(Strauss & Corbin, 1998). 연구자는 연구에 필요한 모든 데이터를 한꺼번에 수집하여 일괄적으로 분석하기보다는 일차적으로 데이터를 수집하는 동안에 혹은 데이터 수집 후에 일차적인 분석을 통하여 추가적으로 수집할 데이터에 관한 사항을 결정하게 되며, 데이터를 수집하고 분석하는 반복적인 절차를 따르게 된다. 이와 같은 과정은 단순히 수집과 분석을 번갈아 수행하는 기계적인 반복행위가 아니라 이론적 개념을 근거로 하여 정보를 분류하고 정리하여 연구자가 이론을 형성해나가는 과정이라고 할 수 있다.

이러한 과정을 거쳐 이론적 표본추출을 어느 시기에 멈춰야 할지는 이론적 포화도(theoretical saturation)에 따라 결정된다. 연구자가 수집하고 분석한 데이터가 충분하다고 판단하여 더 이상 추가적인 데이터 수집이 필요하지 않다고 주관적으로 판단하는 상황을 포화(saturation)라고 부른다. 이를 위해 연구자는 연구참여자들에서 더 이상의 정보가 발견되지 않을 때까지 지속적으로 추가 정보를 수집하였으며, 연구자가 수집하고 분석한 데이터가 충분하다고 주관적으로 판단될 때까지 자료를 수집하였다. 자료를 수집하기 위해서는 추가 면담을 통해서 대면으로 실시하였으며, 연구참여자가 전지훈련이나 시합 일정으로 대면이 어려운 경우 SNS, e-mail 등 추가적으로 자료를 수집하고자 하였다.

(3) 지속적 비교

근거이론에서 지속적 비교(constant comparison)란 데이터를 수집하고 분석하는 동안 연구자는 지속적으로 현상, 개념, 범주 간을 비교하여 이론적 표본 추출 및 자료수집에 있어 포화상태를 판단하며, 현상, 개념, 범주 간의 유사점 및 차이점을 명확히 하고 각각의 관계를 이해함으로써 이론을 형성하는 데 도움을 주는 과정이다. 근거이론 접근에서 지속적 비교와 범주의 포화에서 중점을 두는 사항은 다음의 두 가지이다.

면담자료를 수집하기 위해 '현장'을 수차례 방문하여 반복 면담을 한다. 연구자는 자료를 수집하면서 동시에 분석을 시작하며, 다시 정보를 수집하고 분석하여 다시 현장으로 나아가 더 많은 정보를 수집하는 과정을 반복하게 된다. 이에 따라 현장을 몇 차례나 방문해야 하는가는 정보의 범주들이 포화되었는가의 여부와 복잡한 이론이 충분히 정교화되었는가에 달려 있다. 이처럼 자료수집에 의한 정보들을 가지고 비교하여 범주화하는 과정을 '지속적 비교' 방법이라 한다.

Strauss와 Corbin(1998)은 근거이론의 분석과정을 세 단계로 구성하였다. 먼저 연구참여자와의 면담을 통해 자료를 수집하여 분석 가능한 형태로 만드는 '원 자료화' 과정을 거쳤으며, 면담 과정에서 얻어진 메모, 녹화 또는 녹취 자료를 포함하였다. 즉, 면담 내용을 참여자가 표현한 언어 그대로 축어록에 기술하여 분석의 원 자료로 사용하였으며, 원 자료화 과정이 끝나면 확보된 전사 자료는 Strauss와 Corbin(1998)이 제시한 근거이론의 자료분석방법인 코딩(cording) 과정을 거쳐 진행하였다.

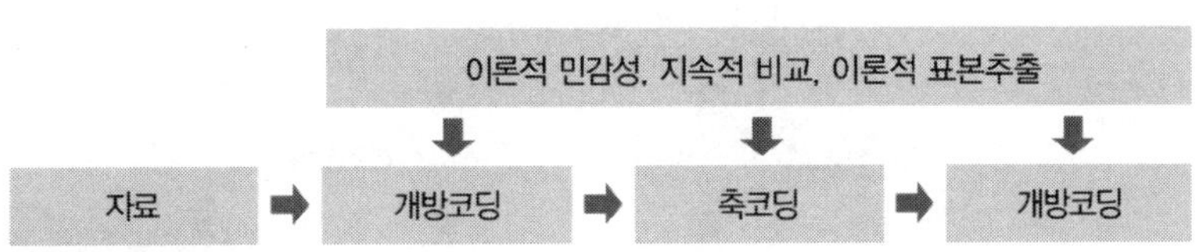

그림 3-1 근거이론 방법에서의 자료분석 절차(Strauss & Corbin, 1990)

출처: 김영천 · 이현철 외(2017).

(4) 개방코딩

개방코딩(open cording)은 특정 가설을 지니지 않은 채, 자료를 한 줄 한 줄 검토하고 해체, 검사, 비교하여 개념화(conceptualization)하고 범주화(categorizing)하는 과정이다(Strauss & Corbin, 1990). 우선적으로 수집된 자료는 행 단위 분석법(line-by-line analysis)을 통해 면밀히 검토되고, 연구자에 의해 자료의 유사점과 차이점을 비교하면서 여러 개의 부분으로 분해된다.

그다음 분해된 현상을 유사한 것끼리 묶어 개념(concept)으로 명명한다. 개념은 근거이론의 기본적인 분석 단위로 사건, 사물, 작용/상호작용을 추상적으로 표현한 것이다. 이러한 개념화는 코딩의 첫 번째 작업으로 가능한 한 코드화를 많이 하는 것이 중요하다. 그다음 발견된 다양한 개념들을 다시 통합하여 한 단계 높은 단계로 추상화하는 범주화 과정이 필요하다.

범주화할 때는 다른 범주와 비교하여 이들이 상호 독립적임을 확인해야 하며 범주 내의 속성(properties)과 속성의 차원(dimensions)을 발견해야 한다. 속성은 범주의 특성(attribute)이며 차원은 연속선상에서의 속성의 위치(location)를 말한다. 예를 들어 수집된 자료를 개념화하여 '색'을 범주로 설정할 경우에 색의 속성은 '명도', '채도' 등이 되며, 차원은 색의 명도의 '밝음', '어두움', 채도의 진함, 연함이 된다(Strauss & Corbin, 1990). 각 개념들의 쓰임새(use)와 개념이 처한 상황(context)을 고려하면 개념 간의 공통된 속성을 쉽게 찾을 수 있으며, 속성과 범주도 누가, 언제, 어디서, 무엇을, 어떻게, 얼마나, 왜라는 기본적 질문을 적용한다면 보다 쉽게 발견할 수 있다(김소선, 2003).

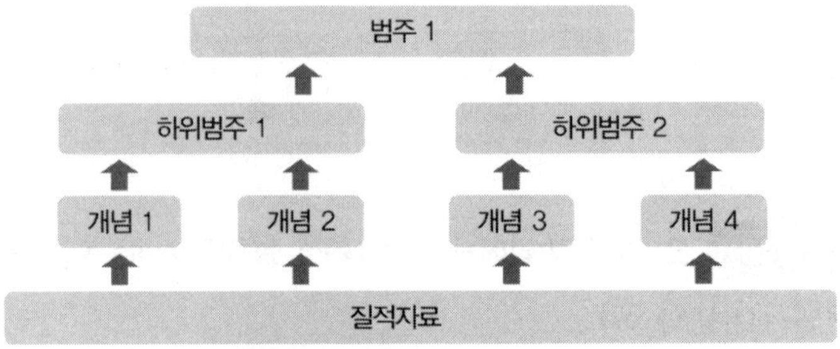

그림 3-2 개방코딩 과정

(5) 축코딩

축코딩(axial cording) 단계에서는 범주 간의 관련성을 패러다임 모형을 통해 파악하게 된다. 축코딩에서 축의 의미는 축을 중심으로 현상이 발생되며, 현상 자체에 대해 자세한 설명이 가능하게 된다(Staruss & Corbin, 1998). 또한, 축코딩에서 패러다임 모형에 따라 여섯 가지 요소가 배치된다.

'인과적 조건(causal conditions)'은 현상을 발생시킨 사건이나 참여자의 일련의 행위, 생각을 의미하며, 현상이 일어나게 된 원인을 설정하였다. '맥락적 조건(context conditions)'은 현상에 영향을 미치는 상황이나 문제가 발생하도록 하는 특수한 구조적 조건을 제시하였다. '중심현상(central phenomenon)'에서는 연구참여자의 경험에 대해서 서술하며, '중재적 조건(intervening conditions)'은 인과적 조건과 맥락적 조건에 해당하는 여러 변수가 현상에 미치는 영향을 조절하고 변화시키는데 작용하는 촉진하는 조건이다. '작용・상호작용(action/interaction) 전략'은 사람들이 마주하게 되는 상황, 문제, 쟁점을 다루며, 중재적 조건과 현상 간의 역동적인 반응 과정으로 발견된다. '결과(consequences)'에서는 작용・상호작용 전략으로 나타난 결과물들의 총합이라고 할 수 있으며, 결과의 양상은 다양하게 나타날 수 있다(Staruss & Corbin, 1998).

따라서 연구자는 패러다임 모형에 배치된 여섯 가지 모형에 따라 개방코딩에서 도출된 범주들의 개념을 파악하여 범주분석을 실시하였으며, 1부 투어와 2부 투어 프로골프선수들의 심상 형성 과정에서 나타나는 공통적으로 나타나는 특성과 차이점을 비교 분석하였다.

(6) 조건/결과 매트릭스(conditional/consequential matrix)

연구 중인 현상과 작용/상호작용에 영향을 미치는 조건들을 미시적 수준에서 거시적 수준까지 구별하고 연결함으로써 현상에 대한 좀 더 완벽하고 설득력 있는 설명을 제시한다(Strauss & Corbin, 1998). 국내의 연구에서는 '상황모형'으로 번역되기도 한다. 본래 근거이론은 상징적 상호작용론에서 출발했기 때문에 개인의 행위에 영향을 주는 사회·환경적 요인을 강조한다. 따라서 개인의 경험을 분석하는 것 또한 개인이 처한 상황적 조건을 고려해야 한다. 현상과 관련된 다양한 조건 그리고 작용/상호작용의 결과는 독립적이지 않고 상황 속에 통합되어 있으며, 작용/상호작용도 개인 수준에 제한되지 않고 조직, 국가 등 사회시스템에 영향을 받는다.

Strauss와 Corbin(1998)은 조건/결과 매트릭스의 목적으로 여덟 가지를 이야기한다. 첫째, 연구자가 실행하고 있는 연구의 분야가 그 상위 및 하위 분야와 관련하여 위치하고 있는지 찾는 것을 돕는다. 둘째, 연구자에 의해 고려되는 조건이나 결과의 범위를 확장한다. 셋째, 연구자가 자료 내의 조건 및 결과 요소의 어떠한 결함이 특정한 상황과 연결되어 있는지를 밝히고 선택하도록 돕는다. 넷째, 상황적 요소(조건/결과 혹은 구조)와 작용/상호작용(과정) 간에 존재하는 연결 간의 복잡한 그물망을 추적하도록 한다. 다섯째, 앞으로의 자료수집과 분석을 통해 검증되고 변화될 수 있는 관계에 대한 설명적 가설을 발전시킨다. 여섯째, 설명적 가설이 변형된 형태를 통합할 수 있도록 한다. 일곱째, 연구자가 자료를 조직화하여 연구 중인 현상에 대한 더 완벽하고 설득력 있는 설명을 제시할 수 있도록 한다. 여덟째, 이론적 표본 추출에 대한 방향을 제공한다. 조건/결과 매트릭스 일직선상으로 표현되는 경우는 거의 없으며 대부분 개인, 집단, 조직으로부터 지역사회, 국가, 세계로 점차 확장되는 동심원 체계를 취한다(Creswell, 2007, 2010). 하지만 조건/결과 매트릭스는 근거이론 연구에서 제외되는 경우도 많다. 왜냐하면, 근거이론 연구자들이 이를 시도하기 위한 자료, 시간, 자원들을 거의 지니지 못하기 때문에 근거이론 연구는 대부분 선택 코딩에서 마무리된다(Creswell, 2007, 2010). 지금까지 설명한 자료분석과정을 정리하면 [그림 3-3]과 같다.

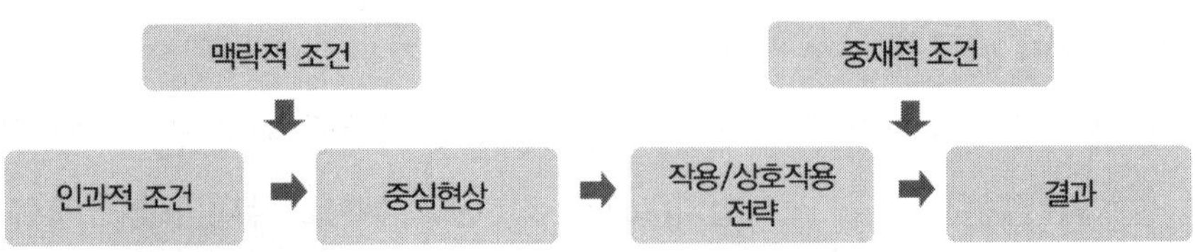

그림 3-3 근거이론의 패러다임 모형(Strauss & Corbin, 1998)

(7) 선택코딩

코딩의 마지막 단계인 선택코딩(selective cording)은 시간의 흐름에 따른 변화된 상황들을 추적하여 연구참여자들이 자신의 문제를 어떻게 해결해 나가는가를 발견하는 것이다(권기남 · 권순용, 2013). 이 과정에서 이야기 윤곽 전개, 심상 형성 모형으로 진행되며, 새로운 이론을 도출하고 도식화하는 과정에서 오랜 시간 연구를 분석하여 연구자와 자료 간의 상호작용이 이루어져야 한다. 따라서 연구자는 선택코딩 과정에서 중심현상에 대한 서술적인 이야기를 통해 범주들 간의 관계를 종합적으로 설명하는 이야기 윤곽(story line)을 기술하였다. 이를 바탕으로 포괄적인 이해를 돕고자 심상 형성 모형을 제시하였다.

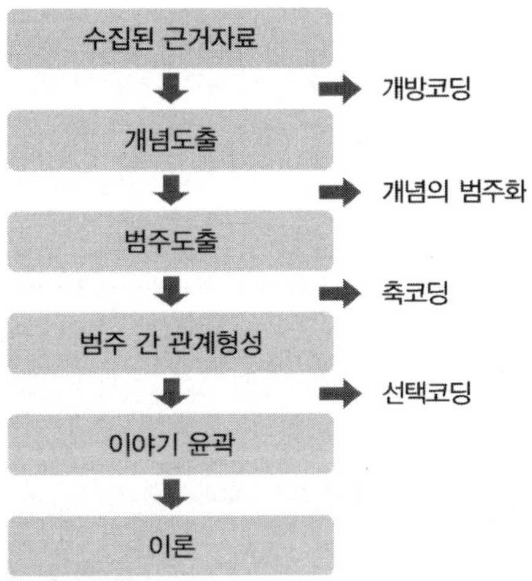

그림 3-4 근거이론 방법의 자료분석과정

출처: 강성리(2014).

3. 근거이론 연구절차

근거이론의 대표적인 방법은 크게 Strauss와 Corbin(1997, 1998, 2015), 그리고 Glaser(1967)의 절차와 최근의 Charmaz의 구성주의적 접근, 그리고 실증주의적 토대에 있는 Clarke의 접근방법 등을 들 수 있는데, 여기서는 과정과 행동, 상호작용을 설명하는 데 보다 체계적인 절차를 사용한 Corbin과 Strauss(2015)의 방법을 취하기로 한다.

Corbin과 Strauss(1998)은 우선 질적연구에는 기본적으로 세 가지 주요요소가 있다고 보았다. 첫 번째는 면접이나 관찰, 문서, 녹음이나 필름과 같은 다양한 출처에서 얻을 수 있는 자료(data)이며, 두 번째는 연구자가 자료를 해석하고 조직화할 때 사용하는 절차(procedures)이다. 절차는 자료의 개념화(conceptualizing)와 환원(reducing), 속성과 차원에 따른 범주의 정교화, 관련짓기(relating)이다. 개념화, 축소, 정교화는 코딩(coding)이라고 부를 수 있으며, 메모의 작성, 도표화가 포함된다. 세 번째는 학술지나 책, 논문으로 발표되는 글과 구두 보고서이다.

연구문제의 명료화	연구문제의 연구방법으로 근거이론이 적합한지 결정
문헌조사	초기 이론적 표본추출의 기준(문헌, 배경, 범주탐색)
이론적 표본추출	문헌조사를 통해 획득한 정보를 바탕으로 초기 이론적 표본추출
자료수집	관찰, 문서, 시청각자료, 특히 면담을 통해 자료수집
자료분석1: 기본적 개념화	원천 개념의 추출과 범주화
자료분석2: 이론적 개념화	심리학적 정보화를 통하여 이론적 연계
이론적 기술	자료수집과 분석과정의 결과물로써 발견한 이론을 기술

그림 3-5 근거이론의 절차

연구의 과장은 문제를 선택하고 연구질문을 서술하기를 시작으로 객관성과 민감성 사이의 균형을 유지하도록 하는 것이다. 이러한 자세를 통하여 이미 알려져 있는 것과 알려져 있지 않은 것을 연결시키도록 할 수 있다.

첫 번째 절차로 주제에 대한 과정, 행동, 상호작용하는 이론을 체계적으로 개발하기 위해 범주를 포화하는 과정을 갖는다. 현장에 수차례 방문하여 면접을 하고 자료를 수집하는 동시에 분석을 실시한다. 근거이론 연구의 자료수집은 현장에서 자료를 수집하고 연구실에서 자료를 분석한 다음 다시 더 많은 자료를 수집하고 분석하는 과정을 반복하는 것이다. 정보의 범주가 포함되었는가와 이론이 복합적으로 충분히 정교화되었는가의 여부에 따라 현장에 방문하게 된다. 이러한 자료수집에 의한 정보들을 가지고 비교하여 범주화시키는 과정을 자료분석의 지속적 비교(constant comparative) 방법이라고 한다.

4. 근거이론 방법을 활용한 연구에 대한 평가

최근에는 인간 탐구에 있어서 양적연구보다는 인간관계적 측면, 상황의 존성, 맥락적 이해를 중심으로 한 질적연구가 더 활발하다. 질적연구는 현상의 역사적 특수성이나 개인의 개별성, 그리고 그의 내적·정신적 변화 과정을 그 상황 및 개인 경험의 복잡성과 다양성 속에서 면밀히 파악하고자 하는 작업(Bogdan & Bikien, 1982)으로, 현상 및 경험에 대하여 개인이 가지는 '의미를 이해'하는 방법이다.

질적연구로의 패러다임의 전환은 인식의 문제를 진리와 방법에 대한 직선적 관점에서 논의하려는 실증주의적 관점에 대하여 비판한다. 즉 세계의 실재가 인식과는 별도로 객관적으로 존재한다는 관점에서 인간 주체의 모든 표현을 학문 활동의 근본으로 받아들이고, 그들의 삶을 학문적 활동과 동일시하여 고려한다. 그래서 이들은 인간 사회의 삶 자체를 학문의 전체이자 동시에 학문의 대상으로 삼고 있다. 따라서 질적연구자들인 해석학자, 현상학자, 구성주의자 등은 학문을 삶과 분리할 수 없다는 사실을 학문적 작업 속에 고려한다(김황기, 2005). 또한, 질적연구의 특성이 미술교과와 상통하는 면을 가지고 있어서 미술활동을 하는 우리들의 가치와 밀접하게 관련되어 있으며, 질적연구는 결과의 독특성이나 실제에서의 미묘함에 특별한 관심을 기울이기 때문에 미술교육자들은 교수와 학습에서의 뉘앙스를 중요시해 왔다(Eisner, 1993). 따라서 미술교육에서의 질적연구의 적용은 미술의 본질적인 가치문제에 대하여 검토할 수 있는 접근방법을 제시한다.

이러한 이유로 본 연구에서는 질적연구방법으로서 근거이론적 접근을 수행하여 시각예술영재들의 융합적 사고가 발생되는 과정을 관찰하고자 심층면담을 실시하고, 시각예술영재의 작품을 분석하여 융합적 사고에 대한 실체를 탐구하고자 한다. 근거이론은 연구주제에 대하여 거의 알려진 것이 없는 행위자의 행위, 경험세계, 삶의 본질 등을 행위자 자신의 목소리를 통해 이해하고 해석한다. 따라서 시각예술영재학생들이 STEAM수업에서 경험한 융합적 사고의 실체를 이론화한 연구가 없다는 점에서 근거이론을 연구방법으로 적용하고자 한다.

본 연구의 근거이론 연구방법은 교육연구에서 활용되어 Strauss와 Corbin이 제시한 근거이론의 원형과는 차이가 있다. 따라서 본 연구에서 적용하고자 하는 근거이론 방법을 제시하였고, 구체적인 적용방안은 다음과 같다.

STEAM과 관련된 연구에서는 STEAM의 효과성 검증 및 융합적 사고력 향상을 위한 프로그램 개발 등의 교육실행의 실증적 결과에 대한 연구가 대부분인 반면에, 본 연구에서는 STEAM수업에 참여하는 학생들을 관찰하고 면담하여 STEAM수업에서 어떻게 반응하는지, 주어진 문제를 해결하기 위해 어떻게 사고하는지, 어떠한 과정으로 지식을 융합하고, 어떠한 원인이 융합적 사고에 이르게 하며, 어떠한 특성의 융합적 사고가 창의적 결과물을 창조하는 데 영향을 주는지, 시각예술영재가 가지고 있는 영재의 특성과 융합적 사고와의 관계는 어떠한지에 대한 심층적 이해를 탐구한다.

이상과 같은 탐구문제들의 심층적 논의를 위하여본 연구에서는 Strauss와 Corbin의 패러다임 모형을 활용하여 자료를 분석하고 결과를 도출하고자 한다.

04
CHAPTER

문화기술지(Ethnography)

1. 문화기술지의 개요
2. 문화기술지의 특징
3. Urry의 시선: 관광객의 일방적 시선
4. 전통과 문화의 의미

1. 문화기술지의 개요

문화는 특정 집단 구성원들의 행위양상을 말하는데, 그 집단이 지향하는 가치와 규범(pattern for behaviors)에 따라 일정한 패턴(pattern of behaviors)으로 나타난다.

문화란 인간이 집단을 이루어서 살아가는 삶, 그 삶이 표현하고 있는 행동과 행동을 이루어 내는 전 과정의 사고, 그리고 그에 관련된 삶의 현장을 말한다. 문화의 현상은 자연과학적인 실험을 하기보다는 문화 속에 사는 사람들이 경험하는 의미와 그 패턴을 밝혀낼 때 보다 더 정확하게 파악될 수 있다. 집단에서 나타나는 행동의 패턴(patterns of behavior)은 습관, 관습 및 세상에서 관찰할 수 있는 기타 표준화된 사회 절차들(standardized social procedure) 같이 반복되어 발생하는 활동들을 포함하며, 행동을 위한 패턴(patterns for behavior)은 인간의 삶의 방식 속에 내재되어 있는 공유된 개념과 의미의 체계를 포함한다.

문화기술지는 인간의 삶 속에서 다양한 문화현상을 기술하고 이해하는 과정으로 대상자들의 삶 속에 직접 참여하여 그들의 삶을 이해하는 데 적합한 연구방법이자 결과물이다.

문화기술지는 문화에 대한 관점과 학문적 사조에 따라 총체적 접근과 관념론적 접근으로 구분된다. 총체적 접근은 인간집단의 생활양식의 총체(pattern of behaviors)를 문화로 보고, 모든 문화요소를 관찰하고 분석하여 행위의 양상을 밝혀내는 구조기능주의 입장을 취한다. 이에 비해 관념적 접근은 인간집단의 행위를 지배하는 규칙(pattern for behaviors)을 문화로 보고, 사회 조직이나 구조에 한정하여 집중적인 조사연구를 통해 보편적 사유구조를 밝혀내는 구조주의 입장을 취한다.

하지만 구조기능주의가 주장하는 문화의 순기능에 대한 의문과 구조주의가 주장하는 불변의 인지구조에 대한 의문은 문화기술지의 실천에 또 다른 변화를 야기하여 시간과 공간에 따른 가변적인 문화양상을 찾아야 한다는 비판적 접근을 가져왔다.

문화기술지의 연구방법은 기본 관점과 구체적인 연구절차에 따라 다양하게 분류되는데, 간호 분야에서 실시한 문화기술지는 전통적인 총체적 문화기술지, 민족과학방법, 의사소통의 문화기술지, 비판적 담론분석 등이 있다.

전통적인 총체적 문화기술지는 구조기능주의에 입각하여 문화의 제 요소들이 인간집단의 존속과 번영에 순기능으로 작동한다고 보며, 모든 요소를 조사하고 이를 연구주제와 관련시켜 기술하고 해석하므로 총체적 이해가 가능하다. 그러나 장기간의 현지조사를 거쳐야 하고 모든 문화요소를 조사하기 위해 많은 제보자와 접촉해야 한다.

민족과학방법을 이용한 문화기술지는 구조주의에 입각하여 항구적인 인간의식의 구조를 밝혀내고자 하며, 주로 반복적인 면담자료를 이용하므로 자료수집에는 많은 시간이 소요되지 않는다. 그러나 인간의 인지구조가 항구적이라는 가정을 충족시키기 위해서는 분석과정에 많은 시간이 소요되고 고도의 분석적 성찰을 요구한다.

의사소통의 문화기술지는 미시문화이론을 바탕으로 문화를 의사소통으로 규정하고 한 문화집단 구성원들 간의 사회적 상호작용 패턴을 밝혀내고자 하며, 10개의 문화요소(cultural isolate)를 중심으로 특정한 문화현상의 미시적 차원들을 탐색하므로 실용적인 지식을 제공해 줄 수 있다. 그러나 문화를 범사회적이라고 보기 때문에 사회문화적 맥락이 간과될 수 있고 미시적 문화 장면이 전체 문화를 대변할 수 있는지에 대해 비판을 받고 있다.

마지막으로 비판적 담론분석에서는 모든 문화요소가 인간의 생존과 번영에 순기능적으로 작용한다는 전통적 접근의 기본 가정에 반박하고 모든 사회의 인간 행동을 지배하는 영구불변의 구조라는 것은 있을 수 없다고 비판한다. 이 접근은 특정 집단 구성원의 의식과 행동을 일정 기간 지배하는 담론이 무엇이고 이 담론이 어떻게 변형을 이루는가를 밝혀내고자 하며, 이를 통해 개인 및 집단의 행동에 미치는 문화의 영향과 집단의 역동성 및 방향성을 파악할 수 있다.

건강생활양식을 이들의 시각에서 심층적이고 포괄적으로 이해하고 이를 간호 실무에 활용하기 위해서 각 문화기술지 연구방법의 장단점을 고려하여 연구방법을 적용하였다. 즉 총체적 문화기술지를 통해 환경, 경제, 교육, 행정 등 문화의 제 요소들이 어떻게 작용하여 건강생활에 영향을 미치는지를 탐색하였고, 자료수집 및 분석에서 민족과학방법의 분석적 절차를 따랐으며, 건강생활 영위와 관련된 요소들에 대해 미시문화기술지의 문화요소 개념을 활용하였다.

문화기술지 연구에서 자료수집은 참여관찰과 면담을 통해서 이루어지며 연구자는 단순히 관찰만 하는 것이 아니라 참여를 함으로써 직접 활동들을 경험할 수 있고 사건에 대한 감각을 가질 수 있고 자신의 느낀 바를 기록할 수 있다.

참여관찰은 통상적인 참여와 연구목적으로 연구자가 가지게 되는 역할인 참여관찰자로 구분한다. 모든 사람은 많은 사회적 상황에서 통상적인 제보자로 행동하는 반면, 참여관찰자는 상황에 적합한 활동을 하고 그 상황 속의 활동, 사람들 그리고 물리적 측면을 관찰할 목적으로 사회적 상황을 연구한다.

문화기술지적 방법으로 수집된 자료들은 서면화된 단어들의 형태를 지니고 있는데, 관찰, 비공식적인 대화, 문서의 검증은 현장일지로 바뀌고, 녹음된 면담은 번역되어서 이러한 단어들을 검증하고 서면화된 단어들은 우선 의미 있는 부분들끼리 묶고, 그다음에는 연구하는 사람들의 신념과 실무에 비추어 그 형태를 비교, 대조, 규명하기 위하여 조직하는데 이것을 문화기술지적 자료분석이라고 한다.

연구자들은 문화기술지 작성 과정에서, 혹은 연구문제 설정 과정에서 기존의 이론을 연구를 바라보기 위한 렌즈로 사용하기도 한다. 또한, 질적연구는 자료를 만들어내는 방법에 융통성이 있고 보다 유연하며, 자료가 창출되는 사회적 맥락에 보다 관심을 기울인다. 그리고 분석 및 해석 과정에서 연구대상의 맥락을 이해하고자 노력하며, 풍부하고 상황적이며, 세부적인 자료를 바탕으로 완숙한 이해를 하는 데 목적을 둔다(Mason, 1996).

문화기술지 자료를 분석하기 위해 체계적인 방법과 절차를 제시하고 있는 Spradley의 분석방법을 선택하였다. 이 연구방법은 각 절차에 대해 비교적 상세하게 제시하고 있어 연구를 체계적으로 진행할 수 있도록 도움을 주기 때문이다. 구체적인 절차를 살펴보면 네 가지 단계, 즉 영역분석, 분류분석, 성분분석, 그리고 주제분석으로 크게 나누어 볼 수 있으며 이 과정은 순환적으로 이루어진다.

첫째, 영역분석(domain analysis)은 비구조적 질문과 서술관찰을 통해서 문화적 장면에 관한 자료를 얻은 후에 시작한다. 문화적 영역은 모든 문화의 중요한 기본 단위로서 보다 작은 범주들을 포함하는 문화적 의미의 범주이며, 세 가지 기본요소, 즉 총괄용어, 포함용어, 의미론적 관계로 구성된다.

둘째, 분류분석(taxonomy analysis)은 문화적 영역들이 조직된 방식을 찾아내는 일로써 영역들을 구성하는 내부 구조를 발견하는 것이며, 분류는 한 영역 내의 부분 집합을 보여주고, 각 부분 집합들이 전체와 어떻게 연결되는가를 보여준다.

셋째, 성분분석(componential analysis)은 문화적 상징과 관련된 의미 구성요소의 성분을 체계적으로 찾는 과정이며, 영역 내의 요소들 가운데 대조점을 발견해 내어 그것들을 분류해 내고, 그것들의 각 용어에 대한 의미의 구성성분이나 속성을 찾는 것이다.

넷째, 주제분석은 여덟 가지의 문화주제 분석전략을 이용하여 문화적 중심주제를 발견하여 그 주제가 영역들 간의 관계와 문화적 장면 전체에 어떻게 연결되는가를 찾는 것이며, 또한 주제를 찾는 한 가지 방법은 각 문화의 다른 부분들을 몇 번이고 반복해서 나타나는 인지적 원리를 찾는 것이다.

문화기술지는 역사적으로 문화인류학에서 발생했고, 다른 질적방법과 마찬가지로 타자성에 관한 인식, 즉 일명 '타자의 발견'에서 비롯되었다. 연구 환경의 변화와 함께 여러 연구 전통이 생겨났고, 인류학 이외의 분야에서도 다양한 방법으로 사용되고 있으며 Asamodt, Leininger와 같은 간호인류학자들에 의해서 건강 간호 연구로 통합되었다.

문화기술지의 연구방법은 기본 관점과 구체적인 연구절차에 따라 다양하게 분류되는데, 간호 분야에서 실시한 문화기술지는 전통적인 총체적 문화기술지, 민족과학방법, 의사소통의 문화기술지, 비판적 담론분석 등이 있다.

총체적 문화기술지는 문화 체계에 의하여 인간의 행위가 결정된다는 보는 구조기능적 접근을 취한다. 문화적 규범과 법칙이 그대로 개인의 행위를 결정한다고 간주하는 것으로 '기능적 전체'의 개념을 가지고 문화의 전체 또는 부분을 분석하고 기술한다.

총체적 문화기술지에서는 문화를 행위의 패턴과 행위를 위한 패턴으로 나누어 설명한다. 행위의 패턴은 관찰 가능한 사회구조나 사회조직에 관한 것이고, 행위를 위한 패턴은 무엇을 결정하기 위한 규준과 그것을 어떻게 해야 하는가를 결정하기 위한 규준 등에 대한 체계, 즉 의식의 현상(mental phenomena)이다.

총체적 문화기술자들은 특정 집단에 초점을 두고 인간 문화의 어떤 측면은 모든 사회의 인간 삶을 이해하는 데 중심이 된다고 가정하는데, 이 접근방법은 문화를 인간의 바깥에 있는 것으로 대상화함으로써 문화의 주체로서의 인간이 소외된다는 비판을 받고 있다. 민족과학방법을 이용한 문화기술지는 구조주의에 입각하여 항구적인 인간의식의 구조를 밝혀내고자 하며, 제보자의 인지구조를 완벽하게 기술하기 위해 상징과 의미분석에 의존한다. 이 접근이 근거로 하고 있는 문화주의의 가정을 충족시키기 위해서는 인간의식의 구조를 밝혀내야 하는데, 인간의 인지구조가 항구적이라는 가정을 충족시키기 위해서 고도의 분석적 성찰이 요구되고 분석과정에 많은 시간이 소요된다.

의사소통의 문화기술지는 문화적 집단 간의 그리고 집단 내의 대면적 상호작용 패턴을 기술하며 이러한 패턴을 큰 사회적·문화적 과정과 관련시키는 것이 목적이다.

이 전통은 의사소통 행위를 범주화하는 데 그치는 것이 아니라 언어를 통해 문화체계를 이해할 수 있게 하며 문화의 보존과 변화를 탐구할 수 있게 도와주나 의사소통에 집중하여 조사하므로 의사소통이 이루어지는 사회적 맥락에 대한 정보가 무시될 수 있어 한계가 있다.

비판적 담론 분석은 특정 집단의 구성원의 의식과 행동을 일정 기간 지배하는 담론이 무엇이고 이 담론이 어떻게 변혁을 이루는가에 관심을 갖는다. 이 접근은 사회 전반에 걸친 거대담론이나 인간관계를 지배하는 미시담론을 모두 다루기 때문에 개인의 행동과 특정 집단의 행동에 미치는 문화의 영향과 집단의 방향성을 찾을 수 있다.

문화기술지 연구에서 자료의 수집은 참여관찰과 면담을 통해 이루어지며 다른 사람들의 활동에 직접 참여하여 관찰함으로써 철저하고 면밀한 관찰과 자료의 기록을 가능하게 한다. Spradley는 광범위한 서술적 관찰로 시작하여 연구범위를 좁혀가면서 집중 관찰 후 선별관찰로 나아가는 체계적인 자료수집방법을 소개하였다. 사회 실제 상황에서 관찰될 수 있는 범위는 공간, 행위자, 행위, 활동, 사건, 시간, 물건, 목표 느낌 등을 들 수 있다.

참여관찰은 통상적인 참여와 연구목적으로 연구자가 가지게 되는 역할인 참여관찰자로 구분한다. 참여관찰자는 상황에 적합한 활동을 하고 그 상황 속의 활동, 사람들 그리고 물리적 측면을 관찰할 목적으로 사회적 상황을 연구한다는 Spradley의 분류분석방법으로 이루어졌다.

구체적인 절차를 살펴보면, 영역분석, 분류분석, 성분분석, 주제분석으로 이루어지며 자료수집과정 내내 반복적이고도 회귀적인 분석이 이루어진다.

첫째, 영역분석(domain analysis)에서 연구자는 비구조적 질문과 서술관찰을 통해서 상황을 분석하며 특정 상황에 초점을 맞춘다. 상황의 분석은 문화장면(cultural scene)을 발견할 수 있게 한다.

둘째, 분류분석(taxonomy analysis)에서는 이미 초점을 두어 선택한 영역에 대한 보다 심도 있는 분석이 이루어지며 분류분석이 완료되었을 때 각 부분 간의 관계나 전체와의 관계, 즉 영역들을 구성하는 내부구조를 발견할 수 있다.

셋째, 성분분석(componential analysis)에서 연구자는 문화적 범주와 관련 있는 속성과 의미의 구성성분을 체계적으로 찾는다. 성분분석 동안 누락된 자료를 확인하고 이에 기초하여 선택적 관찰을 하게 된다. 이러한 과정을 거치는 이유는 대조되는 것을 찾고, 분류하고, 유사점과 차이점에 따라 나누기 위함이다.

넷째, 주제분석(theme analysis)은 연구 초점에 집중하고 문화적 중심주제를 발견하여 그 주제가 영역들 간의 관계와 문화적 장면 전체에 어떻게 연결되는가를 찾는 것이며, 주제를 찾는 한 가지 방법은 각 문화의 다른 부분들에서 반복적으로 나타나는 인지적 원리를 찾는 것이다.

2. 문화기술지의 특징

문화기술지(ethnography)는 '민족, 민속'을 의미하는 'ethno'와 '기술, 기록, 표현'의 의미를 지니는 'graphy'의 합성어로, '인간에 관하여 쓴다'는 것을 의미한다(Crane & Angrosino, 1992). 즉, 문화기술지는 연구자가 현지조사에 바탕을 두고 민족지적(ethnographic) 접근법을 통해 현장에서 일어나는 일체의 문화를 심층적으로 기술하는 것이다(김중순, 2010). 그리고 문화기술지는 연구대상 집단의 생활세계 속에서 연구자가 참여관찰을 하면서 얻게 된 그 사람들의 가치, 지식, 기술을 정리한 것을 말한다(조용환, 1999).

문화기술지는 연구의 대상이 되는 문화공유 집단이 갖고 있는 가치, 행동, 신념, 언어의 공유되고 학습된 문화적 패턴(cultural pattern)을 기술(description)하고 해석(interpretation)하는 질적연구방법의 한 형태로, 연구 과정에서 최종적으로 작성되는 결과이자 문화공유 집단을 연구하는 하나의 방식이라고 할 수 있다(Creswell, 2007).

또한, 문화기술적 연구는 참여관찰이라는 독특한 자료수집 기법을 적용하여 연구자가 현지의 삶에 참여하면서 어떤 특정 집단 구성원들의 삶의 방식, 행동, 그들이 만들어 사용하는 사물 등을 현지인의 관점에서 이해하고, 이를 과학적으로 기술하기 위해 사용하는 방법이다(조성남 외, 2011).

문화기술지는 연구자가 연구대상자들의 일상생활에 몰입된(immersed) 참여관찰을 통해 집단을 장기간 관찰하거나, 집단 참여자들을 관찰하고 인터뷰한 결과를 반영하여 하나의 문화를 공유하고 있는 연구대상자 집단의 행동, 언어, 상호작용의 의미를 연구하는 방식이다(Creswell, 2007). 그렇기 때문에 연구자는 연구현장에 참여하여 현장에 있는 사람들의 일상생활을 존중하면서 광범위하고 다양한 자료들을 수집한다. LeCompte와 Schensul(1999)은 문화기술지에서 사용하는 자료의 유형에 관찰, 검사 및 측정, 서베이, 인터뷰, 내용분석, 유도(elicitation) 방법, 시청각 방법, 공간 배치, 네트워크 연구 등이 포함된다고 하였다. 이와 같은 다양한 유형의 자료들을 활용하여 연구자는 연구대상의 문화집단에 대한 분석 내용을 기술하고, 기술을 통해 드러난 연구문제에 대해 해석한다.

문화기술지는 연구대상자 문화의 생활방식과 패턴을 분석하게 도와주고, 어떠한 규칙이나 문화체계를 밝힐 수 있게 한다. 최종적 산물로서 문화기술지는 연구자의 관점(etic)뿐만 아니라 연구대상자의 관점(emic)을 통합하는 것으로 문화집단에 대한 총체적인 해석을 가능하게 한다(Creswell, 2007). 총체적인 해석은 문화의 어떤 부분도 총체를 떠나서는 충분하고 정확하게 파악할 수 없으며, 반대로 어떤 총체도 그것을 이루고 있는 부분들에 대한 치밀하고 전문적인 지식이 없으면 정확하게 인식될 수 없다는 관점을 가진다(조성남 외, 2011).

문화기술적 연구의 자료수집 방법은 현상에 대한 제보자들의 견해를 수집하는 것뿐만 아니라 연구되는 상황하에서 일어나는 일을 관찰하여 이를 상호보완적으로 사용한다(김귀분 외, 2005). 이와 같은 이해의 과정에서 연구자는 직접 문화현상의 참여자가 되기도 하고, 동시에 관찰자로서의 역할도 하게 된다. 즉, 연구자는 참여자(emic)와 관찰자(etic)라는 입장을 동시에 가지면서 연구대상이 되는 사회의 문화에 대해 현실에 가깝고 깊이 있는 기술을 할 수 있게 되는 것이다(조성남 외, 2011).

문화기술지 조사에서 연구자는 방법론적 원칙과 실행 단계를 구체적으로 정의하여 명시화하기보다는 일반적인 조사 자세를 현장에서 실천하는 방법 쪽에 비중을 둔다(Flick, 1995). 그러면서 연구자 자신이 관심 있는 주제를 밝히기 위해서 연구자는 발생하는 상황을 보고, 이야기를 듣고, 질문하는 등 모든 자료를 형태에 상관없이 수집한다(Flick, 1995; Hammersley & Atkinson, 1983).

문화기술적 조사에서 자료수집은 일관되게 연구문제와 현장의 맥락에 종속된다. 그렇기 때문에 문화기술적 방법은 행위자가 처한 사회적 상황에 참여관찰을 통해서 그들의 삶의 맥락을 공시적, 통시적으로 이해하게 해주는 연구방법이라고 할 수 있다.

문화기술지는 다음과 같은 연구를 수행할 때 적합하다(조용환, 1999). 문화기술지는 연구하고자 하는 현상, 대상, 지역에 대한 선행연구나 사전지식이 전혀, 또는 거의 없을 때 활용될 수 있으며, 복잡하고 미묘한 사회적 관계 또는 상징적 상호작용을 탐구하고자 할 때 의미가 있다. 또한, 소집단, 소규모 사회의 역동성에 관해 국지적이지만 총체적인 연구를 수행할 때 의미가 있으며, 사건의 맥락, 흐름, 구조에 대한 심층적인 분석에 유용하다. 그리고 문화기술지는 현상 이면에 내재한 가치체계, 신념체계, 행위규칙, 적응전략 등의 문화의 중층 구조를 분석하고자 할 때 유의미하게 사용될 수 있다.

Atkinson과 Hammersley(1998)는 문화기술적 조사의 실질적인 특징에 대해 다음과 같이 지적하고 있다.

첫째, 어떤 사회적 현상에 관한 가설을 검증하는 것보다는 그 성질을 찾는 것에 중점을 둔다.

둘째, 주로 '구조화되어 있지 않은' 자료를 다루는 경향이 있다.

셋째, 소수의 사례에 대한 상세한 조사이다.

넷째, 인간 행위의 의미와 기능에 관한 명시적인 해석을 포함한 자료분석이다.

그 성과는 오로지 언어에 의한 기술과 설명의 형식을 취하며, 수량화나 통계분석을 행하더라도 부차적인 기능을 하는 데 지나지 않는다.

문화기술적 연구를 시행할 때 연구자는 현장에서 수집하는 다양한 이야기들을 기록하고, 이를 다시 문화기술지로 기술하는 과정을 거쳐야 한다. 조사한 결과와 과정을 기술하는 방법은 연구자마다 스타일이 다르므로 이에 대한 어떤 특별한 기술이 필요한 것은 아니다(van Manen, 1990). 그리고 문화기술지를 작성하는 과정에서는 일반적으로 연구자가 수집한 자료를 체계화할 때는 연구대상자가 제공한 토착적 개념(indigous concept)만을 사용하는 것이 아니라 연구자의 분석적 개념(analytic concept)을 조화시킨다(조명옥, 2003).

그래서 문화기술지에는 연구대상자의 진술을 '있는 그대로' 제시하기보다는 이를 분석하여 이론으로 일반화한 최종적인 산물을 제시한다. 때문에 문화기술지를 작성할 때는 연구자의 진술이 완전하고 일관적이어야 하며 논리적이어야 한다. 설명, 분석, 해석하는 과정은 연구자가 기록한 자료에서 선택하여 이루어지는데, 선택을 가능하게 하는 것은 이론적 준거이다(조명옥, 2003). 즉, 의미 있는 기술을 위해서는 적합한 이론이 근거가 되어야 하며, 연구자가 준거로 삼은 이론적 개념과 가정을 연구논문에 분명하게 밝혀야 한다.

3. Urry의 시선: 관광객의 일방적 시선

Berger(1972)는 우리가 사는 세계에서 우리의 위치를 결정할 수 있는 것은 '보는 것'이라고 하였다. 우리가 사물을 보는 것은 무엇을 알고 있는가, 또는 무엇을 믿고 있는가에 깊은 영향을 받고 있기 때문에 우리가 세계를 보는 것과 세계에 대해 알고 이해하는 것의 관계는 항상 불안정하다. 이에 Berger(1972)는 우리가 시선이 미치는 범주 안에서만 세계를 보며 선택적으로 보는 경향이 있기 때문에 선택 행위에 따라서 보는 것은 우리가 이해할 수 있는 범위 안에 포함된다고 하였다.

우리가 '보다'라고 표현하는 행위와 언어에는 인지・판단・관찰이라는 의미가 포함되어 있으며, 일종의 인식행위가 항상 공존하고 있다. 그리고 본다는 것은 쉽게 알아차리기 어려운 복잡한 시스템으로 구성되어 있고 그것이 작동하여 하나의 의미의 흐름을 만들어낸다. 따라서 보는 것은 단지 눈으로 본다는 의미가 아니라 우리가 존재하는 사회나 문화에 의하여 형성되고 있는 것이다. 그렇기 때문에 보이는 것에 대한 판단이나 지각은 우리 자신의 견해에 의존하고 있다(Berger, 1972).

Merleau-Ponty 역시 고전적인 지각의 개념이 객관적 세계에 대한 편견임을 지적한 바 있다. Merleau-Ponty는 대상에 대한 지각이 외적 자극에 대한 직접적 결과가 아니며, 심리적 요인이 작용한 결과라고 하였다(류의근, 2003). 지각은 사상, 대상에 대한 인상, 과거 경험 등을 토대로 형성되며, 현상은 대상과 의식 간 본질적 관계에 대한 내적 지각을 의미한다. 여기서 현상은 물질적·비물질적 대상과 개인 의식의 관계에 의해 이루어진 경험으로(신경림 외, 2003), 주의집중이나 판단착오, 그리고 왜곡된 지각 등을 수반한다(류의근, 2003).

16세기 이후 시각은 동서양을 막론하고 인간의 다양한 감각 중에서 가장 중요한 기관으로 인식되어 왔다(이진경, 2010; Urry, 1992). 만지거나 냄새를 맡거나 소리를 들어서 구별하는 능력보다 눈으로 보는 능력은 우리의 지각과 인식을 빠르고 확실하게 하기 때문이다. 그러나 우리는 특정한 것만을 보고, 특정한 방식으로 보는 경향이 있다. 이렇게 보는 방식을 결정하고 그 방식대로 보게 만드는 것은 나 이외의 다른 사람들에게도 반복하여 동일하게 작용하므로 우리가 속한 사회체계 안에서 고려할 필요가 있다(이진경, 2010; Urry, 1992).

Urry(1990)는 관광객의 관광활동 및 행위를 설명하기 위하여 Foucault가 언급한 시선(gaze)을 관광의 영역에 도입하였다. 관광활동을 하면서 사람들은 물리적 대상, 환경, 경관 등 마주치는 무엇인가를 응시하는데, 이때는 그들의 관심이나 호기심이 반영된다(Urry, 1990). 관광객의 관심과 호기심은 가정이나 직장에서의 평소 의식과 같이 비관광 상태의 일상적 사회경험에 의해 지배되며, 시선은 사회적인 경험이나 의식에 의해 형성된다(Urry, 1990).

그런데 Urry가 관광객의 시선을 설명하면서 Foucault의 논의를 적용한 것은 관광객들이 관광지의 대상이나 주민을 향해 일방적인 시선을 행사한다고 생각했기 때문이다. Foucault(1975)는 <감시와 처벌>이라는 책에서 감옥에서 수감자를 감시하는 간수의 시선은 병원에서의 환자를 바라보는 의사의 시선과 같이 권력을 가진 시선이라고 하였다. 그러면서 Foucault는 수감자에 대한 감시와 같이 특정 권력이 내포된 권력적 시선은 감옥뿐만 아니라 병원, 군대, 학교, 공장 등에서도 발견할 수 있다고 하였다. 권력적 시선에 의해 시선을 행사하는 사람과 원하지 않더라도 시선의 대상이 되는 사람 간의 권력관계가 존재하는 것이다(조광익, 2006).

Urry(1992)는 Foucault가 언급한 감시 기관에서와 마찬가지로 관광지에도 세심하고 엄격한 권력에 맞추기 위해 존재하는 보편적인 가시성으로서의 시선이 있다고 하였다. 관광활동에 의해 시선을 행사하는 사람과 원하지 않더라도 시선의 대상이 되는 사람의 존재로 나뉘며, 일방적으로 시선을 행사하는 관광객의 시선에는 상대적으로 권력이 내재된다는 것을 설명하는 것이다(김사헌, 2008; Urry, 1992). Urry의 설명에 의하면, 시선은 시선의 주체와 객체로 나뉜다고 할 수 있다. '바라보는 자(gazer)'로서의 관광객의 시선은 시선의 주체로서 설명할 수 있고, '바라보이는 자(gazee)'로서의 주민의 시선은 관광객 시선의 대상이 되는 객체로서 설명할 수 있는 것이다. 관광객들이 모이는 곳의 주민들은 그들에 의해 자신들이 항상 시선의 대상이 되고 있다고 믿기 때문에 관광객의 시선에서 벗어나거나 시선에 대처하는 적절한 방법을 찾는다(Urry, 1992).

또한, Urry(1990)는 관광객이 보고자 하는 것은 그들의 사회적인 경험과 의식에 따라 조직화·체계화되는 경향이 있으므로, 관광객들은 무엇을 어떻게 보아야 하는지를 이미 알고 있는 상태로 관광활동을 하거나 대상에 대한 기대와 동기를 형성한 채 시선을 행사한다고 하였다. 관광객들은 그들이 보아야 할 대상을 결정하는 데 어려움이 없으며, 오히려 그들은 관광지에서 무엇을 볼 것인가를 문제 삼는다는 것이다. 이와 관련하여 MacCannell(1976)은 수없이 많은 상황에서 어떤 알 수 없는 제도적 세력은 관광객들이 도착하기 전부터 이미 중요한 매력물이 무엇인지, 무엇을 보아야 하는지에 대한 합의를 하도록 조장한다고 한 바 있다. 현대의 관광은 어느 명소들을 꼭 방문해서 보아야 하는지에 대한 현대적 의식과 집단적 감각을 공유하게 만드는 것이다.

Urry(1990)는 진정성이 일상적 경험과는 대비되는 특성을 가지고 있기 때문에 진정성이 관광에 있어서 중요한 요인이 되고 있지만, 진정성은 결국 시선의 형성에 따른 결과라고 하였다. 진정성은 단지 관광대상지와 여행자의 거주지 간에 차이(differences)가 있기 때문에 존재할 뿐이며, 관광대상지와 관광객의 일상 간에 존재하는 차이가 관광의 중요한 요소라는 것이다(Urry, 1990).

이와 같은 Urry의 관점은 도시화·산업화에 따른 현대사회의 변화로 인해 관광객들이 일상적이지 않은 대상과 환경을 찾아 관광활동을 떠나는 현상에 대해 설명한다. 그렇기 때문에 Mowforth와 Munt(1998)는 Urry가 설명하는 시선이 진정성에 대한 기존의 논의가 현대적으로 발전한 것이라고 하였다.

시선은 관광객 개인의 경험과 의식에 의해 형성되지만, 개인의 경험과 의식은 개인이 속한 사회체계와 타인의 영향을 받는다. 그렇기 때문에 Urry(1990)는 관광객의 시선이 사회적으로 조직되고 체계화되는 것이라고 하였다. 즉, 다양한 사회적 집단 안에서 관광객의 시선이 어떻게 변화하는지는 상이한 사회, 다양한 역사적 시기에 따라 시선이 조직되고 강화되는 과정에 대한 관심을 통해 이해할 수 있다는 것이다(Urry, 1990). 때문에 역사적 시기마다 다양한 사회집단 내에서 관광객의 시선이 어떻게 변화되고 발전해 왔는지를 통해 관광객 시선을 이해하고 분석하는 것이 중요하다고 강조하였다.

단지 그냥 보는 것(sightseeing)은 피상적일 수 있으며, 다른 감각이 시각에 개입하여 보는 것과 관련한 실제의 경험을 방해한다. 그러나 관광객의 시선은 기존 학자들의 연구를 통해 교육(education), 건강(health), 그룹 결속(group solidarity), 즐거움과 놀이(pleasure and play), 유산과 기억(heritage and memory) 등의 영역에서 다양한 의미를 포함하는 것으로 밝혀졌다(Urry & Larsen, 2011).

낭만적 시선(romantic gaze)은 시선의 대상과 사적이고 개인적이면서 고독한 관계를 맺는 시선을 말한다. 고독하게 바라볼 수 있는 새로운 대상을 찾아 나서는 낭만적 시선의 관광객은 황량한 해변, 텅 빈 언덕, 사람이 살지 않는 숲, 오염되지 않은 계곡물 등을 응시한다. 이러한 낭만적 시선은 관광지를 마케팅하고 홍보하는 데 끊임없지 활용되고 있다.

집합적 관광객 시선(collective tourist gaze)은 역동적인 것과 삶의 활력, 그리고 축제 등과 관련되는 시선이다. 특정 관광지에 나타난 무수하게 많은 사람은 여기가 바로 우리가 바라보아야 할 그곳이라는 것을 알려주는 시선을 행사한다.

구경꾼 시선(spectatorial gaze)은 움직이지 않는 동안이나 이동하는 동안 사람들이 시각적으로 소비하는 것을 말한다. 즉, 버스를 타고 이동하면서 차창 밖으로 지나가는 풍경을 소비하는 시선을 구경꾼 시선이라고 할 수 있다.

경건한 시선(reverential gaze)은 무슬림(musilim, 이슬람교도)들이 성지를 영적으로 소비하는 것과 같은 경건한 시선을 의미한다. 그리고 인류학적 시선(anthropological gaze)은 다양한 장소를 면밀히 살펴보고 그것이 차지하는 역사적인 의미와 상징을 해석하는 시선을 말한다. 인류학적 시선을 행사하는 사람들은 장시간 동안 현지에 머물면서 현지의 진정한 삶을 발견하고자 한다.

환경적 시선(environmental gaze)은 학자들이나 비정부기구 회원들이 관광객의 행태를 살펴보고 환경에 미치는 영향을 감시하는 시선을 말하며, 미디어 시선(mediatised gaze)은 미디어를 통해 유명해진 특정 장소를 소비하는 시선을 의미한다.

4. 전통과 문화의 의미

전통(傳統, tradition)은 우리의 삶과 사고, 그리고 행동양식 곳곳에 관련되어 있으며, 수많은 차원의 의미의 대상과 다양한 측면들을 동시에, 혹은 그것들을 유기적 전체로서 파악하는 매우 포괄적인 개념이다.

전통이 가지는 의미는 문화 전달의 과정이 되기도 하고, 또는 전달되는 문화적 대상 자체를 가리키기도 하며, 그것의 규범적인 성격을 가리키기도 한다. 그리고 전통이라는 말은 대부분 '문화'라는 말과 함께 쓰이는데, 전통과 문화의 의미가 상당 부분 겹치는 영역에 있기 때문이다. 그러나 문화가 현재 생성되고 소멸하는 모든 인간의 활동들을 포괄하는 좀 더 광범위한 용어인 반면에, 전통은 과거와의 연관성을 갖고 오래 지속된 것이라는 뜻을 함축하고 있기 때문에 전통이 문화의 범주에 포함된다고도 볼 수 있다.

전통의 개념은 현재적인 입장에서의 어떤 주관적인 가치판단을 근거로 규정된다는 특성이 있다. 즉, 과거와의 연속성을 반드시 필수조건으로 하고 있지 않은 경우에도 전통으로 규정될 수 있으며, 인간에 의해 창조된 것이 전래되면서 지속되기도 하고 표현 및 해석 양식에 변화가 나타나기도 하는 것이다.

따라서 전통의 개념에 의거해 관광에서 전통이 갖는 의미를 고찰해 보는 것은 매우 중요한 과정이라고 할 수 있다.

전통의 사전적 의미는 어떤 집단이나 공동체에서, 지난 시대에 이미 이루어져 계통을 이루며 전하여 내려오는 사상・관습・행동 따위의 양식, 혹은 세대를 넘어서 관습, 신념, 사고가 전해내려 온 것을 말한다(고원규, 2006). 이때의 정의는 과거로부터 현재로 전래되거나 물려받은 유산이라는 의미를 지니는 광범위한 의미로서 전통을 정의한다. 그러나 전통은 주관적인 가치 판단에 의해 파악된 것과 그렇지 않은 것을 구별해야 한다.

즉, 주관적인 가치판단에 의하지 않고, 객관적인 존재로서 과거로부터 현재에 전해진 사상, 관행(慣行), 행동, 기술(技術)의 양식 등은 관습(慣習)이라고 해야 하는데, 이는 과거로부터 연속성을 가진 문화유산에 불과하다. 그에 비해 전통은 문화유산이라 하더라도 현재의 생활에서 볼 때 어떤 주관적인 가치판단을 기초로 하여 파악된 것을 말하며 반드시 연속성(連續性)을 필수조건으로 하지 않아도 된다. 이는 지속성과 변화성을 함께 지닌 생동하는 실체로서 전통을 이해해야 하며 고정적으로 박제화된 잔존물(survivals)과는 구별해야 한다는 것을 의미한다(임재해, 1992).

물론 학자들에 따라 전통의 시간적 범주를 정하는 것이나 전통이 전해지는 과정에 대해서는 서로 의견을 달리하고 있지만, 대부분의 학자가 전통을 객관적인 실체(objective characteristic)로서 볼 것이 아니라 주관적인 관점에서 이해해야 한다는 생각을 하고 있다(Janelli & Yim, 1994).

Bauman(1992)은 전통이 과거에 뿌리를 둔 문화적 유산이 아니라 현재에 상징적으로 구성된 것이라는 인식의 변화가 전통을 연구하는 학자들에게 점차 인정되고 있다고 하였다. 이러한 새로운 관점은 과거에 행해졌던 행위와 현재에 행해졌던 행위 사이의 유사성을 인정하면서도, 과거와 현재와의 행위에 있어서의 연속성이나 비연속성을 논하는 관점은 항상 주관적 평가의 소산이라는 인식이다.

고원규(2006)는 전통에 대한 정의한 여러 학자의 견해를 소개하였다.

Shils(1981)는 전통을 상징의 사회적 저장소로 정의하면서 전통이 유동적이고 끊임없이 변화하는 것이라고 하였고, Rubin(1975)은 전통에 대해 과거를 해석하고 조정해 현재에 이르기까지 전수된 문화적 패턴들의 집합이라고 하였다(고원규, 2006). 그리고 Niessen(1999)은 전통이 기술에 의해 발생된 지역의 가능성이라고 정의하였다. 또한, 고원규(2006)는 전통을 정의하고 있는 견해를 두 가지로 나누어 설명하였다.

첫째는 전통을 융통성 있는 본질로 보는 견해로, 주어진 시간과 공간 속에서 해석되는 것이 전통이므로 변형 또는 갑작스러운 방향의 전환에 의하여 변화를 일으키는, 즉 내외적인 힘에 반응하는 것으로 정의하는 입장이다. 이러한 입장은 전통의 유연한 특징을 드러내는데, 전통은 변화를 일으키는 내부와 외부에서 작용하는 힘에 대한 반응으로서 재해석되기도 하고, 그 해석의 과정에서 변화를 일으킨다는 측면을 강조한다.

둘째는 어떤 전통의 요소는 선택되기도 하고, 또 어떤 것은 포기되기도 하므로 과거에서 현재에 이르기까지 셀 수 없이 많이 이끌어낸 잠재적 결합을 유지하는 능력으로서 전통을 보는 견해이다. 이러한 관점은 전통을 전수된 문화 유형의 집합으로 여기며, 기술의 발전은 새로운 문화 정체성을 만들어내는 잠재적인 장래성으로 발전가능성을 지닌다고 보고 있다.

조난심(1993)은 전통의 개념이 네 가지 측면에서 중요한 의미를 갖는다고 하였다.

첫째, 전통은 '과정'으로서의 의미를 갖는다. 전통이란 이야기, 관례, 신념 등을 세대에서 세대로 전하는 과정 자체를 의미하는데, 모든 활동의 반복이 전통이 되는 것은 아니다. 전통은 의도적이고, 의미 있는 행동의 반복, 혹은 지속이다. 즉, 무의식적이고, 의미 없는 행동의 반복은 전통이 아니다. 특히, 전통은 공적인 의미를 갖는 행동의 반복을 말하는데, 여기서의 반복은 말 그대로 단순히 복사한다는 뜻이 아니라 활동을 실천하는 사람에 따라 약간씩 다르게, 혹은 새롭게 실행할 수 있다는 뜻을 갖는다.

둘째, 전통은 전달의 '결과'를 의미한다. 즉, 세대에서 세대로 전달되는 내용이나 결과 자체를 의미한다는 것이다. 전해 내려오는 이야기나 신념, 관습, 기술 등등이 이러한 의미에 포함된다. 따라서 전통은 광범위한 대상을 지칭하기도 하고 좁은 의미의 협의적인 대상을 지칭하기도 하며, 어떤 상징적 체계나 유형 문화재처럼 구체적인 대상을 가리키기도 한다. 그러나 이와 같은 구체적인 대상의 경우 그것이 전통으로서 가치를 갖는다고 인정받을 수 있는 것은 그것이 구현하고 있는 경험의 의미나 소위 그 정신적인 가치에 달려 있다. 즉, 결과로서의 전통에서 중요한 것은 그것에 담겨 있는 공적인 의미이며, 그것을 전달함에 있어서 이루어지는 이해와 해석이 중요하다.

셋째, 전통이 갖는 또 다른 의미는 불문법(不文法) 또는 관습법의 효력을 갖는, 오랜 시간에 걸쳐 확립된 관계나 실천 양식을 뜻한다. 즉, 전통이 법칙 혹은 규칙의 지위를 가질 수 있음과 관련된 의미이다. 이러한 의미는 세대 간의 의사소통에 전통이 '매체'로서의 역할을 할 수 있음을 보여주는 것으로, 우리가 어떤 활동을 가리켜 우리의 전통이라는 것을 인식하고 공유함은 이와 같은 전통의 매체로서의 의미에 따른 것이다.

넷째, 전통은 역동적 체제로서의 의미를 갖는다. 앞에서 살펴본 전통의 여러 측면은 서로 유기적인 관련을 맺으며 하나의 개념적 실체를 구성한다. 그런데 이러한 전통은 구체적인 실천을 통해서만 유지되고 전달된다.

따라서 전통은 움직이고, 변화하는 실체, 곧 역동적인 실체로서 '살아있는 전통'이라고 할 수 있는 것이다. 살아있는 전통의 개념은 우리 가치관의 토대로서 자리 잡고 있는 규범적 전통을 이해하는 데 매우 적절하며, 이를 통해 우리가 세상을 이해하고 평가할 수 있게 해 주는 가치 체계의 근간인 것이다.

전통문화(traditional culture)가 과거부터 전승되어 온 문화라고 한다면, 문화적 전통(cultural tradition)은 과거로부터 현재까지 축적된 문화양식으로 현재 사회환경 속에서도 유지되고 있는 문화를 의미하는데, 한 문화에 정체성을 부여하는 것은 전통문화라기보다는 문화적 전통이라고 할 수 있다(김규호, 2010).

따라서 관광의 측면에서 전통을 이해할 때도, 관광객이 흥미를 느낄 수 있도록 전달하기 위해 전통을 활용하여 상품화하거나 물상화하여 진정성을 상실하는 것이라고 하기보다는 관광을 통해 문화적 정체성을 재확인하는 하나의 방안으로 인식할 필요가 있다(김규호, 2010).

문화는 인간의식의 역동적인 생산물이며 끊임없이 동시대의 맥락에서 재형성되어 오고 있는 것이므로, 과거는 미래 창조를 위해 존재하는 계속적인 과정이다(Glassie, 1995). 시간의 경과와 함께 진행되는 문화적 요인의 선택과 해석 과정을 통해 전통의 특징이 나타나며, 이러한 전통의 구축은 상징적인 것이다(Glassie, 1995).

안동 하회마을 전통의 재구성에 관해 연구한 문옥표(2000)는 과거 1970년대 정부가 국가의 정치적 이데올로기 정립을 위한 자원으로 활용하기 위해 안동의 충효사상, 가치관, 윤리관과 같은 특정 문화나 역사적 인물들의 활동 및 업적 등을 부각시켰다고 하였다. 그리고 1980년대 들어 민주화운동의 진전으로 인해 정치적·이념적 저항운동 속에서 지배계급에 대한 풍자의 내용을 담은 하회의 탈춤이 적극적으로 이용되는 등, 역사의 흐름에 따른 시대적·이념적 변화에 따라 전통에 대한 선별적 재발굴 혹은 재구성이 시도되었다고 하였다.

진명숙(2006)은 전주 풍남제를 사례로 시대적 담론이 향토축제 담론에서 산업화 담론으로 변화함에 따라 지역의 전통적 문화자원들이 지역의 사회적 · 정치적 · 경제적 영향과 밀접한 관련을 맺고 어떻게 변화하고 있는지를 고찰하였다. 본래 전주시민의 날에 '단옷날 여흥'을 목적으로 개최되던 전주 풍남제는 지방자치제가 실시된 1990년대 후반 이후 산업화 담론에 이끌려 외부지향적 축제로 재구성되는데, 특히 우리나라에서 월드컵이 개최되던 2002년의 변화가 두드러졌다.

이전에 전주종합경기장에서 열리던 풍남제의 개최장소를 한옥마을로 옮겼는데, 이는 전주의 역사적 상징이라고도 할 수 있는 한옥마을에서 풍남제만의 독특한 이미지 구현을 실현함과 동시에 한옥마을의 관광자원화와 상품화를 통해 전주를 전통문화도시로 만들고자 하는 장소마케팅 전략에 의한 것이었다. 그리고 맛있는 음식으로 유명한 전주의 이미지 강화를 위해 풍남제 프로그램에 전주 음식을 소재로 한 프로그램을 강화하였다. 이처럼 단오라는 절기에 자발적으로 행해진 의례로서 전주시민들이 즐겨왔던 풍남제는 전주의 역사성과 전통성을 강화하기 위한 기제로서 재구성된 것이다.

이와 같은 전통의 변화와 재구성 양상은 현대에 들어 전통이 시간적 · 공간적으로 적응하는 과정에서 많이 나타나지만, 관광의 영역에서 볼 때는 전통이 관광자원이나 관광상품으로 선택되는 과정에서 두드러진다.

이상현(2004)은 안동에 살고 있는 사람들의 부류에 따라 인식하고 있는 전통문화를 통해 이와 같은 차이에 대해 설명하였다. 과거 안동의 향촌사회에 살던 재지사족(在地士族)의 후예들은 유교와 관련 있는 유 · 무형의 문화재만을 전통문화로 인식하고 있으며, 무속, 전통 놀이 등 민속학에서도 많이 연구되고 있는 다른 대상들은 그들의 인식 속에서 전통문화에 포함시키지 않는다.

그러나 차전놀이, 놋다리밟기 등의 민속에 관심을 가지고 있는 또 다른 사람들은 안동 지역의 민속이 전국에서 가장 잘 알려져 있는 만큼, 이와 같은 전통문화를 전승해야 한다고 주장한다는 것이다.

05
CHAPTER

현상학적 연구 (Phenomenological Research)

1. 현상학적 연구
2. 의식의 지향성
3. 현상학적 연구방법
4. 분석 및 해석 방법
5. 현상적 연구의 질적연구 기여

1. 현상학적 연구

1) 질적연구의 해석학

질적연구방법론은 본질적으로 현상학적이며 해석학적이다(신경림 외, 2004). 질적연구방법론의 출발, 즉 철학적 배경이 현상학과 해석학일 뿐만 아니라 (신경림 외, 2004) 연구참여자의 체험을 통해서 현상을 이해하고 그들의 관점에서 그 의미를 재구성하는 방법이기 때문이다(이희영, 2005). 그러나 현상학적 연구방법은 매우 주관적인 의식의 차원에서 인간의 경험과 그 경험에 부여하는 의미체계를 탐구한다는 점에서 여타 질적연구방법론과 차이가 있다(유혜령, 2015).

실증주의적 방법으로는 복잡한 인간의 삶과 경험세계를 충분히 이해할 수 없고 그 의미와 가치를 밝혀낼 수 없기 때문에 인간은 설명되어야 하는 존재이기보다 이해되어야 하는 존재라고 본다. 질적연구는 실증주의의 한계에서 벗어나 개인의 복잡한 삶과 체험에 얽혀 있는 사회문화적인 맥락을 고려하여 인간을 보다 총체적으로 이해하고자 하며, 양적연구방법으로는 알기 어려운 대상자의 가치, 의미, 인식들에 대한 충분한 이해와 통찰력을 제공한다. 따라서 질적연구는 복잡한 인간 경험을 풍부하고 상황적이며 세부적으로 충분히 이해하는 것을 그 목적으로 하며, 분석과 설명방법에 있어 복합성, 세부사항, 맥락을 이해하는 데 중점을 둔다. 또한, 아직까지 별로 알려지지 않은 현상들을 깊이 있게 이해하고자 할 때 더욱 유용하다 (신경림, 2003). 질적연구는 환경과 상황에서 개인의 내적 체험을 심도 있고 생생하게 이해할 수 있으며, 그러한 개인의 내적 체험으로부터 주관적 형태의 본질(essences)을 발견하는 기회를 마련한다.

2) 본질에 대한 현상학

현상학(phenomenology)은 어떤 상황에 처한 인간 경험의 본질과 의미를 밝히는 철학의 사조이다(신경림 외, 2005). 근본적으로 인간현상을 이해하는 데 있어 자연과학의 실증주의적 패러다임의 제한점을 인식하고 이에 대한 회의에서 출발하였다. 즉 현상학은 그 어원을 통해서 볼 때, 그리스어 'phaino'로부터 나온 단어로서 그 뜻은 '불을 밝히다', '밝은 곳에 두다', '있는 그대로의 모습을 보이다' 등의 뜻이 있다. 스스로 드러내는 대로 그 자체로 볼 수 있도록 해 주는 것을 의미한다. 그 어원적 의미에서 볼 때 현상학은 어떠한 선입견이나 이론적 개념들의 방해를 받지 않고 경험세계의 근저에 있는 본질을 밝히려는 것이다(이남인, 1996). 따라서 현상학적 연구는 철학적 사조로서 현상학의 원리를 질적연구수행에 활용한 일종의 응용현상학이다(이남인, 2014).

사람들의 경험을 분석하는 현상학적 접근은 인과관계와 반대되는 '의미'에 기반이 되는 유용한 접근법을 개발하는 데 이론적 근거를 마련해 준다(Davidson, 2003). 현상학이 언제나 '어떤 것의 본질이나 의미란 무엇인가'라는 질문을 던진다는 뜻에서 '본질에 대한 연구'이며, 이렇게 경험의 본질에 대한 이해를 강조한다는 점에서 근거이론이나 문화기술지 혹은 일상생활방법론 등 다른 질적연구방법과는 다르다고 볼 수 있다. 이러한 다양한 의식들의 본질적 구조를 파악하는 것이 현상학적 연구이다(van Manen, 1994). 현상학적 연구는 현상이 되게 하는 것 그리고 이것이 없으면 현상이 될 수 없는 현상의 근본적 성질(very nature)을 탐구하는 것이다(van Manen, 1994).

3) 현상학의 철학적 이념

현상학은 독일의 철학자이며 수학자인 Edmund Husserl(1859~1938)에 의해 발전되었다. 19세기 유럽에서는 물리학에서 자연현상을 설명하고 검증하기 위해 채택한 실증주의적 방법이 실상 실증화될 수 없는 삶의 부분까지 객관적으로 사물화하려는 학문적 시도로 확장되었다(유혜령, 2013). 이러한 현실에서 Husserl은 물리학적 객관주의가 '학문이 삶의 의의를 상실'하게 하면서 학문은 '이념을 단순한 사실학으로 환원'시켰고, 결과적으로 '인간성 결정의 의미를 지닌 문제들을 무관심하게 외면'하게 되었음을 비판하면서(유혜령, 2013) 새로운 철학으로서 현상학을 태동시켰다(이남인, 2010). Husserl의 문제의식을 살펴보면 현상학적 연구방법은 실증화될 수 없는 삶의 부분이 가진 의의를 탐구하여 인간성을 결정하는 본질을 체계적으로 재구성하는 것에 가치를 둔다는 것을 알 수 있다. 또한, 학문 탐구의 목적은, 선입견이나 기존의 개념에 입각해 현상을 이미 존재하는 것으로 바라보고 그 실제성을 의심하지 않는 자연적 태도(유혜령, 2013)에서 벗어나 존재의 의미를 직면시키는 것임을 보여준다. 또한, 여타 질적연구방법에서와 달리 현상학적 연구에서는 연구자의 사유 능력을 심화시키기 위한 정초(定礎, 주춧돌을 놓음)로써 철학적 개념을 참조하는 것이 자연스러운 일이며 결과적으로 철학적 사유로부터 연구의 논리와 통찰을 도출하게 된다(유혜령, 2013).

van Manen(2007)도 현상학을 '체험에 대한 냉철한 반성에 인간의 존재 의미를 투사하는 것'으로 정의한다. 이때 체험에 대한 반성은 이론적, 가정적 이해나 선입견으로부터 최대한 자유로운 상태에서 이루어져야 한다고 말했다. 즉 van Manen의 현상학적 연구의 대상은 체험의 본질에 대한 것으로 체험을 의식에 나타나는 모습 그대로의 현상으로 해명하고자 하며, 이를 위해 우리가 겪은 모습 그대로를 기술하여 체험의 의미를 밝히는 것이다(van Manen, 1990). 그에게 체험이란 전반성적(前反省的, pre-reflective)인 생활세계이며 현상학은 생활세계에 직접적으로 접촉할 수 있도록 통찰 가능성을 제공한다. 그러나 체험을 사실적으로 기술하는 것이 아니라 연구대상이 되는 특정 체험을, 바로 그 체험이라고 할 수 있게 하는 본질을 탐색하는 것이며 이를 위해 의식에 나타난 체험을 있는 그대로의 현상으로 해명해야 한다.

또한, van Manen이 제시한 연구절차는 다소 작위적인 측면이 없지 않으므로(유혜령, 2013) 현상학 이론과 연구 논리에 대한 깊은 이해를 통해서 연구자의 연구과제 및 상황에 적합한 연구절차를 재창조할 수 있어야 한다(유혜령, 2009). van Manen의 해석학적 현상학적 연구의 철학적 이념을 간략히 살펴보면 다음과 같다.

첫째, 현상학적 연구는 체험을 연구한다. 체험이란 인간이 반성 이전에 직접 겪는 대로의 세계로서 현상학의 목적은 우리가 반성 이전에 세계를 겪는 방식을 체계적인 분류와 추상화를 통하지 않고 통찰력 있게 기술하고자 시도한다는 점에서 여타의 과학과 다르다.

둘째, 연구를 통해 의식에 나타나는 모습 그대로의 현상을 해명하는 것이다. 의식은 인간이 세계에 접근할 수 있는 유일한 통로로써 그것이 현실적이든 상상적인 것이든 간에 무엇이든지 현상학의 관심 대상이 된다.

셋째, 본질을 연구한다. 체험의 내적 의미구조를 드러내고 기술하려는 체계적인 시도이다.

넷째, 우리가 살아가면서 겪은 모습 그대로를 기술한다. 이를 통해 체험의 의미를 깊이 있고 풍부하게 기술하고 해석하고자 한다.

다섯째, 인간 과학적 연구이다. 현상학은 연구주제인 체험에 대한 체계적·명시적·자기 비판적·상호 주관적 연구라는 점에서 과학적이고, 질문, 반성, 주의집중, 직관 등의 특별한 실행양식을 사용한다는 점에서 체계적이며, 텍스트의 내용과 형식을 통해 체험 속에 구체화되어 있는 의미구조를 명확히 밝히려고 한다는 점에서 명시적이다. 또한, 자체의 접근방법과 결과가 보여주는 장점과 단점을 받아들이기 위해 자체의 목적과 방법을 끊임없이 검토한다는 의미에서 자기 비판적이다. 연구자가 현상과의 대화적 관계를 발전시키고 그 현상을 기술한 대로 정당화하기 위해 타자를 필요로 한다는 점에서 상호주관적이다.

여섯째, 사려의 주의 깊은 실천이다. '삶을 살아가는 것이 무엇을 의미하는가'라는 문제에 대해 주의 깊게 마음을 쓰는 것이다. 또한, 사려 깊음은 연구참여자에 대해 고려하는 것을 의미한다.

일곱째, '인간됨'이라는 것이 무엇을 의미하는가를 탐구한다. 현상학은 본연의 우리가 되는 것을 궁극적인 목표로 삼는다.

여덟째, 일종의 시 쓰기(poem writing) 활동이다. 시 쓰기는 경험에 대한 사유행위이고 보다 근원적인 의미에서 이야기하는 것이다. 그러므로 시와 마찬가지로 현상학적 연구에 대해서도 결론이나 요약을 요구하는 것은 부적절한 일이다.

2. 의식의 지향성

1) 사람, 의식, 의미체, 대상의 관계

사물들이 어떤 방식으로 나타나는가에 주의를 기울이고자 하고 사물들이 스스로 말하도록 만들고자 한다는 의미에서 '현상학적' 방법론이며, 또한 해석되지 않은 현상이란 없다고 주장하기 때문에 '해석학적' 방법론이라고 하였다. 즉, 체험(현상학적)의 사실들이 언제나 인간에게 의미 있게(해석학적으로) 체험된다는 것이다. 해석학적 현상학에서는 인간은 자신의 명상, 대화, 영감 등의 해석적 행위를 통해 체험적 삶의 현상들에 의미를 부여하는 존재로 본다. 그러므로 해석학적 현상학의 목적은 인간을 이해하기 위해 인간 경험의 생생한 의미 구조, 즉 체험의 본질을 이해하고자 한다.

현상학적 연구는 일반적 법칙이나 객관화된 원리 속으로 실존이 매몰되는 것을 경계하는 학문적 자각에서 태동이 되었으며 존재의 주체성과 존재성에 기반해 현상을 구성하고자 한다. 특히 Husserl의 '사태 자체로'라는 명제는 van Manen에 이르러 미시적이고 국지적인 생활장면에 초점을 맞춘 일화 분석(유혜령, 2005)이라는 기술로 적용되었다.

van Manen의 현상학적 체험연구방법을 실행하기 위해서는 Husserl의 현상학에 대한 이해가 선행되어야 하는데, 특히 본 연구를 실행하기 위해서는 '지향성(intentionality)'과 '생활세계(life-world)', '판단중지(epoche) 및 현상학적 환원(phenomenological reduction)'과 '자유변경(free variation)'의 개념을 이해하고 적용해야 한다.

'지향성'이란 '의식은 항상 그 무엇에 관한 의식'이라는 개념(유혜령, 2015)으로써 우리의 사고와 행위는 항상 무엇인가로 향하고 있으므로 대상과 주체 사이에는 상호관련성이 존재한다(이근호, 2007). 체험은 세계와 주체 사이의 상호작용 혹은 구성작용이므로 주체는 오직 체험을 통해서만 세계를 확인할 수 있으며(이근호, 2007), '지향성'은 모든 유형의 체험에 내재된 본질적 속성이다(이남인, 2014).

연구문제는 연구자의 지향성에 의해서 형성되므로 연구하고자 하는 현상에 대한 연구자의 지향성, 즉 선이해와 가정을 확인하여 걷어냄으로써 현상에 대한 새로운 지향성을 형성할 수 있다. 또한, 연구참여자의 방관 경험에 대한 느낌·판단·해석 및 방관 행동의 의도를 포괄적·집중적으로 기술하고, 그러한 기술을 바탕으로 의식의 지향 구조를 파악할 수 있다(유혜령, 2015). 결국 현상학적 연구의 목표는, 상관관계를 가지고 상호의존적인 주체의 의식과 의식이 향하고 있는 대상 사이에 존재하는 의식작용을 파악하는 것이라 할 수 있다(유혜령, 2015).

현상학에서 이해하는 존재란 사람의 의미를 부여하는 활동에 의미가 지원진 객관적 의미체이다(김영필, 2002). 인간이 그 대상에 의미를 부여함으로써만 존재가 살아난다. 현상학에서 사람, 의식, 의미체, 대상과의 관계를 '의식의 지향성(intentionality)'이라는 개념으로 표현한다. 의식은 항상 사람을 초월해서 존재한다. 하지만 인간의 의식은 어떠한 대상으로 끊임없이 흘러가는 존재이다. 의식은 의미 대상으로 향해져 있고, 대상은 의식의 활동을 부추기는 현실로 작용할 뿐이다. 사람을 떠난 의식은 대상에 대한 하나의 의미체를 구성하고, 결국 사람이 이해하는 대상이란 그 자체가 아니라 의식이 만들어 놓은 의미체인 것이다(김영필, 2002).

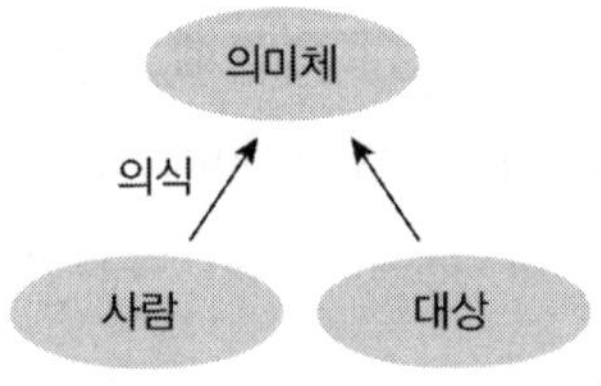

그림 5-1 의식의 지향성: 사람, 의식, 의미체, 대상의 관계

출처: 김영필(2002). 현대철학: 후설에서 들뢰즈까지. 울산: 울산대학교출판부.

현상학적 체험연구에서의 생활세계는 각각의 주체가 살고 있는 일상적인 삶의 세계로서 '이미 주어진' 것이며 전반성적(pre-reflective)인 특성을 가진다(이근호, 2007). 각 주체는 자신의 관점 혹은 태도에 상응하는 특정 유형의 세계를 경험하는 것이기 때문에 대상은 여러 모습으로 나타나게 된다(이남인, 2014).

한편 '지향성'을 파악하기 위해서 연구자의 '판단중지 및 현상학적 환원'이 요구된다(유혜령, 2015). '판단중지 및 현상학적 환원'은 전반성적이고 무비판적이며 관성적인 생활세계 속에서 일어난 체험에서 의미를 발견하기 위한 방법이다. 어떤 체험을 자명한 것으로 받아들이는(이근호, 2007) '자연적 태도'에서 벗어나 사태 속에서 경험되는 현상에 개방적으로 민감하게 다가가는 것을 뜻한다(유혜령, 2005). 특히 연구자는 자료수집과정에서 수집될 자료와 관련된 연구자 자신의 선입견에 대한 판단중지를 함으로써 살아있는 원자료를 수집할 수 있다(이남인, 2005).

현상학적 체험연구에서 '자유변경'은 현상의 본질을 직관하는 형상적 환원(이남인, 2005)의 한 가지 방법이다. 즉 어떤 체험에 대한 본질적 주제를 확정하기 위해서 상상 속에서 그 주제를 변경시키거나 일부를 누락시켜도 그 체험이 동일하다고 할 수 있는지 확인함으로써(이남인, 2014) 특정 체험에 대한 암묵적 이해를 넘어서 이 체험을 명료한 형태로 밝힐 수 있다(신경림 외, 2005). 따라서 '자유변경'은 반 매넌의 연구절차에서 세 번째 단계인 '해석학적 현상학적 반성' 단계에서 잘 활용되어야 하며, 다양하며 다층적 자료를 수집하는 것 역시 수월한 자유변경 작업을 위해서라고 할 수 있다(이남인, 2014).

2) 현상학적 연구절차

van Manen이 제시한 연구절차는 네 단계로 구분된다(van Manen, 1990; 유혜령, 2009). 먼저 연구자는 자신의 특정 현상에 대한 지향을 통해 현상학적 질문을 형성하고 이러한 질문에 대한 연구자의 선이해와 가정을 밝힘으로써 체험의 본성으로 돌아가야 한다. van Manen(1990 재인용; 유혜령, 2015)에 따르면 연구 주제는 생활세계의 일화와 경험에서 시작되어야 한다. 이것은 일화(anecdote)가 성찰을 불러일으키는 환기적 힘(the vocative)을 가지고 있으며 연구자의 문제의식을 가장 선명하게 기술하는 데 효과적이기 때문이다(유혜령, 2015).

두 번째 단계는 자료를 수집하는 단계로서 '경험한 그대로의 탐구'를 위한 '상호주관성'의 고려가 요구된다(유혜령, 2009). 현상학적 연구를 위한 자료는 삶의 생생한 차원에 대한 데이터여야 하며 특정 현상의 경험을 보여주는 다양한 형태여야 한다(van Manen, 1990). 또한, 다층적이며 다양한 자료를 분석하여 현상에서 누구나 경험할 수 있는 보편적인 것을 기술해야 한다(van Manen, 1990).

세 번째 단계는 해석학적 현상학적 반성의 단계로서 수집된 자료에서 연구대상이 되는 경험의 주제적 측면을 드러내고 의미를 발굴하여 현상의 주제적 측면을 언어적 변형을 통해 구성한다. 특히 공동분석모임에서 지속적인 협의를 하면서 본질적 주제와 우연적 주제를 토론하고 결정하게 된다.

마지막 단계는 '해석학적 현상학적 글쓰기' 단계로서 참여자의 일상 언어에 집중하여 일화 및 다양한 예시를 제하는 글쓰기를 진행하고 고쳐쓰기를 통해 해석을 심화한다. van Manen은 글쓰기를 현상학적 탐구 그 자체로 보았고 독자들이 현상에 대한 배려심을 가질 수 있도록 하는 과정으로 생각했다(정상원, 2014).

이러한 연구의 절차는 일회적·단선적인 것이 아니며 반복적인 해석학적 순환을 통해 성찰과 해석이 발전할 수 있도록 해야 한다(유혜령, 2009). 또한, 연구자는 연구 과정 내내 연구주제에 대한 강력하고 지향적인 관계를 유지함으로써(van Manen, 1990) '행위에 민감한 지식(이남인, 2014; van Manen, 1990)'을 습득해야 한다. 뿐만 아니라 연구자는 연구대상의 전체와 부분을 고려하면서 전체적인 탐구맥락의 균형을 유지해야 한다(이남인, 2014; van Manen, 1990). 연구가 종료되는 시점까지 연구주제에 대한 질문과 문제의식을 '생명줄'로 삼는 것이(유혜령, 2015). 연구주제에 대한 애착을 유지하는 방법이며 이러한 관계를 유지함으로써 연구의 맥락이 균형적이 될 수 있다.

van Manen이 제시하는 연구방법은 체험적 의미를 더 잘 가르쳐줄 수 있다. van Manen이 6단계 연구방법을 다음과 같이 제시하였다. 1단계는 연구자의 관심을 끄는 현상에 집중하고, 2단계는 개념화된 것보다 우리가 살면서 겪는 경험을 조사하고, 3단계는 현상을 특징짓는 본질적 주제를 반성하고, 4단계는 쓰기와 고쳐 쓰기를 통해서 현상을 묘사하고, 5단계는 현상과 관련된 강한 지향적 태도를 견지하고, 6단계는 연구 주제의 부분과 전체를 고려하여 연구 맥락을 균형 잡는 것을 제한하였다.

표 5-1 van Manen의 6단계 연구방법

단계	연구방법
1단계	• 연구자의 관심을 끄는 현상에 집중
2단계	• 개념화된 것 보다 우리의 삶 경험 조사
3단계	• 현상을 특징짓는 본질적 주제를 반성
4단계	• 쓰기와 고쳐 쓰기를 통해서 현상을 묘사
5단계	• 현상과 관련된 강한 지향적 태도를 견지
6단계	• 연구주제의 부분과 전체 고려 • 연구 맥락을 균형 잡는 것을 제한(suggest)

출처: 유혜령(2009); van Manen(1990).

3. 현상학적 연구방법

1) 현상학의 해석학적 관점

질적연구의 목적은 현상의 의미와 이해, 일상적 세계에 대한 기술, 특정한 사례에 대한 탐구, 프로그램의 평가, 발견과 이론화, 이론과 실제에 대한 새로운 통찰을 제공하는 것이다(김영천 외, 2017). 이러한 질적연구는 실증주의의 한계를 넘어 총체적으로 인간을 이해하고자 하며, 양적연구방법으로는 알 수 없는 대상자의 가치나 의미에 대한 풍부한 이해와 통찰력을 제공한다. 따라서 질적연구는 복잡한 인간의 경험을 풍부하고 상황적이며 세부적으로 이해하는 것을 목적으로 하며 분석과 설명방법에 있어서 복잡성과 세부상황, 맥락을 이해하는 데 중점을 둔다. 또한, 질적연구방법은 별로 알려지지 않은 현상들을 깊이 있게 이해하고자 할 때 유용하다(신경림 외, 2003).

한편 현상학적 연구방법이 적용될 수 있는 연구주제는 특정 경험 현상의 본질에 대한 연구자 개인의 호기심과 문제의식에서 출발하나 사회적·학문적 맥락에서 의미를 가지는 것이어야 한다(유혜령, 2015).

질적연구는 해석주의의 관점으로 실증주의적 패러다임과 달리 인간을 다양한 동기, 가치, 의식을 지닌 존재로서 양적으로(quantitative) 환원될 수 없는 총체적 구성단위로 보고, 인간과 사회 속에서 행동하고 상호작용하는 역동적·주체적 존재로 본다. 해석주의는 인식론적으로 볼 때 인식대상(연구참여자)이 인식주체(연구자)로부터 독립되어 파악될 수 있는 것이 아니라, 연구대상인 내부자 관점(emic)에서 경험하는 현상을 총체적으로 이해하는 입장이다.

현상학은 현상의 본성, 즉 '어떤 것(something)'을 현재의 바로 그것으로 만드는 것, 그리고 그것 없이는 바로 그것일 수 없게 하는 것, 즉 현상의 본질을 추구한다(이남인, 2005). 현상학에서 말하는 '현상'이란 어떤 객관적 사물을 가리키는 것이 아니라 의식에 의한 경험의 대상이 의식 앞에 나타나는 구체적인 모습을 의미한다. 다시 말해 현상은 의식의 물질적 혹은 비물질적 대상이 의식과의 관계에 의해서 이루어지는 경험을 가리킨다(신경림 외, 2003). 현상학적 연구는 인간 생활세계 경험의 기술(description)에 대한 분석을 통해 경험의 의미를 알고자 하는 귀납적·기술적 연구방법이다(신경림 외, 2004). 그러므로 개인들이 체험하는 현상에 대한 경험의 의미 중, 공통적인 것을 기술하는 데 초점을 맞춘다(Creswell, 2007). 이러한 기술은 개인이 '경험한 내용'과 '어떻게 경험했는가'로 구성된다.

현상학은 여러 개의 학파가 존재하는 철학의 영역인 동시에 연구방법이다. 현상학은 근본적으로 인간현상을 이해하는 데 있어 자연과학의 실증주의적 패러다임의 제한점을 인식하고, 이에 대한 회의에서 출발하였다. 실증주의의 방법으로는 복잡한 인간의 삶과 경험세계를 충분히 이해할 수 없고, 그 의미와 가치를 밝혀낼 수 없기 때문에 인간은 '설명되어야 하는 존재'이기보다는 '이해되어야 하는 존재'라고 본다. 특히 인간 경험에 관한 연구에서 현상학적 접근은 중요한데 현상학 연구자들은 지각과 판단의 모든 복합성을 가진 인간에 의해 경험되는 현상을 연구함으로써 경험의 개인적 의미를 파악하는 기술을 통하여 연구대상의 실재에서 그들을 파악하고 도울 수 있다고 한다(Merleau-Ponty, 1945).

Husserl(1954)에 의하면, 현상학의 주된 주제는 '사물 그 자체로 되돌아' 가는 것이며 '사실을 그대로 보는 것'으로 경험의 본질을 찾아내는 것이다(신경림 외, 2004). 현상학은 어떠한 선입견이나 이론적 개념들의 방해를 받지 않고 경험세계의 근저에 있는 본질을 밝히려는 것이다(이남인, 1996). Husserl(1999)은 현대가 직면한 이 위기를 극복할 수 있는 길은 모든 학문의 근원과 인간성의 목적을 철저히 반성함으로써 철학의 참된 출발점을 근원적으로 건설하는 데 있다고 파악하였다. 현상학은 이념적, 철학적 지향으로서뿐만 아니라 그러한 지향을 실제적이고 실천적인 연구방법론으로 원용하려는 모든 종류의 노력들을 망라하는 용어이다. 결국 현상학은 현상들에 관한 연구이며, 그것들의 본질적 성격과 의미를 밝혀내고 이해하기 위한 노력이라고 볼 수 있다(이근호, 2007).

Heidegger(1962)의 해석적 접근은 존재적 구조와 거기서 존재 그 자체가 보이게 되는 현상학적 시각의 계시적인 국면이다. 그는 존재론(ontology)에 집착한 논리 분석적 접근을 강조하였다.

> "현상학적 기술의 의미는 해석의 한 방법으로 놓여 있다. 존재의 현상(Phenomeno logy of Dasein)이라는 말은 해석의 특성을 가지고 있다. 철학은 우주적 현상학적 존재론이며, 그것이 일어나고 귀결되는 곳에서 모든 철학적 탐구를 위하여 확고한 지침으로 만들어진 존재의 분석으로서 존재의 논리 분석적 접근(Hermeneutic of Dasein)으로부터 그 출발을 한다(Heidegger, 1962)."

앞에 인용한 문장은 존재로 가는 방법으로서 Heidegger가 현상학을 수용한 것을 반영한다. 그가 보았듯이 거기엔 다른 방법이 없다. Heidegger의 말처럼 만일 철학이 존재론이라면, 같은 이유로 존재론은 현상이다(이종규, 2007).

> "현상학은 소위 존재론의 주제가 된다고 하는 것이 접근하는 우리의 방법이며, 그것에 논증적인 정확성을 주는 것은 우리의 방법이다. 오직 현상이 존재론이기 때문에 가능하다(Heidegger, 1962)."

현상학은 의식의 근원적인 내용으로 돌아가고자 시도하는 것인데, 다시 말하면 우리가 목적들을 이해하기 전에 그것들에 관한 우리의 바로 그 목적물의 경험에서 그들 스스로를 표현하는 목적물로 되돌아가고자 하는 시도이다(이종규, 2007).

2) 판단중지의 목적과 성격

(1) 순수성의 확보: 판단중지의 목적

우리는 판단중지의 등장 배경으로부터 다음과 같은 사실을 확인할 수 있었다. 엄밀함의 이념은 명증성을 지닌 의식 체험을 통해 실현될 수 있으며, 판단중지는 의식 체험의 영역을 발견하기 위해 수행되는 방법이다. 그리고 Husserl 현상학은 이렇게 발견한 의식 체험의 영역을 탐구하고 분석한다. 이런 점에서 Husserl 현상학은 단적으로 '의식 체험에 관한 본질학'으로 특징지어질 수 있다.

그런데 Husserl은 이러한 의식 체험에 대한 분석을 통해 최종적으로 세계에 대한 이해가 어떻게 가능한지를 묻는다. Husserl에 따르면 의식 초월적인 것은 판단중지의 대상이었으며, 확실하게 알 수 없는 것이었다. 그러나 인간은 영적인 존재로서, 세계 내의 존재로서 이러한 초월적인 대상과 필연적으로 관계되어 살아갈 수밖에 없다. 이 때문에 우리가 확실하게 알 수 없는 초월적인 세계와 관계를 맺을 수 있는 이유를 해명하는 것은 Husserl에게 있어 매우 중요한 과제였다. 따라서 Husserl이 최종적인 목적은 의식 체험의 성격이나 특성을 밝혀내는 데 있는 것이 아니라, 이로부터 세계에 대한 인식이 대체 어떻게 가능한지를 규명하는 데 있다. 즉, Husserl은 의식으로부터 세계 인식의 타당성이 어떻게 구해지고 있는가를 규명하기 위해 의식 체험의 본질을 연구하는 것이다. 물론 이러한 목적은 의식 체험의 본질에 대한 분석이 완벽하게 진행된 이후에나 이뤄질 수 있기 때문에 판단중지를 통해 순수한 의식 체험으로 돌아가는 것이 선행되어야만 한다. 이에 따라 판단중지는 모든 초월적인 것, 곧 사실학이나 자연적 태도의 일반정립에 기초한 세계 인식을 배제하고 괄호 친다. 그런데 이렇게 의식 체험을 제외한 모든 것을 배제하는 과정은 일종의 순수성을 확보하는 과정으로 볼 수 있다. 즉 의식 체험을 제외한 모든 것을 배제함에 따라 어떠한 편견이나 전제가 개입되지 않은 말 그대로 순수한 의식 체험의 영역을 발견할 수 있다는 것이다.

일반적으로 순수란 '다른 것의 섞임이 없음'이라는 의미를 가지고 있다. 다시 말해, 순수하다는 것은 '다른 어떤 것의 섞임 없이 자체적인 것만으로 구성된 것'이라고 할 수 있다(박인철, 1992). 하나의 예를 들어보자. 우리가 누군가를 보고 순수하다고 말할 때, 우리는 그 사람의 때 묻지 않은 모습을 보고 흔히 이런 표현을 사용한다. 물론 이러한 표현은 칭찬이 될 수도 있고 비난이 될 수도 있지만 중요한 것은 아니다.

문제가 되는 것은 '때 묻지 않은 모습을 대체 왜 순수하다고 표현하는가?'이다. 통상적으로 이런 표현을 사용하는 것은 순수하다고 칭해진 사람이 아직 세상으로부터의 풍파나 고통 등 다양한 외적 요인을 겪기 이전의 상태, 즉 어떤 것의 섞임으로 변양되기 이전의 상태에 머물러 있음을 의미한다. 즉 우리는 무언가 섞임으로 인해 변양되지 않은 상태를 보고 '순수하다'는 표현을 사용한다. 따라서 '어떤 다른 것이 섞이지 않음으로써 변양되지 않음'이야 말로 순수하다는 개념의 핵심이자 기본적인 틀이라고 할 수 있다. 물론 무엇으로 구성되어야만 하는가 하는 물음을 던질 수 있으나,

이는 각 학문의 입장에 따라 상이할 수 있기 때문에 단적으로 제시하기는 어려운데, 일단 Husserl에서는 의식 체험만으로 구성되었을 때 순수하다고 할 수 있다. 그러나 중요한 것은 어떤 것이 섞여버림으로써 변양되지 않는 것이다.

Husserl은 판단중지를 통해 초월적인 것에 의해 변양되지 않은 순수한 의식 체험을 추구한다. 이러한 태도는 판단중지의 등장 배경에서도 일관적으로 유지되었다. Husserl은 형상적 환원의 단계에서 사실성을 배제하고 순수한 본질(초월적 본질이 아닌 내재적 본질)로부터 인식적 가능성을 확보했다. 이 때문에 "초월적－형상적 영역과 분과학은 순수한 체험영역에 연결되기를 바라는 현상학을 위해 원칙상 전제로서 기여할 수 없다"고 할 수 있는데, 모든 초월적인 것을 배제하는 판단중지도 이와 같다.

이런 연유로 판단중지는 무언가를 배제한다는 측면에서 '순수성' 개념을 추구할 수밖에 없는 것으로 보인다. 게다가 이러한 관심은 '순수현상학'이라는 Husserl의 철학적 이념으로까지 이어지는데, 그는 순수하게 '그 자체'로서 주어진 의식 체험만이 명증성을 지닐 수 있으며 인식적 타당성을 보증해 줄 수 있다고 생각했다. 대상적인 것은 일반적으로 '그 자체'로서 시선 앞에 다가오고 '주어진 것'으로서 의식될 뿐만 아니라, 전적으로 순수하게 주어진 그 자체로서, 그것은 그 자체 존재에서 우리에게 의식된다.

앞서 언급된 '그 자체'는 초월적인 대상이 그대로 복사되어 의식에 붙여 넣어 진다는 의미에서 '그 자체'를 말하는 것이 아니다. 이는 대상이 의식에 주어졌을 때, 주어진 내용 '그 자체'라고 이해해야 한다. 이와 관련해서는 앞서 충전성과 필증성 부분에서 충분히 설명했으나, 명증성과도 깊이 관련되어 있기 때문에 뒤에서 자세히 논하도록 하겠다.

어쨌든 Husserl은 오로지 의식 체험만을 추구한다는 점에서 자연스럽게 '순수성'을 확보할 수밖에 없으며, 이런 점에서 순수성의 확보는 판단중지의 주요한 목적이라고 보는 것이 타당하다.

(2) 판단중지의 성격

지금까지의 논의를 통해 Husserl의 철학적인 목적이나 판단중지가 요구될 수밖에 없는 이유를 확인할 수 있었다. 그 결과, 엄밀학으로서 철학의 이념, 무전제성, 무편견성, 모든 초월적인 것에 대한 배제, 의식 체험 등 Husserl 현상학 전반에서 주요하게 다뤄지는 개념을 파악할 수 있었다. 그러나 이러한 과정에서 미처 언급하지 못한 것이 남아 있다. 이제까지 판단중지의 등장 배경이나 목적 등을 살펴보았으나, 방법론적인 특성에 대해서는 해명되지 못했다. 이 때문에 판단중지가 어떤 성격을 가진 방법론인지는 아직 알지 못하는 상태인데, 지금부터 판단중지의 방법적인 성격이나 특성이 Husserl의 현상학과 맞물릴 수 있는 것인지를 검토해봐야만 한다. 판단중지가 어떤 성격을 가진 방법론인지 살펴보는데, 이는 세 가지로 구분될 수 있다.

첫째, 판단중지가 인간의 의지적 결단을 원동력으로 한다. 판단중지를 수행하는 주체는 인간이기 때문이다. Husserl의 판단중지는 이제까지 믿어왔던 편견으로부터 벗어나 내재적인 영역 곧 의식 체험으로 귀환하기 위한 방법이다. 달리 말하면, 실제 세계에 대한 보편적인 믿음이나 모든 초월적인 것을 배제하는 것이 바로 판단중지의 목적이다. 예를 들어, 당장 내 눈앞에 존재하는 책상이나 연필, 책 등이 실은 비존재의 가능성을 함축하고 있으므로 언제든 가상으로 드러날 수 있다는 의심을 가져야만 한다. 물론 이러한 태도를 갖는 것이 쉬운 일은 아니다. 그러나 인간은 이를 실행할 수 있는 힘을 가지고 있다. 즉, 자연적 세계에 숨겨진 의지적 관계의 실행에서 주체는 근본적으로 자기 자신이 의지적으로 관련되며 이로부터 원칙적으로 환원의 가능성을 갖는다. 다시 말해, 인간은 판단중지를 수행할 수 있는 의지적인 힘을 이미 가지고 있다. 이런 맥락에서 판단중지는 인간의 의지를 원동력으로 작동한다고 할 수 있는데, 이에 대해 Husserl은 다음과 같이 말한다.

> 우리는 자연적 태도의 본질에 귀속된 일반정립의 작용을 중지시키고, 모든

> 어떠한 존재적 관점에서 일반정립을 포괄하는 것을 괄호 속에 넣는다. 따라서 지속적으로 "우리에 대하여 거기 있는", "앞에 주어져 있는" 그리고 끊임없이 머무르는 의식된 "실제세계"로서 이 모든 자연적 세계는, 그것이 우리에게 좋을지라도 괄호를 친다.

이 인용문에서 Husserl은 판단의 수행 여부가 인간의 의지에 달려 있다고 구체적으로 언급하지는 않는다. 그러나 자연적 세계가 우리에게 '좋은 것' 일지라도 판단중지한다는 점에서 그 단초를 잡을 수 있다. 사실 자연적 태도는 우리에게 매우 익숙하고 친근한 태도이며, 대부분의 사람은 자연적 세계의 실재성을 직관적으로 받아들이고 이를 토대로 살아간다. 따라서 이를 의심하여 판단중지하는 것보다는 자연적 세계에 대한 기존의 태도를 유지하는 것이 더 편하고 좋은 일임은 분명하다.

이 때문에 누군가는 "자연적 태도에서 받아들였던 세계에 대한 믿음을 꼭 의심해야만 하는 것인가?" 되물을 수 있다. 물론 Husserl에 따르면 판단중지를 수행하는 것이 옳지만, 우리에게 친근하고 익숙하며 좋은 것을 배제하고 괄호 친다는 것은 결코 쉬운 일이 아니다. 이 때문에 '자연적 세계가 좋을지라도 판단중지한다'는 말은 판단중지를 수행하는 것이 생각처럼 쉽지 않다는 표현으로 이해할 수 있다. 판단중지를 수행하는 것이 어렵다는 Husserl의 생각은 <위기>에서 더욱 심화된다(김희봉, 1999).

> 판단중지는 우선 본질적으로 완전한 인격적 변화(personale wandlung)를 이루어낼 것을 자신의 소명으로 삼으며, 이 인격적 변화는 우선 일종의 종교적 개종(改宗)과도 비교될 수 있을 것이지만, 그러나 이것을 넘어서서 인간성(menschheit)으로서 인류에 부과된 가장 위대한 실존적 변화의 의미를 그 자체 속에 간직하고 있다는 사실이다.

위 인용문에 따르면 판단중지의 수행은 완전한 인격적 변화와 같으며, 종교적 회심과도 비견될(비슷할) 수 있을 정도로 어려운 일이다. 이 때문에 Husserl은 판단중지를 인류에게 부과된 가장 위대한 실존적 변화라고 표현하는데, 이 같은 설명은 조금 극단적으로 보일 수도 있다. 그러나 우리가 가진 "믿음이나 습관이 너무나 견고하기 때문에 이를 깨트리기 위해서는 강한 의지적 결단이 필요"하다. 물론, 어떤 방법론이든 그것을 수행하는 인간의 영향력으로부터 벗어날 수 없는 것은 분명하다. 어떻게 행동할지 고민하고 실천하는 것은 온전히 인간 스스로에게 달려 있기 때문이다.

그러나 Husserl이 말하는 의지적 결단은 일상적인 의미에서 수행되는 결정과 궤를 달리한다. 그가 말한 종교적 회심을 예로 들어보자. 평생을 절실한 기독교 신자로 살아온 사람의 밑바탕에는 하나님에 대한 믿음과 성경이 자리 잡고 있는데, 그의 세계는 이로부터 정초(창조, 토대)된다. 그런데 '하나님의 존재는 거짓이며, 성경 또한 잘 만들어진 소설'이라는 사실이 밝혀졌다고 가정해 보자. 이런 경우 기독교 신자가 가졌던 믿음은 사실상 거짓된 것을 향해 있었으므로 개종하거나 기독교로부터 벗어나는 것이 타당하다. 그러나 자신의 삶을 지탱해오던 믿음, 곧 근원적인 토대를 단번에 배제하는 것이 쉽사리 이뤄질 수는 없다. 평생을 함께했던 믿음을 버린다는 것은 자신의 인생을 부정하는 것과 마찬가지기 때문이다.

그럼에도 불구하고 Husserl은 이러한 믿음을 버리고 개종하는 것이 타당하고 설명한다.

거짓이나 가상으로 드러날 수 있는 것에 대한 믿음은 허상에 불과하기 때문이다. Husserl은 그 누가 보아도 확실한 것을 따르는 삶이야말로 우리가 가야 할 길이라고 보고 있다. 선험적 환원의 원리적인 고유성이란 그것이 앞서 단번에 보편적이고 이론적 의지로써, 이런 선험적 소박성을 중지하는 데 있다(박인철, 2016).

따라서 주체에 의해 성취된 판단중지는 자신의 자기성을 의지로써 해명하려는 결단, 즉 자신이 내리는 결단이라고 할 수 있다. 다시 말해, 판단중지란 인간 자신으로부터 발현되는 의지적 결단력이 있어야만 성취될 수 있다. 이런 점에서 Husserl의 판단중지는 인간의 의지를 원동력으로 하는 방법론이라고 보는 것이 타당하며, 그에 따르면 편견으로부터 벗어나 열린 현상학적 시선으로 세계를 바라보는 것은 강력한 의지적 결단이 수반되어야만 성취될 수 있다.

둘째, 판단중지가 명증성을 획득하기 위해 마련된 방법이라는 사실이다.

판단중지의 등장 배경에서도 수차례 언급했듯이 명증성은 Husserl이 추구하는 엄밀성의 밑바탕이며, Husserl 현상학의 핵심축을 담당하고 있다. 이 때문에 판단중지는 그 시작부터가 명증성을 확보하기 위해 마련되었다고 볼 수 있다.

Husserl의 현상학은 이미 언급한 바와 같이 '명증성의 철학'이라고 이해할 수 있는데, 엄밀학의 이념은 사실상 명증성을 토대로 할 때 실현될 수 있기 때문이다. 어떠한 편견이나 전제에도 의지하지 않겠다는 것은 학문적 인식의 타당성을 새로 모색하려는 시도로 이해할 수 있으며, 이 새로운 출발점은 다른 어떤 것으로부터 타당성을 구하지 않는 명증성을 지니고 있어야 한다. 명증성은 가장 넓은 의미에서 존재자(Seiendes)와 그렇게 존재하는 것(So-Seiendes)에 관한 경험, 곧 '그것 자체를 정신적 시선 속으로 가져옴(Es-selbst-geistig-zu-Gesicht-bekommen)'이다.

앞서 인용문에서도 알 수 있듯이 Husserl은 의식 체험이야말로 인식의 출발점이 될 수 있는 명증성을 지닌다고 보았는데, 의식 체험은 다른 것으로부터 타당성의 근거를 요구하지 않으며 의심의 대상이 될 수 없다. 즉, 의식 체험은 '그 자체로서 전면적으로 주어졌다'는 충전성과 '이러한 사실을 결코 의심할 수 없다'는 필증성을 갖추고 있으므로 명증적이다. 이런 의미에서 명증의 또 다른 표현은 대상의 '자기소여성, 자체부여(Selbstgegebenheit)'이다. 즉, '대상이 직관에 의해 얼마만큼 자기를 부여할 수 있는가'가 명증성의 척도가 된다(박인철, 2013). 따라서 이러한 조건을 만족하고 있는 의식 체험은 그 어떤 것보다 확실하게 명증성을 지니고 있다.

그런데 의식 체험이 이러한 조건을 만족할 수 있는 것은 내재적 지각의 특성과 관련되어 있다. 내재적 지각에서는 지각대상과 지각작용이 의식 체험이라는 하나의 범주 안에 속해 있다. 이 때문에 내재적인 지각은 그 대상이 존재함을 필연적으로 보증하고 있으며, 이는 원리적으로 부정될 수 없다. 따라서 의식 체험은 그 원리상 명증성을 획득할 수 있는 가능성을 가지고 있다. 예를 들어, 우리가 무심의 경지에 오르기 위해 좌선을 한다고 가정해 보자. 이를 위해 마음을 비우고 어떠한 상념에도 빠지지 않기 위해 일체의 생각을 정지한다. 그러나 이러한 경지에 도달하기란 결코 쉽지 않은데, 내가 마음을 비웠는지 확인하는 순간 '마음을 비운 나'를 지각할 수 있기 때문이다.

다시 말해, '마음을 비우는 나'라는 내적 체험이 지각작용의 지각대상이 된다는 것이다. 이러한 연유로 마음을 비운다는 무심의 경지는 쉬운 일이 아니다. 그런데 내재적 지각이란 이와 같다. 하나의 내적 체험은 의식 체험에 속해 있는데, 이러한 내적 체험은 또 나에 의해 지각될 수 있는 지각대상이기도 하다. 즉 내재적 지각 속에서는 지각과 지각된 것이 모두 동질적인 의식 체험의 범주에 속하며, 그 범주에서 하나의 통일체를 이루는 것이다. 그래서 현상학의 핵심축으로 자리 잡은 명증성에 대한 요구를 충족시킬 수 있는 최적의 곳으로 Husserl이 가리키고 있는 것이 바로 '의식 체험'이다.

내재적으로 지향된 또는 간단히 말해, 내재적인 지각(소위 "내부의")에서 지각과 지각된 것은 본질적으로 구체적인 코기토('cogito, ergo sum', 나는 생각한다, 고로 존재한다)의 무매개적 통일성을 형성한다. 이 지각은 자체 속에 대상을 포함하며 초월적인 대상을 향한 지각작용은 분명히 의식 체험이지만, 지각 대상은 의식 외부에 존재한다. 이 때문에 초월적 대상은 언제나 일면적으로 주어질 수밖에 없다. 달리 말하면, 이런 대상은 그 자체로 주어질 수 없기 때문에 불충전적이며, 이렇게 주어졌다(박인철, 2009)는 사실 또한 의심스럽기에 필증적이지 못하다. 그러므로 명증성을 지닐 수 없다. 사물 세계에 대한 지각은 그것이 완전한 지각일지라도 그 자신의 영역 속에서 절대적인 것과 본질적인 것을 내줄 수 없다는 것, 이것은 사물세계의 본질에 속한다.

현실존재는 그 주어짐에 있어서 필연적인 것으로 요구되는 것이 아니며, 어떤 점에 있어서는 항상 우연적인 것이다. 이 때문에 Husserl의 판단중지는 개별적 사실들이나 자연적 세계 일반의 사실성을 우리의 시선 밖으로 옮기고, 명증성을 지닌 '의식 체험 일반'으로 탐구의 주제를 제한하기 위한 방법이다.

이처럼 Husserl은 명증성을 추구한 끝에 의식의 영역을 발견한 것이지, 의식의 영역을 탐구하다가 명증성을 발견한 것이 아니다. 또한, 우리를 사로잡는 편견으로부터 벗어나 어떠한 전제에도 기대지 않을 때 남는 것은 명증성뿐이다. 엄밀학의 이념을 가능하게 한 것은 오직 명증성뿐이며, 명증성을 근원적으로 구성하고 권리를 부여하는 것은 오직 의식뿐이다. 이런 점에서 명증성에 대한 요구야말로 Husserl 현상학의 근원적인 동기이며, 판단중지는 이러한 명증성을 발견하기 위해 마련된 유일한 방법론이다. Husserl의 표현을 빌리자면, 판단중지는 그 최초의 출발 이래 '명증성'을 지닌 영역을 발견하고자 하는 요구를 지녀온 것이다.

셋째, 판단중지가 보편적인 성격을 갖고 있다는 점이다. 이는 의지적 결단과 명증성의 추구로 나뉠 수 있는데, 이에 대해서는 다음에서 자세히 설명하겠다. 그렇다면 이제 이렇게 서술한 성격들을 하나하나 자세히 살펴보도록 하겠다.

Husserl의 판단중지는 적어도 두 가지 국면에서 보편성과 관련되어 있다.

첫 번째는 판단중지가 그때그때의 현실적인 심적 작용들에 대해서 차례로 하나하나 판단중지해 가는 것을 말하는 것이 아니라는 점이다.

예를 들어 객관적 학문에 대한 판단중지는 생물학에 대한 판단중지, 물리학에 대한 판단중지, 화학에 대한 판단중지 등 각각의 학문을 하나하나 판단중지함으로써 객관적 학문에 대한 판단중지에 이르는 것이 아니다. 객관적 학문에 대해 판단중지하는 것은 이와 관련된 것 일체를 한꺼번에 판단중지하는 것을 의미하는데, 자연적 태도에 대한 판단중지 역시 이와 동일하다.

일반적으로 자연적 태도란 모든 인간이 가지고 있는 가장 근원적인 믿음을 의미한다. 자연적 태도는 사실학문에 대한 토대라고 이해할 수 있다. 따라서 그때그때의 현실적인 심적 작용 같은 것은 사실상 자연적 태도로부터 기인한다고 이해할 수 있다. 말하자면, 실존하는 세계에 대한 소박한 믿음으로부터 현실적인 심적 작용이 일어나는 것이다. 이 때문에 판단중지가 개별적인 것들 하나하나에 작용하여 최종적으로 자연적 태도라는 근원적 믿음에 작용한다고 생각할 수 있다. 그러나 앞서 설명했듯이 판단중지란 판단중지하고자 하는 영역과 더불어 이와 관련된 모든 것들을 한꺼번에 판단중지한다. 다시 말해, 자연적 태도와 이로부터 기인하는 모든 작용이 단번에 판단중지 되는 것이다. 이런 연유로 판단중지는 개별자나 특수자에 대응하는 방법이 아니라 보편적으로 수행되는 방법, 곧 '보편적 판단중지'라고 이해할 수 있다.

두 번째는 판단중지가 모든 것에 대한 '보편적 의심'의 방법이라는 점이다.

어떠한 편견이나 전제도 판단중지의 의심 작용에서 벗어날 수 없는데, Husserl에 따르면 판단중지는 보편적인 의심이라는 Descartes의 방법적 회의에서 한 발 더 나아간 의심의 방법으로 이해할 수 있다. 우리는 이제 보편적인 의심이라는 데카르트적 시도 대신에 날카롭게 규정된 새로운 의미에서 보편적인 "판단중지"로 나아가도록 한다.

앞서 살펴본 인용문에서 Husserl은 데카르트적 시도 '대신에' 보편적인 판단중지로 나아간다고 설명하고 있으며, 이는 Husserl의 판단중지가 Descartes와 다르다는 사실을 함의한다. 그런데 Husserl의 판단중지와 Descartes의 방법적 회의는 여러 면에서 매우 흡사하다. 모든 것에 대한 보편적 의심의 방법을 추구할 수밖에 없던 동기나 목적부터 양자는 매우 비슷한 면모를 가지고 있다. 이 때문에 Husserl이 굳이 데카르트적 시도 '대신에' 판단중지를 수행한다고 하는 것은 매우 중요한 의미가 담겨 있는 것으로 보인다. 먼저 Husserl에 따르면 판단중지란 원리적으로 배제되는 영역을 발견하기 위한 방법론이라고 할 수 있다.

판단중지를 수행하는 자아(Ich)인 나는 판단중지의 대상적 영역에는 포함되어 있지 않고, 오히려 내가 판단중지를 철저하고도 보편적으로 수행한다면 원리적으로 그 영역에서 배제되어 있다.

Husserl은 판단중지를 철저하고도 보편적으로 수행한다면 원리적으로 배제되는 영역이 존재한다고 설명한다. 달리 말하면, 판단중지는 무언가 발견하기 위해 수행되는 것이 아니라 남아 있는 것을 발견하는 방법이라고 할 수 있다. 따라서 판단중지는 어떤 목적성을 띠고 수행되는 방법이 아님을 알 수 있다. 반면 Descartes의 방법적 회의는 모든 것에 대한 보편적 의심이지만 '생각하는 나'의 존재를 결코 의심할 수 없다고 설명하는데, 이는 보편적인 의심이 작용할 수 없는 영역이 존재한다는 것을 뜻한다. 이 때문에 Descartes의 방법적 회의는 보편적 의심이 작용할 수 없는 영역을 발견하기 위해 수행된다고 할 수 있다. 그런데 보편적이란 '모든 것에 두루 미침'이라는 의미를 갖고 있기 때문에 특정한 것에 작용할 수 없다면 보편적이라고 할 수 없다. 따라서 데카르트적 의심이 작용할 수 없는 영역이 존재한다는 것은 이 방법이 엄밀한 의미에서 보편적이지 않다는 사실을 의미한다.

또한, Giorgi(2004)는 원자료를 학문적 관점에서 분석하고 수집된 자료를 심리학적 관점에 따라 '의미 단위'로 구분하여 의미 단위로 요약한 자료를 연구자의 심리학적 측면을 기초로 연구자의 언어로 표현해내어 일관성 있는 기술문으로 통합할 수 있도록 몇 가지 단계의 기술 방법을 제안하고 있다. Giorgi(2004)의 현상학적 연구방법은 연구대상자의 경험을 본질적으로 이해하면서 주로 대상자로부터 주어진 언어라는 텍스트에 초점을 둔 기술과 분석을 강조함으로써 보다 엄격한 과학적 자세를 취한다고 볼 수 있다(박민지, 2019). 따라서, 의미와 본질을 모호하지 않은 학문적 용어의 형태로 전환하여 제시하고, 도출된 구성요소 간의 관계를 일관된 기술의 형태로 제시하여 체계적이고 명확하게 이해하는 데 도움이 된다고 볼 수 있다(김태형, 2015).

4. 분석 및 해석 방법

Husserl(1970)에 의해 시작된 현상학은 본질적인 불변구조 또는 경험의 중심적인 기저의미를 탐색하고 의식의 지향성을 강조하며, 여기에서의 경험은 외향적인 모습과 기억, 이미지, 의미에 기반한 내향적인 의식 모두를 포함한다(김선화, 2012).

현상학적 연구는 하나의 개념이나 현상에 대한 여러 개인의 체험의 의미를 기술하는 것으로 현상의 본질을 규명하기 위하여 연구자는 연구참여자의 생활세계 속으로 직접 들어가서 그 안에서 연구참여자가 생생하게 체험한 것을 기술하는 것으로, 주로 참여자의 진술과 분석을 통해 체험된 현상의 의미를 밝힌다(조덕임, 2014). 이러한 점에서 현상학적 연구방법론은 인간이 처해 있는 환경과 상황에서 그의 체험을 이해하기 위한 총체적인 접근이라 할 수 있다(조덕임, 2011).

Giorgi(1985)는 현상학적 연구방법의 4단계를 다음과 같이 설명하고 있다(김동일, 2018; 주은하, 2022).

1단계는 '전체를 인식'하는 단계이다. 이 단계에서는 연구참여자가 진술한 전체 구술에 대한 일반적인 개념을 얻기 위해서 필사된 전체 기술내용을 여러 차례 반복하여 읽기를 하였고, 녹음파일을 다시 들으면서 비언어적 메시지를 노트한 내용을 확인하며 정확성을 기했다.

2단계는 '연구자의 학문적 관점에서 연구되고 있는 현상에 가장 중요하게 여기는 점을 둔 의미단위를 구분하는 것'이다. 연구참여자들의 한국생활적응 스트레스에 있어서 의미전환이 있다고 판단되는 부분에 밑줄을 그어가며 표시하였고, 각각의 의미에 다른 색깔의 밑줄로 표시하면서 '의미단위(identifying natural unit)'를 구분하였다.

3단계는 '학문적인 용어로 전환'하는 것이다. 모든 의미단위를 연구참여자의 일상적인 표현을 학문적 용어로 전환하였고, 규명된 주제(theme)를 구체화하기 위하여 연구참여자의 경험이 의미하는 중심의미를 연구자의 언어로 의미단위 요약하고 묶어 하위구성요소들을 도출하였다.

4단계는 '구성요소로 통합'하는 것이다. 하위구성요소들 간의 상관관계를 살피면서 종합 분석하였고, 연구참여자의 한국 생활 적응경험의 본질이라 할 수 있는 구성요소들을 도출하였다. 또한, 도출된 중심의미(focal meaning)를 종합하여 연구참여자의 개별적이고 구체적인 경험의 의미를 상황적 구조로 진술하였고, 연구참여자의 경험을 행동의 구조를 찾아서 일반적 구조로 진술하였다(이혜정, 2017).

한편, van Manen(1990)은 자료분석 및 해석 방법의 하나로 공동분석을 제안하고 있는데 이것은 연구와 관련된 전문가들과 연구에 대한 의견을 교환하여 주제를 검토하고 명백하게 표현하며 재해석・재정식화시키는 과정으로 공동으로 이루어지는 해석학적 반성이라고 할 수 있다. 공동분석에 참여할 전문가는 가급적 해석학적 현상학적 방법에 기본적 이해를 가지고 있으며, 개방적이면서 진실된 대화를 이루어갈 수 있는 동료이어야 한다(유혜령, 2015).

van Manen(1990)은 현상학적 문헌에 대해서 문학이나 전기 같은 예술적 작품이 가지고 있는 생생한 경험 자료로서의 가치와는 다른 의의를 부여하고 있다. 현상학적 문헌이란 어떤 현상이나 경험을 해석학적으로 기술하여 전달하는 자료들로서 연구문제와 관련된 해석학적 혹은 현상학적 주제가 더 광범위한 텍스트에 포함되어 있다.

그에 따르면 연구자는 다른 현상학자들의 현상 및 경험에 대한 해석을 자료로 활용함으로써 현상학적 전통 속에서 특정 개념과의 대화를 발전시켜 나가면서 연구자보다 먼저 그러한 대화를 만들어 왔던 선행 연구자들의 통찰로부터 도움을 받을 수 있다. 즉, 선행 연구자들이 특정 현상과 경험을 해석학적으로 이해하고자 했던 방식인 '개인적 서명(personal signature)'을 통해서 연구자만의 접근법을 만들어 가고 연구자의 해석적 감수성을 풍부하게 하는 데 도움이 된다(van Manen, 1990).

다음은 자료에 따른 분석 및 해석 방법의 사례를 제시하고자 한다. 사례의 연구는 한나 아렌트의 저서를 현상학적 문헌 자료로서 텍스트의 의미를 찾기 위한 반성적 방법으로 활용하였으며, 사유 및 행위와 공론 영역의 개념은 방관경험의 의미를 해석하여 현상학적 글쓰기를 수행하는 분석의 틀이다(이혜정, 2017).

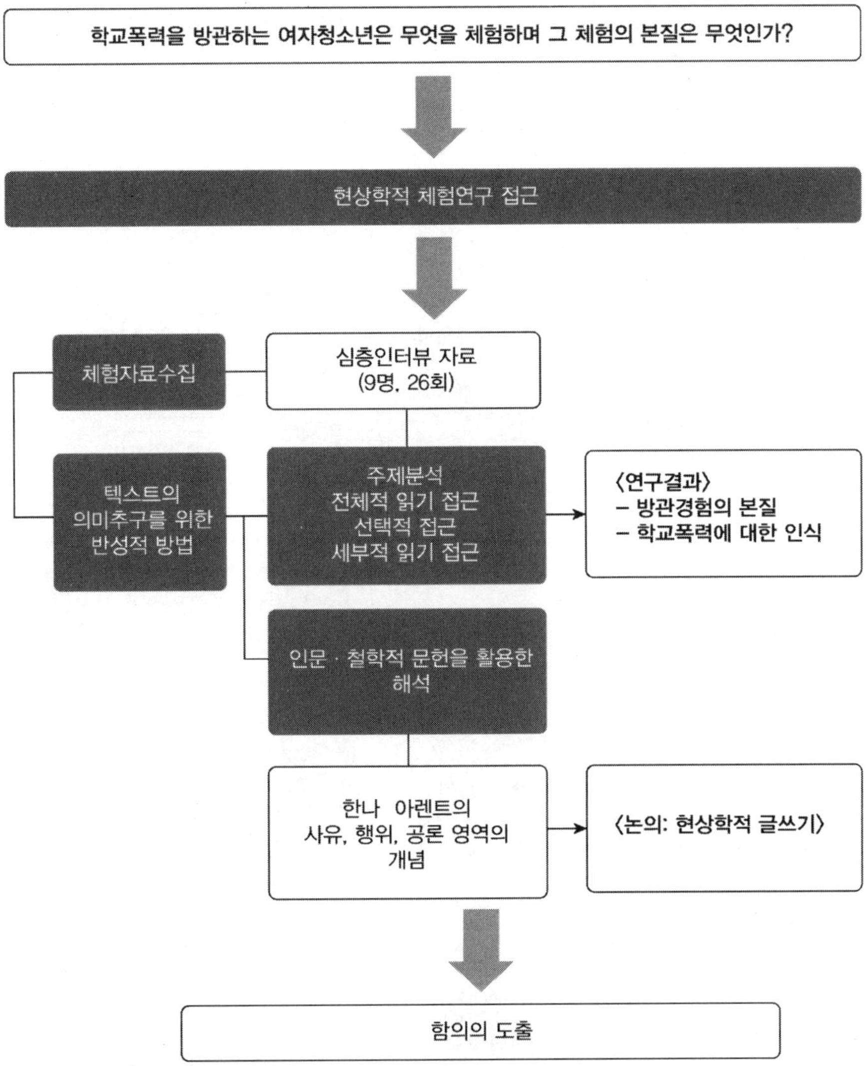

그림 5-2 활용한 자료에 따른 분석 및 해석 방법

출처: 이혜정(2017). 학교폭력에서 여자청소년의 방관경험에 대한 현상학적 연구: 한나 아렌트의 사유 및 행위 개념을 중심으로. 순천향대학교 대학원 박사학위논문.

전체적인 연구절차와 단계를 [그림 5-3]과 같이 제시한다(이혜정, 2017).

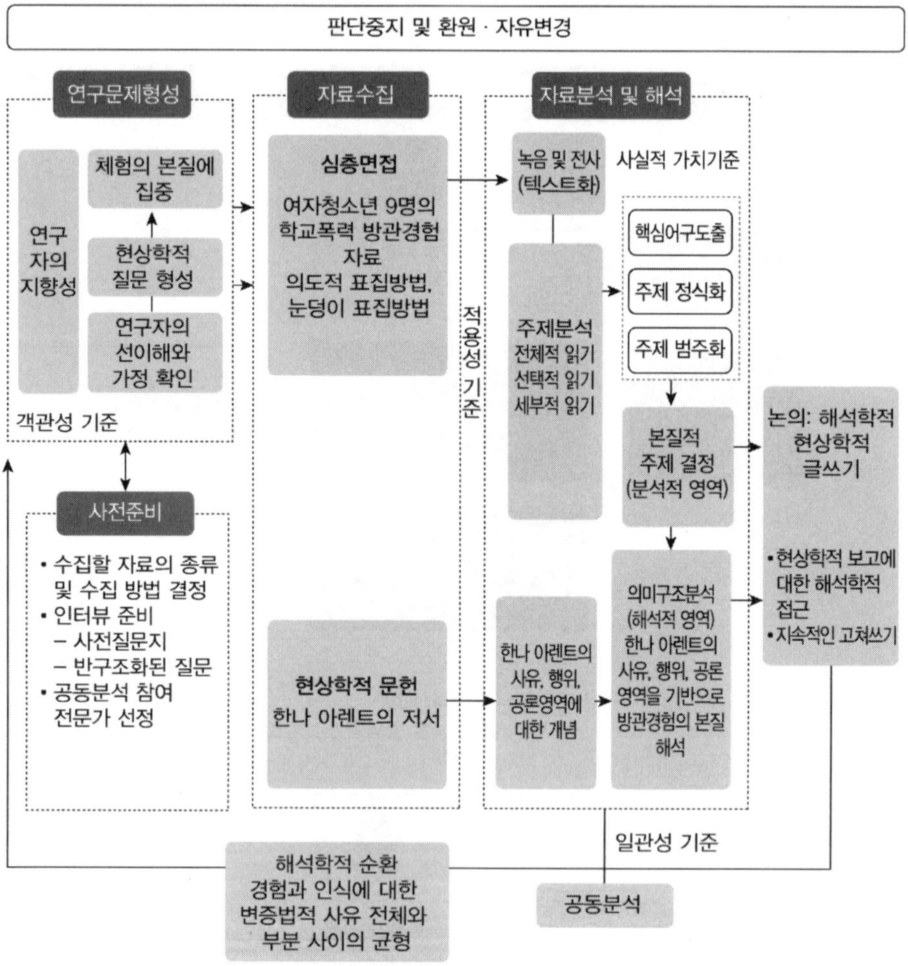

그림 5-3 연구의 설계

출처: 이혜정(2017). 학교폭력에서 여자청소년의 방관경험에 대한 현상학적 연구: 한나 아렌트의 사유 및 행위 개념을 중심으로. 순천향대학교 대학원 박사학위논문.

5. 현상적 연구의 질적연구 기여

현상학이 질적연구에 기여한 점은 다음과 같다.

첫째, 연구의 초점을 개인의 주관적 경험의 본성과 의미에 두게 함으로써 개인이 생활세계 속에서 경험하는 모습 그대로를 밝히고 확인하고 서술하며 이해하는 것을 중요시하게 되었다(공병혜, 2004).

둘째, 현상학적 질적연구과정에서 판단중지 또는 괄호 치기가 연구자의 필수적인 자세로 요구되었다.

셋째, 개인의 주관적인 체험을 있는 그대로 기술하여 드러내고자 한다는 것이다(김영천, 2017).

이러한 현상학은 철학 사조에 기반을 둔 현상학적 질적연구의 기본적인 목적으로 현상에 대한 개인들의 경험들을 보편적 본질에 대한 기술로 축소하는 것이다(Creswell, 2007). 현상학은 하나의 개념이나 현상에 대한 여러 개인의 체험적 의미를 기술하고 그 현상을 경험하고 공통적으로 갖게 된 것을 기술함으로써 인간의 체험을 있는 그대로 살피고 그 체험 속에 존재하는 본질적인 구성요소나 구조를 밝히는 것이다. 이상을 종합해 볼 때, 현상학적 질적연구의 최종 목적은 구체적인 사실들의 확인이 아니라 자신이 연구하는 현상을 경험하는 바로 '그' 참여자의 경험에 대한 공감이며, 나아가 그 참여자의 체험에 대한 의미의 심층을 파악하는 것이다(유혜령, 1998).

CHAPTER 06

사례연구 (Case Study Research)

1. 사례연구
2. 연구절차
3. 연구방법
4. 자료수집
5. 자료분석

1. 사례연구

복잡한 인간의 마음에 대한 이해가 더욱 중요해진 현대사회에서는 기존의 전통적 연구방법론인 경험적·수량적 연구 패러다임에 한계를 느껴 대안적인 접근들이 시도되었다. 실증주의에 입각해 가설을 세우고 측정하여 결과를 도출하는 양적연구의 방법에 대한 비판의 목소리가 나오게 되었고, 새로운 대안적 방법인 질적연구가 탄생하였다. 질적연구는 주관적이고 해석적인 방식을 사용하는 연구방법으로(고미영, 2010) 연구의 목표는 발생하는 현상에 대해 상태 그대로 이해하는 것이며, 연구자는 이 현상을 하나의 전체로 맥락 속에서 이해해야 한다. 양적연구는 일반화를 위한 설명적 관계를 찾기 위해 맥락을 살피기보다 무효로 만들려고 노력하므로(Stake, 1995) 개인이 처한 각자의 맥락 속에서 경험되는 현상들을 이해하고 밝혀내기 어렵다. 이 때문에 해석과 추론을 통해서 인간의 주관적인 경험의 의미를 적극적으로 탐색하고 이해하고자 하는 질적연구방법이 시도되었다(박승민, 2012).

질적연구는 바탕이 되는 본래로 돌아가 근원에서부터 시작하는 것이 질적연구의 기본원리이며(조용환, 2011), 그 목적은 의미와 이해에 두고 있다. 이는 연구참여자들이 사회세계와 행동에 대하여 어떤 의미를 부여하고 상황을 정의하며 그것에 따라 행동하는지를 그들의 관점에서 이해하려는 것을 의미한다. 이때 의미란 그들이 갖게 되는 경험과 감정, 의지, 지각, 태도, 상징 등을 포괄하는 넓은 맥락에서의 의미를 말한다(김영천, 2013). 질적연구는 탐색적이고, 귀납적이며, 결과보다는 과정을 강조한다. 질적연구에서 연구자는 과정, 의미, 이해에 관심을 둔다(Merriam, 1994).

사례연구는 질적연구방법의 하나로, 연구자는 하나의 경계를 가진 체계 또는 경계를 가진 여러 체계를 탐색하고 상세화하며 심층적인 자료를 수집하여 사례를 기술하고 또 사례를 기반으로 한 주제를 연구한다(Creswell, 2009). 사례연구는 질적연구의 한 유형으로 "사례"를 선정함으로써 시작된다. 연구자는 관심을 두고 있는 특별한 점을 보여주는 특정한 사람이나 장소, 프로그램, 과정, 공동체 혹은 경계가 있는 어떤 체계를 신중하고 의도적으로 사례로 고른다(고미영, 2016). 사례연구는 하나의 사건 혹은 현상에 대한 집중적이고 전체적인 설명과 분석이 필요할 때 하게 된다. 그리고 특정 사례에 대한 깊이 있는 이해와 사례가 갖는 의미를 통찰이나 발견, 해석에 관심을 가질 때 실시하는 연구형태로 우리가 알고 있는 문제에 대한 이해와 설명을 목적으로 사례연구를 하게 된다(고미영, 2013). 사례연구는 '맥락 안에서의 의미'에 초점을 두고 있다(Merriam, 1994).

사례연구의 특징은 하나의 특정 사례에서 관찰되는 복잡한 특성들을 심층적으로 이해하고 그 내포된 의미를 통찰하고자 할 때, 그리고 시간 흐름에 따른 변화와 그 과정을 살펴보고자 할 때 적절한 연구형태이다. 또한, 사례를 통해 드러낼 수 있는 구체적이고 개별적인 현상과 문제 등에 초점을 맞춘다(Merriam, 1988). 따라서 사례의 특이성과 새로운 관점과 현상을 제시하는 데 있어서는 다중사례(multiple-case)보다는 단일사례 설계가 적합하다(Yin, 2016).

사례연구법은 하나의 비통계적 방법으로 문화인류학자들이 미개문화를 연구하는 데 널리 사용되었다. 또한, 사례연구에서 자료분석은 사례나 현장에 대한 꼼꼼한 기술로 구성되며, 통계분석과 달리 사례연구에서 자료분석은 확립된 공식이 거의 없고 전략과 기술이 명료하지 않은 것으로 보고 있다(김계현, 고홍월 외, 2013). 사례연구의 특징은 특정적이고, 서술적이며, 발견적이고, 귀납적이다.

특정적(particularistic)이라 함은 사례연구들이 특수한 상황이나 사건, 프로그램에 대한 관심을 나타낸다. 서술적인 성격은 사례연구의 최종 결과물이 연구된 현상이나 사례에 대해 풍부하고 상세하고 많은 양의 서술이라는 점이다. 발견적(heuristic)이란 사례연구를 통해 어떤 혁신적 시도의 성공과 실패의 원인을 설명할 수 있다. 귀납적(inductive)이란 미리 결정된 가설보다는 새로운 관계 및 개념들의 발견과 이해를 추구하는 데서 분명히 드러난다(고미영, 2013).

사례연구들을 특징짓는 것은 확정이나 미리 결정된 가설들보다는 새로운 관계들 및 개념들의 발견과 이해이다. 따라서 연구자가 그 연구에서 알고자 하는 것이 무엇이냐에 달려 있다. 문제가 어떻게 정의되고, 그 문제가 제기하는 질문들이 연구의 설계를 결정한다(Merriam, 1994). 사례연구는 인간의 발달과 수행에 대한 가설 수립과 아이디어의 원천이 된다.

예를 들어, Freud(1933)의 한스의 사례는 두려움이 어떻게 생겨나는지를 제안하고 이러한 관점을 뒷받침하는 인간 행동 이론을 발전시키는 데 상당한 영향을 미쳤다. 또한, Breuer와 Freud(1957)의 히스테리 증상을 보이는 젊은 여성의 처치에서는 심리치료에 '대화형 치료' 및 카타르시스 방법을 포함한 치료 기법을 발달시키는 자료원이 되었다. 집단연구에서는 관심이 있거나 치료 과정에서 나타나는 다수의 문제점에 대한 평가가 불가능한 예도 있다. 그러나 사례연구는 드물게 나타나는 현상을 연구하는 것을 가능하게 한다(Kazdin, 1982).

사례연구의 유형은 대상에 대한 규모나 목적, 맥락, 상황에 따라 구분되고 세 가지로 나뉜다.

첫째, 도구적 단일 사례연구이다. 이 연구는 치료사가 관심을 가진 하나의 이슈에 초점을 맞춰 이것을 예증하기 위해 하나로 조직되어 있는 전체를 의미한다.

둘째, 집합적 또는 다중 사례연구는 도구적 단일사례처럼 관심 있는 하나의 주제나 이슈에 초점을 맞추지만 서로 다른 관점을 증명하기 위해 여러 사례를 의도적으로 선택하는 것을 말한다. 여러 사례현장에서 여러 프로그램을 선택하거나 단일 사례현장에서 여러 개의 프로그램을 선택 가능하다.

셋째, 본질적 사례연구는 비일상적인 사례이거나 독특한 상황을 보여주기 때문에 초점이 사례 자체에 맞추어진다. 내러티브 연구와 유사하지만 사례에 대해 상세히 서술해야 하는 사례연구의 분석절차는 여전히 그 맥락이나 주위 환경 속에 결합되어 있다(Creswell, 2009).

2. 연구절차

질적연구의 연구절차는 귀납적이고 드러나는 것이며, 자료수집과 분석에서 연구자의 경험에 의해 형성된다. 질적연구는 특정 문제나 이슈를 탐색할 필요가 있을 때, 또는 이슈에 대한 복합적이고 상세한 이해를 필요로 할 때 질적연구를 하게 된다. 질적연구의 방법에는 내러티브 연구, 현상학적 연구, 근거이론 연구, 문화기술지 연구, 사례연구가 있다(Creswell, 2013).

사례연구의 최종결과물은 서술적·해석적·평가적이다. 서술적 사례연구는 연구되는 현상에 대해 상세하게 설명하는 연구이다. 해석적 사례연구에서는 개념적 범주들을 발전시키거나, 이론적 가정들을 설명, 지지, 도전하기 위해 풍부하고 자세하게 서술한다. 평가적 사례연구는 서술과 설명과 판단을 포함해서 판단(judgment)을 가능하게 하는 정보에 비중을 두게 된다(Merriam, 1994).

3. 연구방법

1) 단일사례연구

단일사례연구는 집단을 대상으로 하는 연구와는 접근법이 매우 다르다. 단일사례연구의 장점을 살펴보면 첫째, 다양한 특징을 가진 한 사람의 피험자 혹은 내담자가 어떠한 반응을 보이는가에 관한 관심이며, 치료자가 실제 내담자를 치료하는 데 많은 정보를 제시하기 때문에 연구결과가 임상으로 쉽게 연결된다. 둘째, 피험자의 반응에 따라 연구의 진행을 탄력적으로 변경할 수 있다. 셋째, 내담자의 반응이 어떻게 변화되어 가는지를 반복 측정하여, 변화 과정을 상세하게 보여줄 수 있어 임상 장면에서 실제적인 도움이 된다. 넷째, 치료적 효과를 추정하는 데에 있어 통계적 검증에 덜 의존한다(권정혜, 1991). 그러나 해석할 때는 세심한 주의가 필요하다고 강조한다.

단일사례연구는 개입이 개별 연구대상자의 문제행동이나 증상을 완화하는 데에 효과가 있다는 것, 혹은 개입의 특정 요인이 효과가 있다는 것을 심도 있게 평가할 수 있도록 계획된 연구방법이다. 이 연구방법에서는 프로그램이나 치료계획이 내담자의 문제행동이나 증상을 완화하는 것에 효과가 있다는 것, 혹은 개입의 특정 요인이 효과가 있었다는 것을 가정한다(박옥현, 이소현, 2000). 단일사례연구에는 상담 및 심리치료의 체계적인 연구방법의 강력한 역할을 하는 세 가지의 원리가 포함되어 있는데, 첫째는 변화를 평가하는 시계열 분석, 둘째는 치료를 시작하기 전 문제의 확고함을 설정하는 기저선 측정의 사용, 셋째는 훈련으로 쉽게 통합될 수 있는 방법론이 그것이다. 이런 이유 때문에 단일사례연구는 상담 및 심리치료뿐만 아니라 다양한 응용 심리학 분야인 교육심리학, 재활심리학, 스포츠심리학, 신경 심리학에서 사용되어 왔다(이영순, 2012).

2) Kvale의 정신분석적 인터뷰

Steinar Kvale(2003)은 Freud의 저술을 바탕으로 정신분석적 인터뷰인 치료적 인터뷰의 특성을 제시하였다. 치료적 인터뷰와 연구를 위한 인터뷰와 연구를 위한 인터뷰 두 가지 모두 이해와 변화를 불러올 수 있으나, 치료적 인터뷰에서는 개인의 내적 변화에 중점을 두고 있고, 연구를 위한 인터뷰에서는 지식 생산에 중점을 두고 있다는 점에서 차이가 있다. 정신분석적 인터뷰는 연구 목적을 위한 지식 생산이 주가 아닌 치료와 변화, 그리고 인류에게 귀중하고 새로운 지식을 제공하는 심리적인 방법이다(Brinkmann & Kvale, 2014). 프로이트는 이것을 실제로 연구와 치료가 함께 진행되는 정신분석의 탁월함 중 하나라고 언급하면서 치료적 인터뷰를 연구방법으로 간주하였다(Freud, 1963).

3) Stake의 사례연구

사례연구에서 연구자의 연구범위를 구분하는 데 있어서 Stake(1983)에 의하면, 사례는 사람 또는 실재가 아닐 수 있다. 관심이 있는 모든 체계가 될 수 있고, 연구자는 이슈와 참고 상황을 서술한다. 그런 범위 내에 무엇이 일어나고 무엇이 중요한지가 핵심이고, 이것은 무엇에 대한 연구인지 정해준다. 이와는 대조적으로 다른 연구에서는 연구자가 목표로 세운 가설 또는 이슈가 연구의 내용을 결정하게 된다. Stake(1994, 1995)는 사례연구의 세 가지 유형을 제시하였다.

첫째, 본질적인 연구는 어떤 특정 사례를 더 잘 이해하기 위한 연구이다. 사례의 특수성과 평범함으로 인해 사례 자체가 관심의 대상이 된다.

둘째, 도구적인 연구는 다른 이론을 정립화하기 위해서이다. 이때 사례는 다른 것에 대한 이해를 돕는 부수적인 역할을 한다.

셋째, 집합적인 연구는 여러 가지 사례를 동시에 연구함으로써 현상, 인구, 일반적 상황에 대해 조사하기 위한 연구이다. 사례연구는 어떤 현상 또는 상황에 대해 아는 것이 거의 없거나 개인, 조직, 사건의 특성이 일반적이지 않을 경우 행해진다.

이와 같은 사례연구는 조사의 예비단계에 유용하다. 즉 그 방면에 사전연구가 거의 행해지지 않았을 경우, 보다 큰 연구계획을 위한 준비 자료와 정보가 필요한 경우, 추후 확인을 위한 가설 정립을 필요로 할 경우이다. 이런 모든 상황에서의 사례연구 필요성은 다양하고 복잡한 사회현상을 이해하고자 하는 것과 실제 사건에 의미 있는 특성을 부여하기 위한 조사방법이다.

4. 자료수집

사례연구법은 하나의 비통계적 방법으로 문화인류학자들이 미개문화를 연구하는데 널리 사용되었다. 또한, 사례연구에서 자료분석은 사례나 현장에 대한 꼼꼼한 기술로 구성되며, 통계분석과 달리 사례연구에서 자료분석은 확립된 공식이 거의 없고 전략과 기술이 명료하지 않은 것으로 보고 있다(김계현 외, 2013).

사례연구에서는 현상 또는 '사례'를 설명하기 위해 심층적이고 종합적인 자료의 수집이 필요하다. 질적 사례연구에서 자료는 연구참여자들의 생생한 실제경험을 심층면담, 관찰, 문헌 등의 자료를 통해 얻는다. 이처럼 자료수집을 위해 여러 방법을 함께 사용하는 것은 복잡한 현상에 대한 잘못된 이해를 바로잡기 위한 것으로 질적 사례연구의 주요 강점이다(이문희, 2009). 여러 가지 방법으로 수집된 질적자료들은 복잡한 현상을 보다 더 객관적으로 해석하도록 돕는 사례연구법의 주요 특징이며 연구의 신뢰성을 향상시키기 위해 자료에 삼각측정법, 즉 동인현상에 대한 다각적 측정과 평가를 한다. 삼각측정법에는 시각이나 장소, 사람들의 상호작용 방식이 바뀌어도 같은 현상을 관찰할 수 있는지를 보는 자료원에 대한 삼각측정, 다른 연구자로 하여금 같은 장면이나 현상을 관찰하게 하는 연구자 삼각측정, 다른 이론적 배경을 갖고 있는 사람을 공동 관찰자나 패널리스트, 검토자로 선택하는 방법인 이론적 삼각측정, 해석에 대한 신빙성을 높이기 위해 직접적인 관찰 후 과거의 기록들을 점검하는 방법론적인 삼각측정이 있다. 이 중 가장 많이 알려진 방법론적 삼각측정은 같은 단위를 연구하기 위하여 면접, 관찰, 물리적 증거들과 함께 유사성이 없는 방법들을 연합함으로써 관찰자들이 각 방법의 독특한 결점들을 극복하는 동시에 강점은 취할 수 있는 방법이다(Denzin & Lincoln, 1994).

질적 사례연구에서 대표적인 자료수집 방법인 심층 면담은 연구의 목적을 위한 면담자와 응답자의 공식적인 만남이다. 심층 면담은 사람들과의 상호작용에 의한 것으로 필요한 정보를 순간적으로 포착해 낼 수 있다. 면담에서의 질문은 연구참여자인 응답자에게 적절하며 쉽고 일상적인 말을 사용하여 개방 질문을 주로 사용한다. 심층 면담의 성공 여부는 면담자와 응답자 간에 이루어지는 상호작용에 달려 있다. 또 다른 방법은 현장에서의 메모가 있다. 연구자가 직접 관찰하거나 수집한 자료에 대한 감상이나 해석, 비평, 질문, 반응 등을 쓴다. 또 보거나 들은 것을 쓰거나 그림으로 남기거나 사진과 동영상으로 촬영하기도 한다.

5. 자료분석

질적 사례연구에서의 자료는 수집과 분석이 동시에 일어나는 역동적인 과정을 거치게 된다. 연구자는 계속해서 모아지는 자료들을 분석하면서 자료수집 활동을 지속한다. Lincoln과 Guba(1985)는 출처들의 고갈, 범주들의 포화, 정규적인 것들의 등장, 새로운 정보가 활용 가능한 범주들의 핵심으로부터 너무 먼 것이라고 판단되는 과대 확장이 나타날 때 자료수집 국면을 멈추고 자료분석을 시작하라고 제안한다. Lincoln과 Guba(1985)는 분석 초기에 자료들을 단위화라고 하였으며 여기서 단위화란 범주들을 정의할 기초적인 정보의 단위들을 밝히는 것이다. 하나의 단위는 한 절, 한 문장, 한 문단일 수 있으며 그들에 따르면 한 단위는 세 가지 기준에 맞아야만 한다고 한다. 첫째, 단위는 발견적이어야 한다. 즉 단위가 연구에 적합한 정보를 드러내 주고 독자가 그 특정 정보의 조각을 넘어서 사고할 수 있도록 자극해야 한다. 둘째, 단위는 의미가 있는 어떤 것에 관한 단독의 가장 작은 정보 조각이어야 한다. 즉, 탐구되는 맥락에 관한 대략적 이해이기보다는 다른 부가적 정보 없이도 해석될 수 있는 것이어야 한다. 셋째, 범주들은 내적으로 동질적이어야 하며, 서로 간에는 이질적이어야 한다. 즉 범주 간의 차이는 뚜렷하고 분명해야만 한다(이문희, 2009).

1) Yin(2009)의 분석방법

Yin(2009)은 질적연구를 수행할 때 특정 연구방법을 채택하는 것과 상관없이 일반적으로 5단계의 순환과정을 따른다고 제시하였다. 또한, 질적 사례연구자는 다른 연구자들이 공감할 수 있는 통찰과 결론을 제시해야 한다고 주장하였다.

Yin의 5단계의 순환과정의 내용은 다음과 같다.

1단계는 모으기(compiling)로 시간의 순서에 따라 다양한 자료를 모으는 것을 의미한다.

2단계는 나누기(disassembling)로 수집된 자료를 부분으로 쪼개는 절차이다.

3단계는 재배열하기(reassembling)로 자료를 시각적 도식으로 정리하거나 목록 및 표의 형식을 통해 정렬함으로써 재배열과 재결합을 촉진하는 절차이다.

4단계는 해석하기(interpreting)로 재배열한 자료들과 관련된 표와 도식을 이용하여 핵심적인 분석의 영역이 될 수 있는 새로운 내러티브를 만드는 것과 관련된다.

5단계는 결론 내리기(concluding)로 네 번째 단계의 해석과 관련하여 순환과정의 모든 단계와 전체 연구로부터 결론을 도출하는 것이다. 순환과정의 모든 단계와 전체 연구로부터 결론을 도출하는 것이다.

Yin(2003)은 질적 사례연구 설계를 네 가지 유형으로 나누었다. 먼저 사례의 수에 따라 단일사례, 복수 사례와 분석단위인 전체 설계, 내재 설계에 따른 네 가지 형태로 단일사례 전체설계, 복수사례 전체설계, 단일사례 내재설계, 복수사례 내재설계의 연구 설계를 제안하였다. 이 중 단일사례 전체설계는 하나의 사례에 대한 탐구로써 연구자가 연구문제에 대한 적절한 해답을 찾을 수 있는 연구 설계방법이다. 단일사례 전체설계는 하나의 사례가 이미 알려진 이론의 확증(confirm)이나 확장(extend) 혹은 새로운 문제제기(challenge)에 필요한 이론적 요소를 갖추고 있는 경우, 사례가 내포하는 독특성과 극단성이 연구주제와 밀접한 관련이 있는 경우, 사례가 특정이론이나 현상을 전형적으로 잘 설명해 줄 수 있는 경우에 적용할 수 있다.

2) Stake의 분석방법

Stake의 분석방법은 다음과 같다.

첫 번째로 '범주합산'이다. 이것은 여러 가지의 경우를 어떤 하나의 종류라고 얘기할 수 있을 때까지 해당되는 경우들을 모으는 것을 의미한다.

두 번째 분석방법은 개별적인 경우에 대해 직접적으로 해석을 내리는 방법이다. '직접해석'은 어떤 행동이나 상황 등의 경우를 분해했다가 더욱 의미 있게 재결합되면서 의미를 이끌어내는 작업이다. 분석 작업을 통해 자료들을 분해-요약-연결-통합시킨다. 이러한 작업은 귀납적으로 자료의 의미를 재구성하고 해석해나가는 과정이다.

그다음으로는 범주합산이나 직접해석이라는 두 분석을 여러 번 진행해 가면서 유형을 찾고자 하는 방법이다. 드러난 유형들 간의 일관성과 범주들 간의 일관성 등에서 조화를 찾아본다. 유형은 수집된 자료들로부터 '추상화 작업'을 해나가는 과정에서 나타난다. 범주합산이나 직접 해석이 이루어진 것들에서 유형화를 만들고 이 유형들 간에 어떤 관계가 있는지 주제와 관련하여 살펴보는 방법이다.

마지막 분석단계에서는 유형들을 사용하여 연구질문에 답하기 위한 통찰과 추론을 하는 추상화 작업이다. 다시 말해 자료에서 본 것과 보지 못한 것 간에 긴밀한 연결을 시도하거나 상상적 사고의 변환을 시도한다. 추상화 작업은 범주합산과 그것에서 발전된 유형들 사이를 오고 가면서 자료와 의미의 맥락을 연결하고 자료에 대한 최종통찰을 얻기 위한 일로 나타난 유형들 사이에 관계를 만들어 가는 작업이다.

표 6-1 자료분석과정

자료분석 및 보고	내용
자료처리	• 인터뷰(심층면접)와 관찰 자료를 위한 파일의 조직화
읽기 및 메모	• 전체 텍스트를 여러 번 읽기 • 텍스트에 여백 노트를 만들어 메모하기 • 최초의 코드를 형성하기
기술	• 사례와 그 맥락에 대해 의미부여 기술하기 • 기술(description)은 연구자가 기록한 대로 사례에 대한 '사실들'을 진술하는 것을 의미하며, 기술은 분석의 첫 단계로 Stake(1995)는 이것을 '내러티브 기술'이라고 부른다.
분류	• 범주 합산(categorical aggregation)을 한다. • 범주 코딩 시 개념적 유사성 및 차이를 발견하고자 한다. • 범주들의 유형을 찾는데, 이때 2개 이상의 범주들 사이에서 일치되는 것을 찾는다. • 범주 합산(categorical aggregation)은 사례분석의 한 측면으로써 이슈와 관련된 의미가 나타날 것을 기대하면서 자료로부터 일군의 실례들을 찾게 된다.
해석	• 자연주의적 일반화(naturalistic generalization)를 이끌어내고, 사람들이 그 사례에서 배울 수 있는 것 또는 사례 모집단에도 그것을 적용할 수 있도록 일반화한다. • 자연주의적 일반화(naturalistic generalization)는 한 사례를 이해할 수 있도록 하기 위해 행해지는 것으로 다른 사례들로의 일반화를 위해 그 사례가 연구된다.
보고와 시각화	• 표나 그림이 첨가된 이야기(narrative)로 제시한다.

출처: 백운영(2012). 이마고 부부관계치료 경험을 통한 부부관계 기대감 변화과정에 대한 질적 사례연구. 숭실대학교 대학원 석사학위논문.

07
CHAPTER

내러티브 연구 (Narrative Inquiry)

1. 내러티브 정의
2. 내러티브 탐구
3. 내러티브 탐구의 수행과정
4. 내러티브 연구자료분석 및 유형
5. 내러티브 연구자와 연구참여자
6. 내러티브 탐구에 대한 정당성 확보

1. 내러티브 정의

내러티브(narrative)라는 용어는 라틴어 narrativus("telling a story")라는 용어에서 유래한 것으로 라틴어 gnārus("knowing")와 관련이 있다(J. Kim, 2016). 내러티브는 이야기하는 것(telling)과 아는 것(knowing)의 양면성을 가진 지식의 형태라고 할 수 있다.

내러티브란 용어의 사전적 의미는 '사건, 체험 따위를 서술한 것'이다. 사건을 담고 있는 이야기 또는 담화로 칭할 수 있다. 우리말로는 '서사(敍事)'로 번역되는데 '일을 차례대로 놓는다'라는 의미로 사건이 연쇄적으로 발생한다는 것을 내포한다.

내러티브는 인간의 경험에 기초를 두고 있기 때문에 여러 학문 분야에 활용되어 왔다. Labov와 Waletzky(1967)는 내러티브를 과거의 경험을 실재 일어난 사건의 순서대로 다시 언어로 재현하는 방법 중의 하나라고 하며 내러티브를 정의하는 데 시간적 순서가 중요한 요인인 반면, 상황의 반전을 내러티브 구성 요인으로 보기도 한다. 또한, 내러티브 이야기를 김해연 등(2016)은 화자(teller)의 시점에 따라 이야기를 순서, 강조 등에 변화를 줄 수 있으며, 정형화된 삶의 모습이 되풀이해서 나타날 수 있다고 보았다.

내러티브는 시작, 중간, 끝이라는 구조를 가지고 있고, 시공간을 이동하여 일어나는 사건들을 기술한다. 즉, 내러티브는 일어난 사건들을 시간적으로 기술한다기보다는 화자가 시공간을 넘어 내러티브 구조에 따라 이야기를 구성한 것이라고 할 수 있다.

이제 내러티브라는 용어도 여러 학문 분야에서 찾아볼 수 있게 되었다. 아직 일상적 대화에까지 내러티브라는 용어가 깊이 파고든 것은 아니지만, 경영학 분야의 내러티브 마케팅, 콘텐츠 내러티브 코칭, 의학 분야의 내러티브 스피킹, 문학·예술 분야의 내러티브 캐릭터, 내러티브 비평, 건축학의 공간 내러티브, 그리고 여러 학문 분야에 걸친 내러티브 탐구라는 용어는 그 분야에 종사하거나 관심을 보이는 이들에게 낯선 용어는 아니다(정수경・강현석, 2015). Niles(1999)는 인류가 이야기 본능을 지닌 생명체인 이상 인간 사회에서는 내러티브가 필연적으로 사회적 기능을 가지게 되어 있다는 것이다. 내러티브는 오래도록 그 자체로 문화의 주요 토대가 되어왔고, 구두 내러티브에 대한 본능적 욕구는 인류를 다른 생명체들과 구별하는 특징이다. 즉, 우리 인류의 문화를 유지하기 위해 서로 경험을 공유하기 위한 소통 수단으로서 내러티브는 인류에게서 없어서는 안 되는 것이다.

내러티브 개념과 의미, 가치를 제시한 학자로는 Polkinghorne, Bruner, McIntyre가 대표적이다. 먼저 Polkinghorne(1988)은 "내러티브란 스토리를 만드는 과정, 스토리 인지 구조, 혹은 그러한 과정의 결과"라고 말하며, 스토리 자체뿐만 아니라 스토리를 만들고 다루는 과정까지를 그 개념에 포함시켰다. 그에 따르면 인간은 스토리와 그 의미를 통해 인지 구조를 구축하고 또 그 구조에 따라 행동한다. 또 자신의 외부의 객관적 세계에 대한 의미를 부여할 때도 내러티브를 매개로 한다(강현석・최윤경, 2009).

심리학의 분야에서는 Bruner(1986)가 내러티브 양식에 대해 언급하였는데 Bruner는 내러티브 양식은 인간의 경험과 상황에 가장 많은 관심을 가지고 있고, 인간이 가지는 경험의 의미를 만드는 가장 좋은 방법이라고 말한다. 또 Bruner(1990)는 내러티브는 가장 중요한 앎의 양식이자 마음의 이해를 발달시키는 과정으로 보았다. 우리 인간은 나면서부터 능동적으로 이야기다운 이야기, 즉 내러티브를 추구하면서 의미를 구성해 간다. 그리고 미숙한 인간을 문화 구성원으로서 제대로 기능하도록 하는 것이 이러한 내러티브를 통한 실제의 구성이다(강현석, 2011).

McIntyre(1984)는 덕 개념과 관련하여 내러티브를 제안한다(이진우, 1997). 이때 내러티브는 인간의 삶을 하나의 통일된 이야기로 이해하는 방식이다. 이야기의 시작에서부터 끝까지에 걸쳐 통일성을 보이듯이 인간의 삶 또한 탄생에서부터 죽음에 이르기까지 통일성을 갖는다. 이러한 인간 삶 자체의 내러티브 특성 때문에 인간행동은 의도나 관점과 떼어놓고 생각되거나 규정될 수 없다. 인간 행위는 자아를 구성하는 하나의 에피소드이자 서술된 이야기로, 매일같이 이야기를 지으며 계속되는 우리 삶이 내러티브이다.

2. 내러티브 탐구

내러티브 탐구방법은 Clandinin과 Connelly(2000)가 해석학에 기반을 둔 질적연구방법의 하나이다. 여기에서 경험이란 개별인간의 이야기화된 경험(storied experience)을 의미하며, 이러한 경험을 시간의 흐름(over time)과 상황(in context)에 대한 고려를 바탕으로 narratively[1] 탐구하는 연구방법이 '내러티브 탐구'이다. 즉 내러티브 탐구방법은 경험에 대한 의미를 재해석하는 연구방법으로, 이야기로 표현되는 인간의 경험을 탐구한다. 내러티브 탐구는 개인의 살아있는 경험을 존중하면서 인간의 삶을 연구하는 접근법이다(소경희 외, 2007).

앞에서 언급한 바와 같이 내러티브 탐구는 문학 연구의 영역에서만이 아니라 역사학, 인류학, 심리학, 사회학, 교육학, 의학, 법학, 사회사업, 법학 등에서 다양하게 사용되고 있다(Riesman & Quinney, 2005). 장사형(2013)은 내러티브 탐구는 의미에 대한 탐구이며, 이러한 내러티브적 의미는 마음의 정신적 영역을 통해 만들어진 의미의 한 유형으로서, 주로 인간에게 영향을 끼치는 인간 행위와 사건 모두를 통합시켜 작용된다고 하였다. 따라서 내러티브적 탐구는 궁극적으로 인간 삶에 대한 총체적 이해를 위한 것이라고 할 수 있다.

의미에 대한 탐구로서의 내러티브 탐구는 우리 인간이 삶에서 경험하는 다양한 사건이나 체험에서 구성적으로 형성되는 의미와 그 의미가 효과적으로 전달되고 파악되는 관계망에 대한 탐구이다. 그리고 그것은 역설적으로 말해서, 인간의 경험을 시간과 공간의 맥락 속에서 계속적으로 해석하고 재해석하여 의미를 부여함으로써 인간의 유의미한 삶을 지속적으로 만들어나간다. 따라서 이러한 내러티브 혹은 내러티브 탐구는 인간에게 근본적인 내러티브적 삶을 이해하게 되는 중요한 하나의 탐구방식이며, 나아가 인간의 삶의 의미를 형성함으로써 궁극적으로 인간의 삶이 존재하게 한다

1) 'narratively'란 경험을 내러티브 탐구의 3차원적 탐구 지점에서 바라보는 것을 의미한다.

고 볼 수 있다(장사형, 2013).

내러티브 탐구는 특정한 사실에 어떤 의미가 부여되는지를 파악하는 것이 중요하기 때문에 연구참여자가 현상을 어떻게 경험하고 이해하는지 분석하는 데 중점을 둔다. 따라서 개인이 특정 상황에서 경험하는 현상은 개별적 의미가 있는 것으로 이해된다.

내러티브 탐구에서 연구자는 이야기 듣기와 질문과정을 통해 경험을 있는 그대로 참여자의 관점에서 탐구하고자 한다. 홍영숙(2019)은 내러티브 탐구에서 연구의 결과로서 어떠한 답을 제시하지 않기 때문에 연구문제(questions)라는 용어 대신 연구퍼즐(puzzles)이라는 용어를 사용하여 무엇(what)보다 어떻게(how)에 대한 탐구를 하는 것이 적절하다고 주장한다. 내러티브 탐구는 모든 인간의 경험은 다르고 독특하다는 전제하에 경험에 대한 궁금증, 의아함에서 시작된다.

내러티브 탐구의 주요 대상이 되는 인간 경험에 대해 그 철학적 근원을 Dewey의 경험 개념에서 찾고, 그 경험의 존재론적 성격과 내재적 특징에 기초하여 내러티브 탐구가 인간 경험을 어떻게 해석하고 재구성하고 이해하는지를 알아보고자 한다.

1) 내러티브 탐구의 철학적 바탕

내러티브 탐구는 Dewey의 경험이론에 그 바탕을 두고 있다. 이는 세상 속에서의 인간의 구현을 추구하는 것이며, 개별 인간의 경험뿐만 아니라 그 경험이 구성되고 표현되고 활성화되는 사회, 문화, 기관의 내러티브에 또한 관심을 가진다는 것을 의미한다(Clandinin & Rosiek, 2007).

홍영숙(2015)은 인간 경험을 각각의 개인들이 가진 '이야기화된 경험'으로 보았다. 내러티브 탐구에서는 이러한 이야기 화 된 경험을 시간의 흐름과 상황의 변화에 대한 고려를 바탕으로 탐구한다. 인간의 삶과 경험은 복잡하게 맞물려 있다. 인간의 삶이란 곧 경험의 과정이며 경험을 통한 성장의 과정이다. 인간의 경험은 사회적·물질적·개인적 환경과 계속적인 상호작용에 따라 변화하는데, 지식 또한 이러한 경험을 통해 형성되며 유동적인 경험에 의해 변화한다.

Dewey(1997)는 경험이라는 용어를 탐구의 언어로 바꾸면서 경험은 개인적인 동시에 사회적인 것이라고 보고, 인간은 개인적으로 이해되어야 하지만 사회적 관계와 사회적 맥락 내에서 존재하기 때문에 개인으로만 이해될 수 없음을 강조하였다. 그는 현재 미래의 상상은 과거의 경험에 토대를 두고 있고 미래의 경험을 이끌어낸다는 점에서 경험의 연속성을 강조하였다. 또한, 사람들은 자신과 다른 사람들에 관한 이야기를 통하여 우리 자신이 누구인지 다른 사람이 누구인지 자신과 다른 사람의 관계가 무엇인지 파악한다는 점에서 경험은 사회적 성격을 가진다고 보았다(김신혜, 2020).

홍영숙(2019)은 내러티브 탐구는 개인의 경험을 시간의 흐름(over time)과 상황(in context)을 고려하여 이해하는 탐구방식이라고 정의한다. 이는 Dewey(1997)가 주장하는 삶(life)은 경험(experience)이라는 경험이론을 근간으로 한다. 김신혜(2020)는 내러티브 연구자는 인간 경험을 들여다보고, 드러내고, 의미형성을 통해 이해로 이끌어가는 역할을 한다고 한다. 말하기, 다시 말하기, 살아가기, 다시 살아가기 등은 내러티브 탐구의 대표적인 표현으로 경험에 대한 묘사에 초점을 두는 동시에 경험에 대해 경험을 하는 것이라고 본다.

Connelly와 Clandinin(2006)도 내러티브 탐구를 이야기로써 경험을 연구하는 것으로 정의한다. 이들은 Dewey(1997)의 경험의 속성에 근거하여 내러티브 탐구는 시간성, 장소, 사회성 면에서 분석해야 한다고 주장한다. 내러티브 탐구자로서 경험의 내러티브를 어떻게 바라보고 분석, 해석하며 이해할 것인가를 답하기 위해서는 경험이 어떠한 속성을 지니고 있는지를 아는 것이 선행되어야 할 것이다. Dewey(1997)는 경험의 속성을 상황(situation) 맥락에서 활성화되는 계속성(continuity)과 상호작용성(interaction)이라는 두 개의 범주로 제시하였다. Dewey가 제시한 경험의 속성은 경험의 내러티브적 특성에 집중하여 경험을 분석, 해석, 이해하는 틀로서 Clandinin과 Connelly(2000)가 고안한 3차원적 내러티브 탐구공간은 시간성(temporality), 사회성(sociality), 장소(place)의 기초가 되었다(홍영숙, 2019). 내러티브 탐구에서 시간성이란 경험의 시간성이라는 의미로 경험이 어떤 의미를 주고 이 의미가 시간에 따라 어떻게 변화하는지 특정 장소에 따라 형성되는 경험이 사회적 상호작용에 어떻게 작용되는지를 말한다. 시간성, 장소, 사회성 각각에 대한 개념 설명을 홍영숙(2019)은 다음과 같이 정리했다.

- 시간성(temporality): Dewey의 계속성(continuity)과 통하는 개념으로 과거, 현재, 미래로 이어지는 시간의 연속성을 말한다. 인간의 경험은 시간의 연속 선상에서 영향을 주고받으며 형성된다는 의미로 경험을 시간적 관계 속에서 형성된다는 점을 전제한다. 이는 모든 사건이나 사람들은 항상 과거, 현재, 미래를 가지고 있으며 내러티브 탐구에서 사람이나 장소, 사건을 늘 변화하는 과정으로 이해하려고 노력하는 것이 매우 중요함을 말한다.
- 장소(place): 장소는 탐구나 사건이 일어나는 특정의 구체적이면서 물리적인 장소나 일련의 장소들(Connelly & Clandinin, 2006)을 의미하며, 이는 특정 장소에 따라 형성되는 경험의 이야기가 달라진다는 것을 말한다.
- 사회성(Sociality): Dewey가 말하는 경험의 상호작용성(interaction)과 연결되는 개념으로, 개인적 내재적 조건(감정, 희망, 양심, 기질, 도덕, 신념 등)과 외재적 조건(환경, 문화적, 사회적, 기관의, 가족의 내러티브 등)의 상호작용에 의해 경험이 형성된다는 의미이다. 이 사회성 개인의 내적 조건과 이를 둘러싸고 있는 외적 환경이 어떻게 작용했는지 깊이 들여다볼 필요가 있다.

정리하면 내러티브는 인간의 경험을 구조화하는 것으로 삶의 시간, 맥락, 관계 측면에서 어떤 의미가 있는지 구조화한다. 김병극(2012)은 내러티브 탐구가 참여자의 경험을 탐구한다는 것은 과거, 현재, 미래시간의 지속성 속에서 살며 말하는 개인 삶의 시간성, 사회적인 맥락과 관계적인 개인 삶의 사회성, 그리고 개인 삶의 위치성을 고려하는 가운데 참여자의 경험을 탐구한다는 의미라고 한다. 결국 개인의 삶을 시간, 맥락, 그리고 관계 측면에서 어떤 의미가 있는지를 탐구하는 것이라고 볼 수 있다.

3. 내러티브 탐구의 수행과정

본문에서 내러티브 탐구의 수행과정은 Clandinin과 Conelley(2000)의 내러티브 탐구방법을 중심에 두고 그 수행절차에 따라 소개한다. 내러티브 탐구방법의 전체 수행과정은 첫째, 현장으로 들어가기, 둘째, 현장에서 현장 텍스트로의 이동, 셋째, 현장 텍스트 구성하기, 넷째, 현장 텍스트에서 연구 텍스트로의 이동, 다섯째, 연구 텍스트 작성하기로 구성되어 있다. 이 과정들은 명확히 구분되거나 단선적으로 이루어진 것이 아니며 순환적 관계 속에서 이루어진다.

1) 현장으로 들어가기

현장이란 이야기를 구성하는 상황, 사건을 말한다. 현장 텍스트의 목적은 연구자가 다각도에서 연구참여자와 완전한 관계를 형성하고 또 그것들로부터 일정한 거리를 유지하도록 만든다. 연구자는 현장에 들어가서 참여자의 이야기를 듣거나 관찰을 통해 내러티브를 형성하기도 하고 연구자가 상상을 통해 내러티브 구조를 형성하기도 한다. 홍현미라 등(2008)은 연구자가 연구의 동기를 생각하며 연구의 목적에 적합한 현장을 찾고 자료수집 전에 현장을 방문하여, 연구 주제와 관련된 관계자 및 연구참여자들과 만나 현장에 익숙해지는 단계라고 하였다. 연구자가 현장에 들어가면서 3차원적 구조(시간성, 사회성, 장소)와 현장이 지닌 이야기를 학습하는 것이 필수적이다. 또 연구자는 관계성 협상하기(negotiating relationship), 목적 협상하기(negotiating purposes)를 통해 연구자와 참여자의 관계성을 수립하면서 협의가 시작된다는 의미이다.

즉 이 단계에서 연구자는 연구의 동기를 생각하고 연구의 목적에 적합한 장소를 물색하며, 자료수집에 들어가기 전에 현장을 방문하여 관계자 및 연구참여자들과 만나면서 현장에 익숙해지는 단계이다. 연구자와 연구

참여자의 관계에 있어 이 단계는 매우 중요한 의미를 가지는데, 그것은 연구자가 연구참여자와 어떠한 관계를 유지할 것인가에 대한 협의, 연구 목적에 대한 협의를 중점적으로 논의해야 한다.

내러티브에서 생의 이야기는 한 사람이 자신이 살아온 삶에 대해, 가능한 완전하고 정직하게 말해진 것을 기억하는 것, 그리고 타자들이 자신의 삶에 대해 알고자 원하는 것에 대해 말하고자 선택된 이야기이다. 그러므로 생의 이야기는 가장 실제적이라는 특징이 있으며, 한 사람의 삶을 간접 경험하고 이해하는 이점을 가져다준다.

2) 현장에서 현장 텍스트로 이동하기

Clandinin과 Connelly(2000)는 내러티브 탐구자들이 현장에 있을 때, 누군가의 경험을 기술하는 기록자로서 그곳에 존재하는 것이 아니라고 지적하였다. 현장 텍스트는 현장에 대한 기록으로 현장에 대한 묘사, 객관적 모습과 주관적 비평을 포함한다. 또 현장 텍스트는 연구자의 경험을 배제하고 이루어지는 것이 아니라 경험이라는 매개를 통해 현장이 가공되는 과정이라고 할 수 있다. 현장 텍스트는 연구자와 참여자의 관계를 중심으로 연구자와 참여자가 무엇을 하였는지 현장 텍스트로 구성한다. 현장 텍스트란 보통 데이터로 불리며 대화, 인터뷰, 참여자 관찰, 인공물(artifacts; 미술작품, 사진, 서류 기록물 등 여러 가지 연구 관련 물건들) 등의 자료를 말한다.

3) 현장 텍스트 구성하기

현장 텍스트는 경험 이야기 자료를 수집하는 단계로 이는 연구자료 또는 면담 자료를 말한다. 내러티브 탐구에서 현장 텍스트라는 용어를 사용하는 데는 이유가 있다. 데이터 또는 자료는 연구자가 발견하거나 찾은 것이 아니라, 현장 경험의 양상을 나타내기 위해 연구자와 연구참여자에 의해 창조된 것이기 때문이다(Clandinin & Connelly, 2000). 따라서 이 단계는 수집된 자료를 통해 현장 경험을 해석하며 재구성하는 단계로 볼 수 있다.

구성의 방법은 다양한 형식으로 작성될 수 있다. 보통 자전적 글쓰기, 시, 일기, 편지, 대화 및 현장 노트 등이 있다. 즉 내러티브 탐구는 연구참여자의 이야기를 듣고 해석하고 재구성하는 과정은 단지 시간의 흐름을 나열하는 것이 아니라, 연구 주제에 맞는 퍼즐에 따라 필요한 자료를 통해 경험을 해석해 나가는 과정 속에 의미를 찾고 탐색하는 과정인 것이다. 이와 관련하여 박민정(2006)은 내러티브의 주요 역할은 어떤 사건이 먼저 일어나고 나중에 일어나는가를 밝히는 것이 아니라, 사건들 간에 존재하는 관련성과 그 속에서 드러나는 의미구성에 있다고 설명하였다.

또 Clandinin과 Conelley(2000)도 현장 텍스트를 구성할 때 연구자는 시간성, 사회성, 장소의 공간 내에 현장 텍스트가 위치하도록 해야 한다고 보았다. 현장 텍스트의 위치는 현장 텍스트와 현장 텍스트로부터 궁극적으로 구성될 연구 텍스트의 인식론적 위치에 영향을 미친다. 따라서 내러티브 탐구자들은 자신의 현장 텍스트를 어떻게 위치시킬 것인가의 문제를 다루어야 한다.

4) 현장 텍스트에서 연구 텍스트로 이동하기

현장 텍스트에서 연구 텍스트로의 이동은 경험에 대한 의미를 구성하는 단계로 반복적이고 순환적인 과정이다. 연구참여자의 다양한 경험의 본질을 파악하기 위해 이야기의 줄거리를 연구 텍스트로 변환하는 과정이다 (Clandinin & Connelly, 2000). 현장 텍스트에서 연구 텍스트로의 이동은 다양한 종류의 글쓰기가 시도된다. 이야기된 경험으로써의 현장 텍스트를 연구참여자와 공동으로 해석하고 작성하는 과정은 연구자와 연구참여자 간의 상호 해석이 강조되고 이를 통해 초안을 작성한다. Clandinin과 Connelly (2000)도 연구자가 연구 텍스트를 구성하는 데 있어서 연구자의 목소리뿐만 아니라 연구참여자의 목소리도 이야기할 수 있는 관계를 구축하는 것이 중요하다고 말한다. 즉, 연구자와 연구참여자의 목소리가 균형 있게 드러나도록 노력해야 한다. 자료를 수집하고 분석하고 연구결과를 출판하기까지의 과정은 절대 직선적으로 이루어지지 않는다.

염지숙(2003)은 내러티브를 우리의 삶에 대한 경험이야기로 보면서, 단편적이지 않고 연속된 삶을 일반화하거나 주체를 추출해 내려 할 때 경험의 풍부함과 내러티브만의 특성을 잃게 될 수 있다고 하였다. 비록 내러티브가 관찰 및 언어로 표현된 자료를 통해 준비된 이야기라고 할지라도 그것들은 경험의 해석이며, 경험의 의미는 연구자의 분석과 해석과정을 통해 구축된다. 또한, 연구 텍스트로 가져갈 때 의미나 목적, 사회적 중요성과 관련된 질문과 현장 텍스트에서 내러티브의 패턴이나 줄거리, 긴장감 등 개인의 경험이나 사회적 상황을 연결시켜 찾아내는 것도 중요하다. 이때 연구자는 과거와 현재의 경험에 비추어 비교하면서 현장 텍스트를 읽고 난 뒤 연구 텍스트를 구성하게 된다.

5) 연구 텍스트 작성하기

연구의 마지막 단계로 연구 텍스트는 연구문제에 관한 결과를 제시하는 성격이 아니라 또 다른 텍스트를 만들어가는 과정이다. 즉, 각각의 연구참여자들의 이야기를 적절한 형식으로 다시 쓰는 작업을 진행하는 것이다. Clandinin과 Connelly(2000)는 현장 텍스트들을 포괄적인 내러티브 텍스트로 만들기 위해서는 시간성, 장소, 개인적·사회적 차원이라는 3차원적 내러티브 탐구공간에 머물기를 통해 내러티브적 사고와 살아가기를 보여주는 것을 연구 텍스트의 특징으로 설명한다. 최종텍스트가 질문에 대한 답을 제공하기보다는 독자로 하여금 경험을 다시 생각하고(rethinking), 다시 말하며(retelling) 탐구할 수 있도록, 홍영숙(2019)은 그들이 다른 사람들과 관계 맺는 방식과 실제적 삶의 방식을 바라보도록 이끌어가는 것을 내러티브 탐구의 목적이라고 하였다.

염지숙(1999)은 내러티브 연구자는 개인적인 관심에서 기인한 연구문제가 어떻게 사회적으로 또는 공적으로 의미 있게 정당화시켜야 하며, 연구현상에 대해 이야기할 때 내러티브 연구자는 자신의 내러티브 연구가 무엇에 관한 것인지, 그리고 내러티브 연구자로서 자신에게 관심 있는 경험이 무엇인지 생각해 보아야 한다는 것이다. 그러므로 내러티브 연구는 대화를 통하여 대상자가 자신의 현재의 삶을 규정하고 있는 과거의 문제 상황이나 사건에 대해 자신을 노출하고 이를 객관화하는 과정을 거친다. 그리고 이것을 대체할 수 있는 새로운 이야기를 창출해 낸다. 이러한 과정을 거쳐 과거의 삶을 다시 보고 현재의 상황을 수용하여 결국 자신의 삶에 대한 의미를 재부여하여 자신에게 힘을 북돋는 과정을 가진다.

그러므로 내러티브 연구는 질적연구방법의 하나로 인간 경험에 초점을 두고, 개인의 경험에 대한 내러티브, 즉 삶의 이야기를 분석자료로 사용하며 내러티브 속에 담겨 있는 의미를 주로 시간적 흐름에 따라 정리하고 분석하여 개인에게 일어난 사건들의 경험을 재조직하고 새로운 의미를 발견하여 그 사건들이 개인에게 어떠한 영향을 미쳤는지 연구한다.

4. 내러티브 연구자료분석 및 유형

Creswell(2005)은 내러티브 연구를 두 가지 계통에 따라 구분할 수 있다고 보았다. 하나는 자료분석 전략에 따른 구분으로 Riessman(2008)의 내러티브 이야기 분석의 세 가지 유형을 언급하였는데 내용분석, 구조분석, 대화/행위분석이다. 두 번째는 내러티브 유형으로 전기 연구, 자문화기술지, 생애사, 구술사 등이 있다.

1) 내러티브 연구자료분석

내러티브 연구분석은 연구의 목적과 연구 분야에 따라 다양한 분석방법이 사용되며 그에 따라 내러티브 구성도 달라진다. Polkinghorne(1995)은 내러티브 분석을 내러티브의 분석(analysis of narrative)과 내러티브 분석(narrative analysis) 두 가지 방식으로 구분한다. 내러티브의 분석은 코딩과정을 통해 보편적인 개념을 추출하는 일반적인 질적연구분석이라고 할 수 있고, 내러티브 분석은 추론을 통한 이야기를 구성하는 데 초점을 두고 있음을 볼 수 있다. 내용과 주제에 초점을 둔 내용(주제)분석, 내러티브 분석, 담화분석방법을 살펴보고자 한다.

(1) 내용분석

내용분석(내러티브의 분석)은 일반적인 질적연구분석방법으로 연구자들이 내러티브를 자료로써 수집하여 주제를 찾아 코딩하고 범주화하는 과정을 통해 결과를 도출하는 분석방법이다. Polkinghorne(1995)은 이러한 내용분석(주제분석)은 이야기들을 수집하여 일반적인 지식을 얻도록 해 주지만 이러한 지식은 추상적이고 공식적이어서 내러티브의 개별적이고 특이한 점이 소홀하게 취급되는 경향이 있다고 지적한다(김신혜, 2020).

김신혜(2020)는 내용분석의 장점과 단점에 대해 언급하였다. 내용분석 장점은 자료의 인용문을 연결하여 더 추상적인 범주와 개념을 찾고 이를 재정립하여 이론적인 논증을 하는 데 효과적이고 내러티브 간의 유사점, 차이점을 비교하기에 용이한다. 또 연구자가 동일한 분석적 틀을 가지고 자료 전체를 분석할 수 있도록 하여 일관성을 유지할 수 있고 분석 절차의 객관성을 확보할 수 있다는 장점이 있다. 그러나 단점으로 내용분석은 내러티브가 가지는 독특한 성격이 분석과정에서 사라질 수 있다.

(2) 내러티브 분석

내러티브 분석은 내용분석과 달리 연구자들이 수집한 자료를 범주로 나누는 것이 아니라 수집한 자료에 어떠한 이야기가 담겨 있는지 추출하고, 이를 하나의 일관된 내러티브로 재구성하는 것을 말한다. 이러한 재구성(시, 일기, 영화, 공연 등)을 통해 현상을 이해하는 데 풍부하고 생생한 정보를 제공하고자 하는 것이다. 내러티브 분석방법은 연구자의 재구성 자체가 분석의 과정이고 결과 기술 과정일 수 있기에 연구자의 재구성이 훨씬 큰 비중을 차지한다.

(3) 내러티브 담화분석

내러티브 담화분석은 구조분석의 시작으로 내러티브가 어떻게 구성되고, 화자의 이야기 전달방식 등을 파악하는 것이다. 내러티브 담화분석은 내면에서 시작하여 확장해가는 것인데 개인의 내러티브는 상호작용의 영향을 받는 동시에 사회적·문화적·기관적 담화의 영향을 받기 때문에 개인의 담화에 어떠한 영향을 미치는지 고려해야 한다. 내러티브 담화적 분석은 분석의 초점에 따라 내러티브 언어/스타일, 내용/주제, 상호작용/사회적 관습으로 구분할 수 있다(김신혜, 2020).

내러티브 담화분석은 내러티브 내에 나타나는 언어, 내러티브가 이야기되는 상황을 포함하며 이야기가 말해지는 시간, 물리적 환경, 타인, 이야기 목적, 상호작용의 조건 등의 맥락을 고려하는 것이다. 또한, 내러티브 구성과 사회적 맥락과의 관련 등을 파악 분석한다.

Pavlenko(2007)는 내러티브 분석은 내러티브를 구성하는 데 영향을 미치는 역사적·정치적·경제적 여건을 보다 더 고려해야 하고, 화자가 속한 커뮤니티 그리고 그 안에서 자기의 위치를 어떻게 자리매김하는가 하는 것과 관련된 언어 이데올로기와 담화를 고려할 필요가 있다고 주장한다.

2) 내러티브 유형

내러티브 유형으로 전기 연구(biographical study), 자문화기술지(autoethnography), 생애사(life history), 구술사(oral history) 등이 있다.

(1) 자문화기술지

자문화기술지는 연구자와 참여자의 구분이 없고 연구자가 중립적이고 객관적인 입장에서 벗어나 자신의 경험을 반성과 성찰을 통해 연구기록한다. 생애사는 연구자와 참여자의 분리와 구분이 있고 이야기, 일화, 역사적 내용 등의 자료를 분석하며, 개인의 생애에 대해 상세히 기술한다.

(2) 생애사

생애사 연구는 개인의 삶의 이야기가 담고 있는 공공적인 맥락을 시간의 전경 속에서 발견하려 한다. 사회 구성원으로서의 개인은 삶의 과정에서 타인 및 사회와 상호작용하며 존재하기에, 생애사 연구는 인문과학이나 사회과학 등의 여러 학문 분야에서 인간과 사회에 대한 깊은 이해를 탐구할 수 있는 중요한 연구방법으로 인식되고 있다.

생애사 연구는 연구참여자 개인이 살아온 삶의 이야기를 기술하고자 하는 연구방법으로 기본적으로 연구참여자의 목소리를 통해서 이루어진다. 다양한 텍스트로 구성될 수 있는 개인의 생애사는 일종의 내러티브이다. 생애사 연구가 개인을 대상으로 면담을 통해 수집한 구술 자료를 해석한 결과를 삶의 이야기로 기술하는 데 초점을 두고 있으며, 시간이란 보다 넓은 맥락에서 개인에 대한 내러티브적 설명과 해석을 하고자 한다. 따라서 생애사 연구를 위해서는 한 사람의 생애에 대한 내러티브의 구성이 필수적이다. 일반적으로 생애에 대한 내러티브는 일련의 심층면담을 통해 수집되고 구성된다.

(3) 구술사

구술사 연구는 개인의 증언을 통해 개인이 속했던 집단에게 발생한 생생한 소수의 역사를 드러낼 수 있다. 구술사를 통해 우리는 한 두 사람이 특정의 역사적 사건을 어떻게 보았는지를 개인적 이야기나 증언을 통해 한 사건에 있어서 개인과 사회적·정치적, 역사적 의미가 어떻게 해석될 수 있는지를 파악할 수 있게 해준다. Smith(2002)는 개인의 증언을 통해 개인과 공동체(사회)를 재규정할 수 있는 매트릭스를 그려낼 수 있어, 구술사가 거시적 차원으로 확장될 수 있다고 한다. 한 사회 내 한 개인이나 소수가 지닌 공식적으로 인정받지 못한 비공식적 지식(informal collective knowledge)을 통해 거시 역사를 조명할 수 있다는 관점에서 근거를 찾을 수 있다(김병욱, 2014).

5. 내러티브 연구자와 연구참여자

내러티브 탐구의 가장 큰 특징은 연구자가 연구참여자에게 일방적으로 질문하고 답하는 방식이 아니라 연구자와 연구참여자가 각자의 신념, 태도, 감정을 담아 공동으로 내러티브를 구성한다는 점이다. 그러므로 내러티브 참여자만의 이야기가 아니라 함께 구성하는 공동의 저작이라고 할 수 있다.

Clandinin과 Connelly는 시간성(temporality), 사회성(sociality), 장소(place)라는 내러티브 탐구에 있어서의 3차원적 탐구 지점을 제안함으로써 내러티브 연구자의 역할과 위치를 안내하였다. 내러티브 탐구 시 연구자가 해야 할 일을 한마디로 표현하면, 3차원적 내러티브 탐구 지점에서 내러티브하게 생각하는 것(thinking narratively within three-dimensional narrative inquiry space)이다. '내러티브하게 생각한다'는 것은 이야기(stories)를 가지고 생각하는 것과 상통하는 의미이다.

내러티브 연구자가 3차원적 내러티브 탐구 지점에 위치하여 시간성, 사회성, 장소의 차원을 고려하면서 탐구 방향성을 가지고 경험을 탐구하여야 하지만, 앞서 언급한 바와 같이 내러티브 연구자와 참여자의 목소리가 함께 공동으로 이야기를 담아야 한다. 그러나 연구자가 최소한으로 개입하거나 개입하지 않고 연구참여자가 긴 말차례(turn)로 이야기하는 방식으로 내러티브를 구성할 수 있다(김신혜, 2020). 즉 연구자와 연구참여자가 화자와 청자로서 어느 정도 개입하는가에 따라 다양한 형태의 내러티브가 구성될 수 있으며, 연구자와 연구참여자의 친밀감, 상호작용 등에 따라 대화적인 연구를 가능하게 한다.

6. 내러티브 탐구에 대한 정당성 확보

양적연구의 경우 연구절차와 기술이 일반적인 기준을 따른다는 점에서 객관성을 주장하기가 좀 더 용이하다. 반면 내러티브 탐구를 포함한 질적 연구자들은 부단히 연구의 정당성(justification)에 대한 질문을 받는다. 연구 결과 분석 및 기술은 객관적이지 않다. 연구자가 철저히 주관적인 입장을 배제하고 자료를 분석하려고 노력하더라도 분석과정에서 자신의 통찰력을 의존하는 순간이 있을 수 있음을 인정하는 것이다.

내러티브 탐구 결과는 연구자가 수집한 특정 자료에 대한 연구자의 해석이라고 볼 수 있다. 결과 분석의 신뢰도를 높이기 위한 절차를 거칠 수 있으나 Barkhuizen 등(2014)은 이에 대한 의문을 제기한다. 왜냐하면 내러티브 탐구는 양적연구처럼 객관성과 신뢰도를 추구하는 것이 아니라 주제나 담화분석에 근거나 패러다임적 논증 혹은 자료에 대한 잘 구성된 주관적 해석을 추구하기 때문이다. 따라서 내러티브 탐구 결과를 양적연구와 마찬가지로 객관성과 신뢰도 기준을 적용하여 평가하는 것이 적절하지 않다. 그렇다고 해서 내러티브 탐구가 연구로서 따라야 할 기본적인 틀을 무시하는 것이 아니며, 다만 질적연구의 특징을 고려한 기준이 적용되어야 한다. Barkhuizen 등(2014)은 내러티브 탐구의 기준을 엄격성, 신뢰성, 전이성으로 설명하고 있다(김신혜, 2020).

1) 엄격성

엄격성(rigor)이란 자료를 수집하고 자료를 분석하는 연구분석과정이 얼마나 체계적으로 이루어졌는가 하는 것을 말한다. 학술지에 게재된 연구는 연구방법을 자세히 기술함으로써 연구절차를 따라 체계적으로 진행되었음을 보이고자 한다. 그러나 내러티브 분석의 경우 연구자의 통찰로 이야기를 구성하고 또 재구성하는 과정이기 때문에 연구분석이라는 틀에 맞게 상세히 밝히기 어려운 경우도 있다. 내러티브 연구로서의 위치를 확보하기 위해서는 선행연구를 꼼꼼하게 읽고 분석하여 연구분석이 체계적으로 이루어졌음을 연구자가 기술해야 한다.

2) 신뢰성

신뢰성(trustworthiness)은 내러티브 탐구의 결과와 연구가 추구하는 현실과의 관계라고 할 수 있다. 내러티브는 실제 일어난 경험에 구조와 의미를 부여하는 과정으로 인식할 필요가 있는데 이러한 점을 잘 인지하지 못하는 데 대한 비판이 있다. 또한, 연구자가 다른 사람의 이야기를 쓸 때 무슨 일이 일어나는가에 대해서도 주의를 기울일 필요가 있다. 연구자는 연구참여자의 이야기를 듣고 이를 다시 해석하는 과정을 거치기 때문에 이 과정에서 일어날 수 있는 주관성의 개입을 인지할 필요가 있다. 이 점에서 Denzin(1989)은 내러티브는 경험된 삶으로써의 내러티브, 이야기된 내러티브를 구분하고 다음과 같은 내용을 살펴보아야 한다고 주장한다(김신혜, 2020).

- 어떻게 사건이 일어났는지 실제 현실 영역에서 발견한 사실이 무엇인가?
- 사건이 연구참여자에 의해 어떻게 경험되었는지, 주체의 현실 영역에서 발견한 점들이 무엇인가?
- 사건이 연구참여자에 의해 어떻게 이야기되고 있는지, 텍스트의 현실 영역에서 발견한 점들은 무엇인가?

Denzin은 내러티브 탐구는 실제 일어난 일에 참여자가 경험하는 사실을 텍스트로써 구성되는 현실을 구분할 필요가 있다고 했다. 내러티브 탐구에서 또 다른 차원의 신뢰도는 연구자와 연구참여자 간의 관계에 있다. 연구자와 연구참여자 간의 친밀감은 신뢰도를 높이는 데 기여한다. 연구분석과정에서 연구참여자와 결과를 공유하고 연구참여자의 의견을 수용하여 분석할 필요가 있다. 이때 생성된 내러티브 자료의 신뢰도를 높일 수 있다.

3) 전이성

추상적인 일반화를 목표로 하는 양적연구와 달리 질적연구인 내러티브 연구는 일반화 가능성이 매우 제한적이라고 할 수 있다. 내러티브 탐구의 경우 같은 상황에서 연구참여자들이 같은 감정, 언어 경험을 하거나 이를 동일한 방식으로 기술할 가능성은 없다.

김신혜(2020)는 내러티브 탐구에서 자주 사용되는 텍스트 은유는 다양한 환경에서 온 참여자들의 문화적・언어적 환경을 뛰어넘어 적용될 수 있다는 점에서 일반화의 가능성이 있다고 한다. 그러나 내러티브 탐구에서는 다수의 경험을 강조하는 것이 아니라 특정 개인의 이야기를 공유하는 경험을 하는 것을 일반화라고 볼 수 있다. Barkhuizen 등(2014)은 내러티브 탐구의 결과가 일반화할 수 있는 명제의 형태로 제시되지는 않지만, 독자들로 하여금 다른 내러티브에서 관련된 점을 찾을 수 있음을 말한다.

4) 타당화

내러티브 분석은 개인의 경험과 의미를 체계적으로 연구하는 것으로 현실에서 일어나는 일을 정확하게 기술하는 것을 목표로 하지 않고 자료 해석 자체가 담화 내에서 일어난다고 할 수 있다. Riessman(1993)은 이를 내러티브화라고 했는데 이는 화자가 이야기하는 과정은 흔히 진실이라고 하는 것 역시 해석의 산물이라고 본다.

타당화(validation) 과정은 연구자의 해석을 믿을 만하게 만드는 과정으로 진실과는 구별된다. 타당화 과정은 진실을 밝히는 과정이 아니라 해석의 신뢰성을 주장하기 위한 과정이라고 할 수 있다(김신혜, 2020). Riessman(1993)은 다음 네 가지 방법을 통해 타당화가 일어난다고 본다.

- 설득력(persuasiveness): 이론적 주장이 참여자의 자료로 증명되는가?
- 상응(correspondence): 연구참여자에게 연구자의 해석을 확인하고 연구참여자가 동의하지 않는 경우 연구자가 진실에 대한 책임을 지고 자신의

해석을 주장하는가?

- 일관성(coherence): 글로벌, 지역적, 주제적 일관성이 있는가?
- 화용적 사용(pragmatic use): 다른 연구를 위한 실용성이 있는가?

김신혜(2020)는 내러티브 탐구의 신뢰성과 타당성을 확보하기 위한 노력의 중요성과 더불어 내러티브 연구에서 경계해야 할 점에 대해서도 주의를 기울일 필요가 있다고 한다. 내러티브 탐구는 몇몇 개인의 이야기를 바탕으로 생산된 지극히 개인적이고 일화적인 결과물로 치부되는 경우가 많다. 따라서 내러티브 탐구자로서 연구와 정당성을 입증하는 것이 매우 중요하다. 내러티브 탐구에 정당성을 부여하기 위한 최소한의 방법으로 Clandinin(2013)은 다음 세 가지를 제안하고 있다.

- 개인적 정당성(personal Justification): 이 내러티브 탐구가 각각의 우리(연구자와 참여자)에게 왜 중요한가?
- 실제적 정당성(practical Justification): 이 연구가 실제(practice)에 있어서 어떤 변화를 가져올 수 있는가?
- 사회적 정당성(social Justification): 이 연구가 이론적 이해를 확장하거나 사회적으로 좀 더 정의로운 상황을 만드는 데 어떤 기여를 할 수 있을까?

연구를 시작하기에 앞서, 연구자는 이 세 가지 정당성에 대한 질문에 대해 연구 주제에 왜 관심을 가지게 되었는지, 왜 이 주제를 내러티브 탐구 방법으로 연구하는 것이 타당한지를 개인적 차원뿐만 아니라 사회적 차원의 말로 답할 수 있을 때 연구의 정당성이 부여된다고 볼 수 있다.

08
CHAPTER

협력적 실행연구

1. 협력적 실행연구의 개념 및 목적
2. 실행연구의 모형 및 절차

1. 협력적 실행연구의 개념 및 목적

실행연구(action research)는 자신의 실행에 관심을 두고, 실행을 위한 힘을 강화하려는 사람들에 의해 미래를 개선하기 위한 목적으로 수행되며(Sagor, 2010), 교육 분야의 경우 교육적인 문제들을 다루고자 하는 교사가 자신이 근무하는 환경적 맥락 내에서 수행되는 연구이다(Feldman, 1996; Ferrance, 2000). 또한, 객관성이나 이론을 정립하는 데 초점을 두기보다는 실천의 개선에 초점을 맞추어 반성적인 자기순화 과정을 강조한다는 점에서 실천적 행위와 연구를 연결하는 연구방법이다(이용숙 외, 2005). 실행연구의 중요한 목적 중 하나는 실천적 지식을 형성하는 것으로서 실천과 개선을 강조하는 분야에서 실행연구가 많이 이루어지고 있다. 특히 교육 분야의 연구에서 이루어지는 실행연구는 교사의 교육경험을 통해 형성되는 실천적 지식이 강조되고, 실행과정을 통해 형성한 지식이 교사의 교육 개선의 기반이 된다는 점에서 적합한 연구방법이다.

오늘날 이루어지는 실행연구는 1930년대에 Lewin에 의해 처음 시도된 방법으로서, 사회복지사들에게 더 나은 변화를 추구하기 위해서 시작된 이후, 1950년대에 컬럼비아대학 교수였던 Corey에 의해 미국 교육 분야에서 사용하게 되었다(김정숙, 2012). 이는 교사 스스로 수업을 개선하기 위한 방법으로서 교사에 의한, 교사를 위한 연구였다고 볼 수 있다.

실행연구의 근본적인 목적은 기초지식을 생성해내는 것이라기보다는 실행을 향상시키는 데 있다. 이는 구체적인 상황 내에서 문제를 규명하고 조사하도록 하며, 실제에 대한 변화와 개선을 목적으로 한다는 측면에서 평가적이고 반성적인 특성을 지니고 있다(길병휘, 이명숙, 2001). 따라서 실행연구를 통해 강화된 교사의 힘은 통찰력을 향상시키고, 더 나아가 자신과 학생 모두가 속한 공동체를 긍정적인 방향으로 변화시킬 수 있다(Phillips & Carr, 2006). 이처럼 교사는 실행연구에 참여함으로써 교실현장의 문제를 보다 깊이 있게 관찰하고 분석하며 문제를 해결하기 위한 현실적인 전략을 수립하게 된다(황미진, 2010).

그러나 교사 스스로 문제를 인식하고 해결방안을 모색하고 실천하며 결과에 대해 반성적으로 사고하는 과정은 결코 쉬운 일이 아니다(견주연, 2013). 교사들은 혼자가 아닌 주변의 동료교사나 학교 관계자, 대학 또는 연구기관의 연구자와 전문적 지식들을 공유하며 협력함으로써 고정되었던 자신의 관점에서 벗어나 보다 객관화된 시각에서 문제를 인식하고 개선방향을 수립하여 실천해 갈 수 있는데, 이것이 협력적 실행연구의 가치라고 할 수 있다.

교육학 분야에서 협력적 실행연구란 현장교사와 전문연구자가 공통된 관심사와 목표를 가지고 한 팀이 되어 수행하는 연구를 말한다. 협력적 실행연구는 교사와 연구자가 협력하여 서로가 가지고 있는 것을 이끌어 내어주고, 서로의 부족한 부분은 채워주는 과정으로 교육현장에 기반을 둔 교사와 이론가가 서로 힘을 합해 이론과 실제 사이를 오가며 상호작용하는 연구형태이다(Hsiung, Tung-Hsing, Chen, Shu-Li, Wang, & Zen-Sing, 2000). 또한, 현장의 문제 상황을 해결하기 위해 외부자가 아닌 교사가 주체가 되어 동료교사나 대학 또는 전문 단체의 연구자와 함께 문제를 공유하고, 해결하기 위해 노력함으로써 이론과 실제의 격차를 줄일 수 있는 방법이다(Mitchell, Reily, & Logue, 2009). 이처럼 교사의 전문성 신장을 위한 협력적 실행연구는 교육현장이 개선될 수 있다는 믿음에서 연구자와 교사가 협력하여 교육현장에서 겪는 문제나 갈등 및 의문들을 해결하려고 할 때 적용 가능하다. 이것은 연구자와 교사가 서로의 관점, 경험, 아이디어를 결합하면서 협력적으로 개선방안을 계획, 실행하며 실천하는 이상적인 방법으로 연구자와 교사 모두 연구에 대한 책임을 공유한다.

협력적 실행연구가 잘 진행이 되기 위해서는 연구에 참여하는 교사와 연구자 모두 공통의 관심사나 흥미가 있어야 하며, 협력하는 관계가 중요한 부분을 차지한다. '협력'은 동등한 관계를 가진 두 사람 이상이 목표를 위해 공유된 의사결정에 자발적으로 참여하는 상호작용(Friend & Cook, 2003)으로 상호호혜성(reciprocity)을 기반으로 한다.

이는 협력적 실행연구가 원활하게 진행되기 위해서는 연구에 참여하는 연구자와 교사의 관계는 서로 상호호혜적이어야 함을 의미한다. 상호호혜성은 협력적 실행연구의 중요한 윤리적 요소이다. 연구자와 교사가 상호적으로 주고받는 것을 의미하는 상호호혜성은 상호적인 실행연구에서 연구자와 교사가 연구에서의 소유권, 참여, 책임을 공유하도록 하면서 동의와 공정한 절차에 따라 책임과 임무를 나눠야 한다는 것을 인식하고 수행하는 것을 말한다(Mac Naughton & Hughes, 2013). 또한, 협력적 실행연구는 교사의 행위중심문화와 연구자의 탐구중심문화가 서로에게 침투함으로써 상호적 이점을 얻는 것으로 교사와 연구자는 연구의 동등성을 획득하게 되고, 연구에 도움이 되는 비판적인 동지로서의 기능을 할 수 있다(김지혜, 2011).

즉, 교사와 연구자는 상호호혜적인 관계를 기반으로 교실에서 직면한 문제들을 체계적으로 발견하고 실제적인 해결방안을 모색함으로써 이론과 실제의 간격을 줄이는 매개체 역할을 함과 동시에 교육의 개선이 이루어지도록 한다는 것이다.

이에 교육학 분야에서는 협력적 실행연구가 활발히 이루어지고 있는데, 국내 선행연구들을 살펴보면, 연구자와 현장 교사가 서로 협력적으로 현장의 문제를 해결하면서 함께 개선해 나가는 협력적 실행연구가 많이 이루어졌으며(송용준, 2016), 최근에는 영유아 관련 분야에서도 협력적 실행연구가 활발히 이루어지고 있다(견주연 외, 2013; 구정숙, 2016; 노승희, 2019; 이수영, 2018; 황지영, 2018; 현화동, 2018). 즉, 협력적 실행연구는 이론과 실제의 간격을 줄이기 위한 방법으로서의 이점을 갖고 있다고 할 수 있다.

2. 실행연구의 모형 및 절차

실행연구의 모형을 제시한 대표적인 학자로는 Kemmis와 McTaggart(1998), Elliot(1991), Mills(2003), Stringer(2004) 등이 있다. Lewin(1946)은 실행연구를

시작할 때 먼저 무엇을 조사할 것인지 계획하기, 행동을 취하기, 행동에 대한 사실 발견하기의 3단계 나선형 모형을 제시하였고, 실행연구의 절차를 마련하였다.

Kemmis와 McTaggart(1998)는 문제파악 및 변화의 계획, 계획의 실천과 변화의 과정 및 결과에 대한 관찰, 실천과 변화 및 결과에 대한 성찰, 수정된 계획과 그에 따른 실천과 관찰 및 반성의 반복적인 과정으로 대표적인 실행연구의 절차를 마련하였다. 또한, Elliot(1991)은 실행연구 활동의 질을 향상시키기 위한 목표를 위해 어떤 사회적 상황 속에서 이루어지는 사회적 상황의 연구라고 칭하는 비판적 실행연구 모형을 마련하였고, 이는 문제인식, 문제검토 및 분석, 전체계획, 실행, 실행관찰 및 효과분석, 재검토, 전체계획 조정의 순서이다. Mills(2003)는 변증법적 실행연구의 나선형 과정을 제시하면서, 먼저 개선을 위한 초점 영역을 확인하고, 자료를 수집한 후 자료를 분석 및 해석한다. 그 후 실행계획 수립－실행－평가－재시도의 나선형적 모형으로 반복하는 절차이다. 마지막으로 Stringer(2007)는 사람들의 조직체, 공동체, 가족의 삶의 질을 향상시키기 위한 목적으로 참여적 실행연구의 모형을 마련하였으며, 실행 단계는 보기, 생각하기, 행동하기의 절차를 따르고 있다.

Kemmis와 McTaggart(1998)의 실행연구 모형을 살펴보면, 이 모형은 '계획－실행－관찰－반성'을 포함하는 4단계의 연속적인 순환 과정을 제시한다.

Kemmis와 McTaggart(1998)의 모형에서 1단계 '계획'은 문제파악 및 변화의 계획 단계로 연구자와 연구 참여교사 사이의 더 나은 아이디어를 얻기 위해 협력하고 실행 단계에서 발생하는 어려운 점들을 수용하며 해결하기 위해 타협과 절충하는 단계이고, 2단계 '실행'은 계획의 실천과 변화 과정 및 결과에 대한 관찰 단계로 연구자와 연구 참여교사는 예상하지 못한 곤란한 점들을 수용하고 해결하기 위하여 절충하며 타협을 하는 단계이다. 3단계 '관찰'은 과정 및 결과에 대한 성찰로 연구자는 연구 참여교사의 '비판적 동반자'로서 체계적이고 객관적으로 실행과정을 관찰하고 관련 자료를 수집하는 단계이며, 마지막으로 4단계 '반성'은 수정된 계획을 실천하고 관찰하면서 반성하는 과정을 반복하는 단계로 연구자와 연구 참여교사는 상대방의 자기반성을 도와주면서 더 나은 방안을 모색하여 다음의 계획에 반영하도록 하였다. 이 모형은 4단계의 연구주기를 반복함으로써 실행연구가 이루어짐을 강조한다.

Mills(2003)의 실행연구 모형을 살펴보면, 이 모형은 4단계의 변증법적 나선형의 실행연구 모형을 제시한다.

Mills(2003)의 모형은 1단계는 '초점영역확정', 2단계는 '자료수집', 3단계는 '자료분석 및 해석', 4단계는 '실행계획 수립 → 실행 → 평가 → 재시도'의 나선형적인 모형을 특징으로 하고 있으며, 교사가 이전 수업의 문제점을 인식하고 문제를 해결할 수 있는 계획을 세운 후 실행하고 평가하는 과정을 반복하면서 수업활동의 개선방안을 모색할 수 있다는 장점이 있다.

종합하면, 실행연구는 연구 초점, 문제인식을 시작으로 실행계획-실행-평가-재계획-실행-평가의 나선형적인 순환과정을 거치고 있었으며, 체계적인 실행을 위해 목표의식, 문제인식, 초점영역을 기초로 다양한 자료를 수집하고 분석한 후 검토하여 현재의 상황을 객관적으로 진단 및 파악하는 과정이 중요함을 알 수 있다. 또한, 실행연구는 이미 이론화되어 있는 내용을 현장에 적용하는 것이 아니라 교사가 스스로 현장에서 자신이 인식한 문제를 토대로 연구문제를 도출하고 해결방안을 탐구하는 과정 그 자체라고 할 수 있다.

실행연구는 연구를 진행하기 전 연구의 목적 및 목표를 명확히 인식하고, 객관화된 다양한 자료를 수집 및 분석하여 주제와 관련된 이론을 체계화함으로써 연구의 타당성을 높이는 것이 중요하다. 또한, 실행이 이루어지는 현장의 다양성, 독특성이 반영되고 그 맥락 안에서 가장 최선의 해결책을 만들어 가는 것이 실행연구의 목적이라고 할 때, 유아교육 현장이 갖는 독특성, 다양성을 반영할 수 있는 실행연구 모형 적용은 중요하다고 할 수 있다.

실행연구 모형에서 나선형의 자기성찰적 연구 주기는 문제가 완전히 해결될 때까지 이루어져야 하지만, 실제 상황에서는 이처럼 충분한 시간이 주어지지 않는다. 그렇기 때문에 실질적으로 운영 가능한 연구과정으로 변형시켜 설계하는 것이 현실적이며, 구체적인 연구 목적에 따라 연구 설계가 달라질 수 있다(이용숙 외, 2005). 이에 본 연구는 Sagor(2010)의 실행연구 모형을 본 연구의 특성에 맞게 수정·보완하여 적용하였다.

따라서 Sagor(2010)의 실행모형 1단계는 '목표를 명확히 하기' 단계이다. 이 단계에서는 연구에 대한 초점을 명확히 하고 '성취목표 선정'과 '평가기준 마련'이 하위내용으로 제시되어 있다. 본 연구에서는 1단계를 '문제 인식하기'와 '수직적 관계 극복하기'로 구분하였다. '문제 인식하기'에서는 연구참여자가 공통의 문제를 인식하며 목표를 명확히 하는 과정이다. 또 '수직적 관계 극복하기'에서는 연구참여자 간 친밀한 관계 형성의 과정으로 본 연구의 연구참여자 간 협력관계 형성을 위해 필요하다고 판단되어 수정 및 보완하였다.

Sagor(2010)의 실행모형 2단계에서는 '이론 명료화하기' 단계이다. 이 단계의 하위내용으로는 '실행이론 준비'가 제시되었으나, 본 연구에서는 2단계를 '실행 방향 및 목표설정하기'로 수정하고 이론을 명료화하는 문헌고찰을 하위내용으로 포함하여 세분화하였다. 2단계의 하위내용은 실태파악, 문헌검토, 개선 방향 설정으로 단계를 구분하였으며, 이러한 단계를 포함하여 실행 방향 및 목표를 설정하였다.

Sagor(2010)의 실행모형 3단계는 '실행 및 자료수집' 단계이며, 이 단계의 하위내용은 '연구문제 결정하기'와 '자료수집하기', '실행하기'이다. 또한, 4단계는 '반성과 재계획하기' 단계로 하위내용은 '자료분석하기'와 '실제 이론 재고안하기', '후속 실행 계획하기'로 나누어 제시하고 있다. 본 연구에서는 Sagor(2010)의 3단계 '실행 및 자료수집', 4단계 '반성과 재계획하기'를 '실행 및 평가'의 한 단계로 통합하였다.

이처럼 실행과 평가가 함께 이루어지도록 통합한 이유는 다수의 개선과제가 설정되고 실행이 이루어지므로 실행과 평가가 이루어지는 시기가 다소 상이할 수 있기 때문에 통합하여 사용하였다.

09
CHAPTER

인터뷰(Interview)

1. 인터뷰 개념과 특징
2. 인터뷰 종류
3. 인터뷰 방법

1. 인터뷰 개념과 특징

인터뷰(interview)는 대화 기반 대면 소통의 형태이되 특정한 목적성을 지닌다. 인터뷰는 인터뷰를 계획하는 주체가 특정한 목적성을 띠고 인터뷰 대상이 되는 개인이나 집단을 만나 질문하고 대답을 통해 정보를 수집하여 결과를 얻음으로써 성취하게 되는 다양한 행위 전부를 포함한다. 인터뷰들이 일상 대화와 결정적인 차이는 공개적이고 공식적인 특성을 보이며 사전 계획과 주제를 갖고 전략적으로 이루어지는 잘 짜인 의사소통 행위라는 점이다. 이때 인터뷰를 시행하는 주체는 인터뷰어(interviewer)이며 인터뷰의 대상은 인터뷰이(interviewee)라 칭한다.

Silverman(1976)은 인터뷰는 기록으로 남겨지고 인터뷰어와 인터뷰이 간 사이에 주고받는 대화에는 어느 정도의 불균형이 있으며, 질문은 거의 일방적으로 행해지고 다른 사람에 의해서 질문의 대답이 이루어지고 인터뷰이의 대답에 따라 대화의 시작과 끝, 주제의 마침, 새로운 주제의 소개가 통제되는 것이 특징이라고 하였다. Churchill(1978)은 인터뷰를 타당하고 믿을 수 있는 정보를 수집하는 데 목적이 있는 수단이라고 하고, Simons(1981)은 인터뷰를 정보 이상의 것을 전달하는 과정이라 하였다.

이렇듯 인터뷰로 수집되는 정보는 글이나 음성 녹음, 영상을 통해 기록되고 그 수집된 내용은 인터뷰 기획자의 의도에 의해서 재구성될 수 있다. 그러나 어떤 형태의 인터뷰든 질적연구에서 인터뷰는 연구참여자들이 살아온 시대, 경험의 의미를 참여자들의 관점에서 밝히는 데 있으며 인터뷰의 정의는 그 사용 목적에 따라 의미 차이를 지니고 있다.

2. 인터뷰 종류

인터뷰의 종류에는 방법론적인 측면에서 대면 인터뷰(단독 · 집단 인터뷰), 서면 인터뷰, 전화 · 팩스 인터뷰 등이 있고 인터뷰의 목적에 따라 말하기 능력을 평가하는 인터뷰, 직업 인터뷰, 도서관 참고 데스크 인터뷰, 사회언어학 인터뷰 등으로 나눌 수 있다(박미라, 2003). 이 절에서는 방법론적 측면에서 각 형태에 따른 인터뷰 반구조적 인터뷰, 개방형 인터뷰, 포커스 그룹 인터뷰 등을 기술하고자 한다.

1) 반구조적 인터뷰

구조화된 인터뷰에서는 연구자가 주제에 맞게 미리 준비한 질문을 그대로 한다. 이는 다수의 연구참여자를 대상으로 할 때 동일 질문을 사용함으로써 일관성을 유지할 수 있다는 장점이 있다. 그러나 연구참여자의 추가적인 정보제공이 힘들기 때문에 풍부한 자료를 얻지 못할 수도 있다.

반구조적 인터뷰는 연구자가 연구 목적에 계획한 의도대로 질문을 준비하되 인터뷰 방향에 대한 가이드로만 사용하고 연구참여자가 자유롭게 말하도록 하여 연구 목적에 부합하는 자료를 최대한 끌어내는 도구로 사용한다. 즉, 반구조적 인터뷰는 인터뷰 내용의 통일성을 유지하며 연구자가 연구참여자의 응답에 대한 후속 질문을 함으로써 연구참여자가 좀 더 내용을 상술하도록 할 수 있다.

2) 개방형 인터뷰

연구자가 연구참여자에 대한 광범위한 답변을 듣고 싶을 때 혹은 연구참여자의 동기를 좀 더 깊이 있게 파헤치고 싶을 때 개방형 질문을 많이 한다. Riessman(2003)은 되도록 개방형 질문을 통해 화자의 이야기를 끌어내도록 해야 한다고 주장한다. 그는 화자가 이야기하는 데 어려움이 있을 때 보조적으로 사용할 수 있는 주제 관련 질문을 준비하는 것이 적절하다고 하였다. 그러나 연구참여자가 응답을 쉽게 할 수 있도록 대화를 지속적으로 이어가야 함을 강조한다.

개방형 인터뷰에서 연구자는 청자로 참여하고 좀 더 구체적이고 명확하게 설명을 요구할 때만 되도록 질문해야 하는데, Richards(2011)도 연구자가 연구참여자의 이야기에 최소한으로 반응하여 연구자의 주관적 입장이 전달되지 않도록 주의를 기울여야 한다고 한다.

김신혜(2020)는 개방형 인터뷰는 내러티브 탐구에 자주 사용되는 방법으로 연구참여자에게 최대한의 자유를 보장하고 중요하게 생각되는 주제를 더 깊이 탐구하도록 하는 데 유용하다고 하면서 개방형 인터뷰가 연구자가 연구 목적을 이야기하고 연구참여자가 연구와 관련된 이야기를 최대한 자유롭게 하기 때문에 주제에 관련된 풍부한 내용을 수집할 수 있다고 한다.

3) 포커스 그룹 인터뷰

포커스 그룹 인터뷰는 Morgan과 Krueger(1998)가 제안한 질적 분석방법으로 관련 주제에 대해 잘 알고 있고 비슷한 배경을 지닌 사람들 간의 상호작용을 통하여 만들어진 자료를 수집하여 결론을 이끌어내는 방식이다. 포커스 그룹 인터뷰는 사회자가 주제를 소개하고 자유롭게 참여자들이 의견을 말하는 것이 일반적이지만, Morgan(1998)은 구체적으로 포커스 그룹 인터뷰는 연구자가 특정 연구 주제에 대하여 그 집단의 사람들이 어떻게 생각하고 느끼는지를 자세하게 알아보기 위하여 소집단을 구성하여 인터뷰하는 연구방법이라고 한다. 이때 연구자의 관심 주제에 대한 지식을 얻을 수 있도록 허용적인 환경을 설계하는 계획된 토의라는 특성을 가진다(김진아, 2017). 즉, 포커스 그룹 인터뷰는 연구 목적을 분명하게 세우고 연구자가 연구 목적에 적합한 연구대상자를 선정한 후 토론을 통하여 결론을 찾아가는 방법으로 연구참여자들이 주제에 초점을 맞추어 각자 경험을 나누고 피드백을 교환하며 토론을 진행하기도 한다.

Rajadurai(2010)는 포커스 그룹에서 일어나는 상호작용과 이어지는 담화가 커뮤니티 내러티브(community narrative)를 형성한다고 하였다. 포커스 그룹 인터뷰는 참여자 모두 자유롭고 적극적인 상호작용을 하여 자료가 도출할 때 더욱 유용하다.

3. 인터뷰 방법

대면 인터뷰란 인터뷰어(interviewer)와 인터뷰의 대상인 인터뷰이(interviewee)가 직접 만나 인터뷰를 하는 것으로 인터뷰의 전형적인 모델이 되어왔다. 대면 인터뷰는 다른 인터뷰 방법보다 더 풍부한 화제에 대해 자세히 이야기를 나눌 수 있고, 참여자의 표정, 몸짓 등 행동으로 나타내는 감정을 확인할 수 있으므로 의사소통 상호작용에 도움을 준다. 대면 인터뷰는 1:1로 만나는 단독 인터뷰와 한 특정 조직 혹은 그룹을 대상으로 인터뷰를 실행하는 집단 인터뷰로 나눌 수 있다.

단독 인터뷰는 시간의 제약을 받지 않고 둘만의 공간에서 조용히 대화를 나눌 수 있고 인터뷰 중에 혹시 참여자가 말실수하더라도 쉽게 수정 가능하고 심리적 부담감도 줄일 수 있다는 장점이 있다.

집단 인터뷰는 그룹을 대상으로 인터뷰하기 때문에 정보획득이 공식적이고 또 공개적이므로 정보의 신빙성이 단독 인터뷰보다는 높다는 특징이 있다. 반면에 집단이 덜 통제되기 때문에 시간을 소비하거나 구성원 간의 대화와 반응을 통한 자료이므로 분석이 어렵다. 즉, 정보 접근에 한계가 있다는 단점이 있다. 그룹의 인원은 보통 4~12명으로 구성하는데 서로의 의견을 충분히 수렴할 수 있도록 구성하는 것이 좋다.

서면 인터뷰란 상대방을 만나지 않고 필요한 질문을 상대에게 팩스나 우편으로 전달하여 대답을 얻어내는 방식을 말한다. 이러한 인터뷰는 서면으로 질문하기 때문에 참여자가 부담이 적으며 체계적이고 다양한 질문을 할 수 있다는 장점이 있다. 반면 보충 질문을 하기 힘들고, 참여자의 협조 없이는 이루어질 수 없다는 단점이 있다.

마지막으로 전화·팩스 인터뷰가 있는데 말 그대로 전화를 이용하여 인터뷰하는 것으로 신속하며, 일정한 절차나 공간이 필요하지 않다. 그러나 전화 인터뷰는 참여자가 상황을 모면하기 위하여 질문을 충분히 숙지하지 않고 반사적으로 답변할 위험성이 높다. 김창룡(1994)은 이러한 단점을 보완하여 보다 깊이 있는 인터뷰를 할 수 있게 하는 것이 팩스 인터뷰라고 하였다. 즉, 서면 인터뷰처럼 팩스로 내용을 알 수 있어 보다 충실한 답변을 기대할 수 있다.

10
CHAPTER

관찰(Observation)

1. 관찰의 이해
2. 관찰의 유형
3. 관찰과정
4. 관찰분석 및 정보요약

1. 관찰의 이해

1) 관찰의 의미

Hatch(2002)는 "관찰의 목적은 연구하려는 문화 장소, 또는 사회적 현상을 참여자의 관점에서 이해하는 것"이라고 하였다. 관찰(observing)에는 장소를 정하고, 정보기록을 위한 프로토콜을 개발하고, 사건에 초점을 맞춰나가고, 중심현상을 파악하는 데 도움이 되는 행위들을 찾아보고, 관찰자로서 적절한 역할을 결정하고, 관찰 프로토콜에 "묘사적"이고 "성찰적"으로 현장노트(field noces)를 기록하고, 관찰을 위해 시간을 내주고 연구자가 현장에 머물도록 허가해 사람들에게 존중과 감사를 표하며 천천히 현장에서 철수하는 것이 포함된다.

2) 관찰자의 태도와 역할

관찰할 때는 관찰자의 편견이나 주관적인 자신의 의지를 최대한 배제하도록 해야 한다. 그러기 위해서는 관찰자의 태도가 중요한데 관찰할 때 객관적인 시각으로 있는 그대로를 받아들여야 하며, 그러한 관찰을 한 후에 그것을 통해 어떠한 것을 추론하여 설명할 수 있어야 한다. 관찰내용에 대한 논리적인 고려가 필요하며, 단순히 보는 것에 그쳐서는 안 될 것이다.

연구목적에 따라 다르겠지만, 관찰에 들어가기 전에 가설이 설정되었다면, 관련된 개념에 대해 개념화와 조작화를 잘하고 관찰에 들어가야 한다. 그렇지 않으면 관찰자가 필요한 정보를 보고도 놓칠 수 있다. 관찰할 때는 관찰자가 다양한 역할을 할 수 있는데, 그 구분은 참여와 관찰의 정도에 따라서 나뉜다.

① **완전참여자**: 관찰자가 완전히 관찰대상 집단의 구성원으로 활동하며 관찰한다. 구성원에게 관찰자라는 사실이 감추어진다. 예를 들어, 공

장근로자의 삶을 이해하기 위해 일정 기간 취업하여 근로자로서 함께 생활하면서 르포기사를 쓰는 기자의 경우가 이에 해당한다.

② **관찰자로서 참여자**: 관찰보다는 참여에 비중을 두면서 관찰한다. 예를 들어, 노인복지관에서 봉사활동을 계속해나가면서 노인과 밀접한 관계를 맺으며 관찰하는 경우가 이에 해당한다.

③ **참여자로서 관찰자**: 참여보다는 관찰에 비중을 두면서 관찰한다. 이때는 관찰자라는 것이 처음부터 알려지고 사람들로부터 어느 정도 공식적인 지원을 받을 수도 있다. 예를 들어, 방송사의 르포방송처럼 작가나 기자가 취재를 위해 협조를 구하고 관찰하는 경우가 이에 해당한다.

④ **완전관리자**: 참여하지 않고 오직 관찰만 한다. 완전히 숨어서 활동한다. 예를 들어, 상담실의 경우 한쪽 벽을 일방경(one-way mirror)으로 구성하거나 CCTV를 설치하여 관찰할 수 있도록 하는데, 이때 관찰자는 완전관찰자가 된다.

3) 관찰의 장점 및 단점

(1) 관찰의 장점

질적연구를 위한 많은 자료수집의 방법들과 비교할 때 관찰이 갖는 장단점은 다음과 같다(Atkinson & Hummersley, 1994).

첫째, 관찰은 연구의 대상, 장면, 현장상황에 대하여 연구자에게 직접적인 경험을 제공해 준다(손윤수, 2021). 연구자는 관찰의 대상에 대한 기록을 사실적이고 정확하게 기술해야 한다(이승원, 2014).

둘째, 관찰을 통해 연구자는 기존의 선입관으로부터 자유로워질 수 있다(손윤수, 2021). 연구자가 사전에 형성된 편협된 시각으로 연구대상을 바라보는 것을 예방해 줄 수 있다.

셋째, 관찰은 관찰의 대상이 되는 현상에 대해 참여자들이 가지는 일상성을 탈피한 자료의 수집에 도움이 된다(손윤수, 2021). 관찰활동을 통해 연구자가 얻을 수 있는 대안적인 관점들은 일상적인 현상과 경험들을 새로운 시각으로 접근하는 데 도움이 되며, 대안적인 관점에서 현상을 이해하는 데 도움이 될 수 있는 자료를 수집할 수 있도록 해 준다.

넷째, 관찰을 통해 연구자는 면담에서 얻을 수 없는 정보를 수집할 수 있다(이승원, 2014). 면담을 통해 수집하기 어려운 정보들을 관찰을 통해 수집할 수 있다.

다섯째, 관찰은 다른 누군가에 의해 선택된 인식을 토대로 구축된 현상에 대한 이해를 넘어설 수 있게 해 준다(손윤수, 2021). 훈련된 연구자는 관찰을 통해 면담자의 선택적인 인식에 근거한 진술을 보완해 주거나 상이한 점을 드러내 주는 정보를 수집할 수 있으며, 이러한 관점들은 현상에 대한 종합적인 이해를 가능하게 해 준다(김규리 외, 2014).

여섯째, 관찰이라는 직접적인 연구수행을 통해 연구자는 연구의 대상이 되는 장소, 상황, 인물들에 대한 개인적인 이해와 지식을 축적할 수 있다. 질적연구에서 연구자의 성찰과 반성이 매우 중요한 요소이며, 대상에 대한 연구자의 개인적인 인상과 감정들은 현상을 이해하는 데 필요한 종합적인 자료의 일부분을 구성한다.

(2) 관찰의 단점

관찰의 단점은 다음과 같다(권구영 외, 2007).

첫째, 개인이 사적인 생활과 같이 관찰이 불가능한 경우가 있다.

둘째, 관찰하고 있다는 사실을 조사대상이 알았을 경우 의식된 행동을 보일 수 있다. 예를 들어, 부부간의 의사소통에 관한 연구를 위해 연구자가 조사대상 부부의 생활을 관찰하도록 하는 경우에 평소처럼 행동하라고 주문하더라도 연구자를 의식하는 행동이 나올 수 있다.

셋째, 행동의 변화를 관찰할 수 있으나, 행동의 변화를 가져온 심리적인 원인까지 파악하기는 어렵다. 예를 들어, 부부간의 의사소통에 관한 연구에서 분명 전날과 똑같은 언어를 사용하더라도 무엇인가 뼈가 들어 있다고 하자, 연구자를 만나기 전에 금전적인 갈등이나 시부모의 전화 등의 영향을 받을 수 있다.

넷째, 자연적인 상황이므로 관찰변인에 영향을 미치는 외부요인을 통제하기 어렵다.

다섯째, 동시에 여러 가지 사례를 관찰할 수 있다. 즉, 시·공간적인 제약이 있다. 따라서 규모가 큰 집단에 대한 기술이 어렵다.

2. 관찰의 유형

1) 참여관찰

관찰법(observational method)은 연구대상을 통제하지 않고 일정한 시간에 걸쳐서 연구대상의 형태를 지켜보고 들으며 관찰결과를 기록하는 방법이다. 일반적으로 관찰(observation)이란 인간의 감각기관을 매개로 하여 사물이나 현상을 인식하는 가장 기본적인 방법을 말하므로 사회복지를 비롯한 사람을 대상으로 하는 모든 연구는 어떠한 형태로든 관찰을 포함한다.

관찰법은 자료수집 방법일 뿐만 아니라 조사결과의 해석에 부가적 자료수집을 위한 방법으로도 사용되며, 면접이나 설문지를 통해 얻기 어려운 자료를 얻는다거나 다른 조사에서 얻은 자료를 보완하는 태도로 사용된다. 조사방법으로서의 관찰은 일상적 관찰과 구별된다. 조사방법에서의 관찰은 계획된 조사목적에 공헌해야 하고, 체계적으로 계획되어야 하며, 관찰결과를 체계적으로 기록할 수 있어야 한다. 또한, 타당성과 신뢰성에 대한 검증과 통제가 가능해야 한다.

2) 비참여관찰

비참여관찰은 연구자가 관찰대상집단의 외부에서 관찰대상의 형태를 관찰하지만 관찰대상집단의 구성원과 어떤 상호작용도 하지 않고 제3자의 입장에서 거리를 유지하는 방법이다. 따라서 연구자가 관찰대상집단에 자신의 신분과 조사목적을 알리고 허락을 받은 후에 실시하는 방식과 전혀 알지 못한 상태에서 실시하는 방식이 있다.

비참여관찰은 객관적인 사실을 얻기에는 유용하지만 피관찰자가 관찰당한다는 사실을 알게 되면 자연스럽지 못한 행동을 유발할 수 있다는 단점이 있다.

3) 준참여관찰

준참여관찰(quasi-participant observation)은 참여관찰과 비참여관찰의 중간 형태로 관찰자가 참여자임을 밝히고 관찰대상과 자연스럽게 어울리며 객관성을 유지하는 방법이다. 비참여관찰과 같이 객관적인 사실을 얻기에는 유용하나 호손효과(Howthorne Effect, 지켜보는 사람의 유무에 따라 행동에 차이가 나타나는 현상)와 같은 문제점이 발생할 수 있다.

4) 구조화 관찰

구조화 관찰(structured observation)은 관찰내용과 방법·시기·시간을 사전에 결정해 놓고 관찰하는 방법으로, 즉 무엇을 관찰하고 기록할 것인가를 사전에 구체적으로 결정한 다음에 체크리스트와 같은 도구를 사용하여 관찰결과를 기록하고 자료를 계량적으로 분석하는 것이다. 따라서 관찰내용을 구체적으로 정하고 관찰도구를 표준화시킨다는 점에서 체계적 관찰 혹은 조직적 관찰이라고 한다.

5) 비구조적 관찰

비구조적 관찰(unstructured observation)은 비체계적 관찰, 비통제적 관찰, 비조직적 관찰 또는 단순관찰이라고 한다. 구조적 관찰과는 반대로 관찰할 내용이 표준화되어 있지 않고 관찰자가 미리 정해진 기준에 의거하여 관찰하지 않는 방법이다. 이러한 관찰은 주로 탐색적 목적의 조사에서 사용된다. 비구조적 관찰에서는 특히 관찰의 목적과 배경, 관찰자와 피관찰자의 관계, 피관찰자의 특성 등이 중요하다. 비구조적 관찰을 할 때 관찰자는 자신의 편견이나 선택적 질문 등에 대한 이해를 통해 객관적 태도를 유지해야 한다.

6) 장기관찰

질적연구방법을 취하는 현장연구에 있어서 대부분의 연구 기간은 6개월에서부터 평생을 연구현장에서 보내는 경우와 같이 다양한 기간을 가지고 있다. 예를 들면, 베네수엘라와 브라질의 접경지대에 사는 야노마미족(Yanomami 族, 베네수엘라와 브라질 접경 지역에 거주하고 있는 부족으로 다큐멘터리 '아마존의 눈물'을 통해 소개된 바 있다)에 대한 Napoleon Chagnon의 연구는 연구수행 기간이 25년에 달했다. 이처럼 특정한 집단이 지닌 문화적인 현상에 대해서 총체적인 이해를 구성하는 데는 많은 시간이 요구된다. 이러한 현장연구는 복잡하게 얽혀 있는 사회적 삶의 모습들에 대한 실제적이고 연구자의 인식에 의해 구성된 패턴들에 대한 이해를 목적으로 하기 때문이다.

7) 단기관찰

관찰연구의 목적이 특정한 프로그램에 대한 평가나 문제의 해결과 같은 경우에는 연구의 기간이 상대적으로 짧을 수 있을 것이다. 왜냐하면 이러한 연구들은 차후 관련된 수행의 개선을 위해 도움이 될 수 있는 정보들을 시기적절하게 산출해 내는 것이 연구의 중요한 목적이 있기 때문이다. 극단적인 경우라면 연구의 기간이 한두 시간에 불과할 수도 있을 것이다. 따라서 관찰연구의 기간이 어느 정도가 적절한가라는 질문보다는 연구자가 가지고 있는 연구의 목적과 수집되어야 하는 자료의 수준에 따라서 연구의 기간을 설정하는 것이 바람직할 것이다.

8) 공개적 관찰

관찰대상에게 관찰을 하고 있다는 것을 알려주는가의 여부에 따른 분류이다. 예를 들어, 틱 장애가 있는 초등학생을 관찰한다고 하자. 틱이란 갑작스럽고 빠르게, 반복적이며 비율동적 운동이나 음성이 나타나는 것을 말한다. 틱 장애가 주로 학교에서 발생하기 때문에 관찰자가 해동 학생에게 자신을 소개하고 학생의 학교생활을 관찰하는 경우에 이때의 관찰을 공개적인 관찰이라 한다.

9) 비공개적 관찰

공개적 관찰일 경우에 수치심 유발과 같은 윤리적인 문제가 있을 수 있기 때문에 일방경이나 몰래카메라를 사용하여 관찰할 수도 있을 것이다. 이를 비공개적인 관찰이라고 한다.

10) 자연적 관찰

관찰하고자 하는 사건의 발생이 자연적인가 또는 연구자가 실험을 위해 인위적으로 만들었는가의 여부에 따른 분류이다. 예를 들어, 가족치료를 할 때 가족의 대화유형을 파악하기 위해서 상담실 안에서 자유롭게 이루어지는 대화 내용을 일방경을 통해 관찰한다면 이는 자연적인 관찰이다.

11) 인위적 관찰

계획된 상황을 제기하면서 가족원이 어떠한 반응을 하는가 관찰할 수도 있다. 이를 인위적인 관찰이라고 한다.

3. 관찰과정

1) 관찰과정

관찰(observational)은 '모방(modeling)', '대리(vacarious)'와 함께 사회이론의 한 유형이다. '모방'은 인지적 요인의 개입 없이 자동적으로 다른 사람의 행동을 그대로 따라 하는 방법이고, '대리'는 다른 사람이 새로운 행동을 시도할 때 어떤 결과가 나타나는지를 관찰함으로써 자신에게 초래될 결과를 예상하는 것이라면 관찰은 다른 사람의 행동을 관찰해 두었다가 유사한 행동을 나타내는 과정을 의미한다. 관찰에는 [그림 10－1]과 같이 네 가지 인지과정이 개입된다고 본다(Bandura et al., 1977).

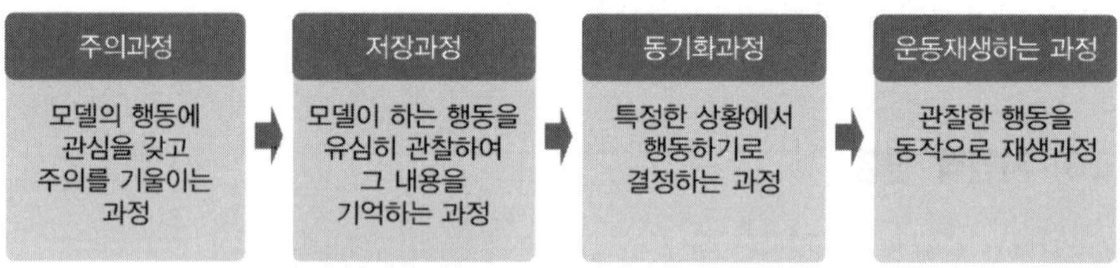

그림 10-1 관찰의 네 가지 인지과정

출처: 김은하 외(2017). 영화치료의 기초: 이해와 활용. 서울: 박영스토리. 재구성.

2) 관찰의 기록

관찰을 통해 이루어지는 질적자료의 수집과정은 일반적으로 연구목적에 부합하는 첫째, 관찰 장소를 선정하기, 둘째, 연구자의 관찰활동에 대한 동의를 획득하기, 셋째, 연구자와 관찰대상과의 관계 설정하기, 넷째, 관찰일지와 같은 자료를 수집하기로 이루어진다.

(1) 관찰 장소 선정

연구목적에 따라 관찰 가능한 장소가 매우 많을 수도 있고, 혹은 굉장히 한정될 수도 있다. 또한, 한 장소에서 관찰이 이루어질 수도 있고, 여러 곳에서 관찰을 수행해야 하는 경우도 있을 수 있다. 어느 경우건 간에 연구자는 연구목적을 기반으로 최적의 정보를 수집할 수 있으리라 판단되는 관찰 장소의 목록을 작성하고, 각각의 관찰 장소에 대한 일반적인 정보를 정리할 필요가 있다. 이러한 정보를 기준으로 해당하는 관찰 장소가 연구활동에 대한 협조를 구할 수 있는지, 연구자가 방문하기에 적당한 거리에 위치하고 있는지를 판단하여 필요한 협조를 구해야 한다.

(2) 관찰에 대한 동의 구하기

관찰 장소 또는 대상 인물의 상황에 따라서 연구를 위한 관찰활동에 대한 동의를 구하는 절차가 필요하다. 학교나 회사와 같은 공식적인 기관이나 조직의 경우에는 연구자에 대한 소개와 연구의 목적, 예상되는 관찰의 기간, 협조가 필요한 사항 등을 정리하여 담당자로부터 동의를 구하는 공식적인 절차를 거치는 것이 좋다. 관찰 장소에 대한 연구자의 접근을 하락하는 일반적인 동의를 담당자로부터 얻었다 할지라도 연구참여자의 개별적인 동의 과정이 필요한 경우도 있을 수 있다. 예를 들어, 학교를 관찰의 장소로 선정한 경우 학교장과 교사로부터 전반적인 관찰활동에 대한 동의를 얻었다 할지라도 학생들 개개인으로부터 동의를 얻어야 하며, 때에 따라 학부모의 동의가 필요한 경우도 있다. 이러한 경우 연구자는 연구참여자에게 필요한 정보를 제공하고 동의를 얻어야 하며, 위와 같은 과정에서 관찰활동이 여의치 않은 경우에는 차선의 관찰 장소로부터 협조를 얻어야 할 것이다.

(3) 관찰대상과의 관계설정

앞서 서술한 바와 같이 관찰대상과 연구자의 관계 맺음, 현장에의 참여 정도에 따라서 시행하는 관찰의 종류가 나누어질 수 있다. 종종 연구 설계 단계에서 연구자가 선택한 관찰의 종류가 관찰 현장의 상황에 따라서 적용되지 못하는 경우가 있다. 예를 들어, 연구자는 교실현장에서 일어나는 일들에 대한 비참여적인 관찰을 선택하여 이를 위해 비디오로 수업내용을 녹화하는 것을 준비하였으나, 학교의 규정에 의해 비디오 녹화가 제한되는 경우라면 교실에서의 비참여적 관찰활동을 수행하는 대신 이에 대한 보완책을 마련해야 할 것이다. 학생들이 연구자라는 외부인사가 교실에 있기 때문에 비참여적 관찰을 통해 얻을 수 있는 자연스러운 환경에서의 자료수집에 한계가 있다고 판단될 경우 관찰의 기간을 연장하여 관찰이 진행되면서 연구자의 존재에 익숙해진 학생들이 평상시의 자연스러움을 보인다고 판단되는 시점부터 본격적인 연구자료를 수집하는 대안 등이 선택될 수 있을 것이다.

(4) 관찰일지 작성하기

관찰에 있어서 가장 중요하고도 일차적인 자료수집은 로그(logs)와 현장노트(field notes)를 통해서 이루어진다(Polit & Hungler, 1987). 로그가 현장에서 일어난 일련의 대화나 사건의 기록을 의미하는 것이라면, 현장노트는 로그보다 광범위하고, 분석적이며, 동시에 해석적인 성격을 갖는다. 이러한 현장노트를 보다 구체적으로 관찰노트(observational notes), 연구방법노트(method ndtes), 이론노트(theory notes), 또는 개인노트(personal notes) 등으로 나누기도 한다(Chatman, 1992; Polit & Hungler, 1987). 관찰노트는 연구가 현장에서 직접 목격한 것을 상세하게 기술하는 데 초점을 두고 있는 반면, 연구방법노트는 현장에서 연구자가 적용하였던 연구방법에 대한 기술 또는 그러한 관찰 경험을 바탕으로 차후 관찰에서 사용하는 것이 적절하다고 생각되는 방법들에 대한 전략들을 담고 있다(Chatman, 1992). 개인노트는 연구과정의 진행에 따라서 연구자가 개인적으로 느낀 감정이나 생각들을 담는다. 이론노트는 관찰에 대한 연구자의 의미를 찾는 해석적인 노력들이 주고 기술된다. 이외에 Spradley(1980)의 경우에는 관찰의 현장에서 작성된 노트를 압축노트(condensed notes)라 하고, 관찰이 끝난 이후에 연구자가 관찰

당시에 기록되지 못했던 추가적인 정보들을 첨부하여 기술한 것을 확장노트(expanded notes)로 구분하기도 하였다.

관찰일지가 어떠한 종류의 것이든 간에 연구자가 관찰일지의 작성에 있어서 항상 유념해야 하는 몇 가지 원칙들을 살펴보자(Spradley, 1980). 첫째는 관찰일지에 기록된 언어들이 어디서부터 온 것인지를 명확히 해야 한다(정종원, 이종원, 2011). 실제적으로 관찰일지에는 현장에서 연구자가 직접적으로 들은 대화내용뿐만 아니라, 관찰 현장에 대한 일반적인 묘사, 관찰대상 행동이나 현상에 대한 기술, 관찰 도중 떠오르는 연구자의 느낌이나 일차적인 해석 등 다양한 언어적 정보들이 뒤섞이기 쉽다. 소괄호, 중괄호, 대괄호, 큰따옴표, 작은따옴표 등의 여러 가지 문장부호를 적절하게 사용한다든지, 연구자 자신만이 알아볼 수 있는 기호체계를 스스로 개발하여 이를 적용하건, 필기도구의 색깔을 달리하는 등의 여러 방법을 동원하여 관찰일지에 포함된 여러 기호들이 연구자 자신의 것인지 관찰대상으로부터 온 것인지를 정확하게 구별하여 기록하여야 한다. 둘째는 관찰일지의 기록은 일반적인 진술, 압축된 진술, 생략된 진술이 아니라 가능한 한 상세하고, 구체적이며 세밀한 정보들을 담아야 한다는 것이다. 이러한 점에서 관찰 현장의 상황이나 행동을 기술하는 데 있어서는 단어의 선택이 매우 중요하다. 추가적인 해석을 요구하는 진술보다는 설명적인 진술이 적합하다. 예를 들어, 관찰 현장을 묘사함에 있어서 "교실은 산뜻한 분위기로 꾸며져 있다."와 같은 진술보다는 "교실의 뒷면 양쪽 게시판에는 학생들의 미술 작품이 두 줄로 게시되어 있었고, 중앙에는 녹색 바탕의 게시판에 추천 도서 목록, 신문기사와 스크랩과 같은 학습 자료들이 게시되어 있다."와 같은 진술이 보다 현장상황에 대한 직접적이고 세부적인 정보를 제공할 수 있다. 현장을 관찰하면서 이러한 기록들을 일지에 적어나가는 것이 쉬운 일은 아닐 것이다. 이러한 부분들이 연구행위로서의 관찰이 일상생활에서의 관찰활동과 차이가 나는 부분이며 이를 위한 훈련이 필요하다고 할 수 있다.

관찰일지의 형식과 관련하여 일률적으로 적용할 수 있는 형태가 있는 것은 아니다. 관찰에 대한 연구자의 의도나 연구의 주제에 따라서 사용하는 관찰일지의 형태도 다양하게 나타날 수 있다. 단순히 기록이 가능한 노트와 필기도구를 가지고 관찰현장에서 벌어지는 다양한 사건들과 인물들의 행동들을 자유롭게 기술할 수도 있고, 관찰의 초점이 되는 현상과 행동들을 사전에 추출하여 체크리스트 형태로 구성하여 실제 현장에서 이러한 행동들이 언제, 얼마나 자주 일어나는지를 중점적으로 기록할 수도 있을 것이다. 그러나 연구자료로서의 정확성을 위해서는 일반적으로 다음과 같은 사항들을 포함하여 관찰일지를 구성하는 것이 좋다.

첫째, 관찰 현장에 대한 기술: 관찰이 일어나는 장소에 대한 일반적인 정보들(관찰대상자들의 수와 위치, 인물에 대한 묘사, 책상과 의자와 같은 기구들의 배치 형태, 관찰자와 관찰대상자 간의 거리 등)에 대한 기술 및 간단한 스케치로 이러한 정보들을 담아야 한다.

둘째, 관찰 현장에서 일어나는 행동과 사건들은 기록만을 가지고도 관찰일지를 읽는 독자가 머릿속으로 현장에서 일어난 행동과 사건들을 떠올릴 수 있을 정도의 정보를 담아야 한다.

셋째, 관찰된 행동과 사건에 대한 의미성은 관찰된 행동이 관찰자의 입장에서 어떠한 의미로 해석될 수 있는지에 대한 일차적인 정보들을 포함한다.

넷째, 관찰대상자들의 대화는 관찰대상자들 간의 대화내용에 대한 직접적인 기록을 포함한다.

다섯째, 연구자의 의견은 관찰된 행동이나 현상에 대해 현장에서 연구자가 느낀 점, 새로운 아이디어, 또는 차후 관찰활동에 도움이 될 만한 정보를 기록한다.

여섯째, 지속적인 업데이트 기록은 일차적으로 기록된 관찰일지의 내용 가운데 추후 연구과정을 통해 오류가 있었다고 판단되는 정보들(예를 들어 관찰자들 간의 대화내용을 현장에서 들리는 대로 기록하였으나, 후에 비디오로 녹화된 보조 자료를 검토한 결과 대화내용에 오류가 있다고 확인된 경우 이에 대한 정정 기록을 관찰일지에 남기는 것)을 포함하여 관찰일지를 지속적으로 수정, 보완한 내용이 지속적으로 유지되어야 한다.

이와 같은 요소들을 포함하여 다음과 같은 형태의 관찰일지를 구성할 수 있을 것이다.

표 10-1 관찰일지 양식 예시

<table>
<tr><td colspan="6">관찰일지(연구제목)</td></tr>
<tr><td>관 찰 자</td><td></td><td>장소</td><td></td><td>일시</td><td></td></tr>
<tr><td>관찰주제</td><td colspan="5"></td></tr>
<tr><td colspan="6">관찰현장 일반정보(관찰대상 인원의 수, 관찰환경에 대한 묘사 등)</td></tr>
<tr><td colspan="6"></td></tr>
<tr><td colspan="2">관찰 시간</td><td colspan="2" rowspan="2">관찰내용</td><td colspan="2" rowspan="2">관찰자 노트</td></tr>
<tr><td>시작</td><td>종료</td></tr>
<tr><td></td><td></td><td></td><td></td><td></td><td></td></tr>
<tr><td></td><td></td><td></td><td></td><td></td><td></td></tr>
<tr><td></td><td></td><td></td><td></td><td></td><td></td></tr>
<tr><td></td><td></td><td></td><td></td><td></td><td></td></tr>
<tr><td></td><td></td><td></td><td></td><td></td><td></td></tr>
<tr><td></td><td></td><td></td><td></td><td></td><td></td></tr>
<tr><td></td><td></td><td></td><td></td><td></td><td></td></tr>
</table>

출처: 이종원(2011).

4. 관찰분석 및 정보요약

1) 관찰분석 및 정보요약

관찰을 수행하는 관련 정보 및 자료를 수집하면, 그다음 단계로 그 정보들을 분석하여 정리 및 요약하는 작업이 필요하다. 관찰법을 사용할 때, 관찰자는 특정 기간에 발생하는 행동 모두를 기록할 수는 있지만, 주된 관심이 되는 학생들에 대한 다량의 정보를 기록할 수 있다. 특정 목적을 위한(의사결정을 하기 위한) 수집된 다량의 정보를 필요한 형태로 요약·정리하는 방법은 다양하다. 일반적으로 관찰에 의하여 기록된 자료들은 그래프 및 빈도, 시간, 평정점수의 평균 등의 기술통계치로 분석된다. 그런데 일화기록의 경우에는 기록된 자료를 정리된 진술문으로 요약하여 관찰자의 전문적 판단에 의해 연구목적에 필요한 조언을 하는 형식으로 이루어진다. 물론 일화기록 내용을 별도로 준비된 일정 유목에 할당한 다음 빈도 및 평정치료 환산하여 분석하는 경우도 있을 수 있다.

2) 관찰 시 유의사항

관찰자는 관찰조사의 성패를 좌우하는 주요 요인이다. 관찰할 때는 관찰자의 주관이 개입될 여지가 많으므로 관찰자의 역할이 매우 중요하다. 특히, 구조적 관찰보다 비구조적 관찰인 경우에 관찰자의 능력, 기술, 자질이 더욱 중요하다. 관찰자는 숙련된 관찰기술을 가져야 하며 인내심, 지구력, 섬세함, 조심성, 자기통찰력 등의 자질을 갖추어야 한다. 여러 명의 관찰자를 사용하는 경우에는 적절한 관찰자의 선발과 훈련에 만전을 기함으로써 관찰자로 인하여 야기되는 문제가 최소화되도록 해야 한다.

관찰자는 객관성을 유지해야 한다. 관찰자는 실제 일어난 사건과 이에 대한 자신의 해석을 구분하여야 한다. 관찰자가 객관성을 잃게 되면 자료의 신뢰도와 타당도가 저해된다. 특히, 참여관찰을 하는 경우에는 관찰자는 자신을 피관찰자와 동일시함으로써 객관성을 잃게 되지 않도록 주의해야 한다. 피관찰자의 행동에 너무 익숙해짐으로써 통찰력이 감소될 수 있다는 점에 유의해야 한다. 관찰자는 자신이 관찰행위가 피관찰자의 태도나 행동에 영향을 주지 않도록 유의해야 한다. 피관찰자가 자신이 관찰되고 있다는 사실을 알게 되면 평소와 다른 행동을 하기 쉬우므로 관찰행위로 인한 영향이 최소화되도록 해야 한다.

자료의 객관성을 확보하고 신뢰도를 높이기 위해서는 2인 이상의 관찰자를 활용하여 관찰결과를 비교하거나 기록내용을 외부인에게 보여서 검토하는 것도 한 가지 방법이 될 수 있다. 2인 이상의 관찰자가 동원되는 경우에는 특정 개념이 관찰자에 따라서 달리 해석되고 인지될 수 있으므로 사용되는 개념에 대한 명확한 정의와 이에 대한 철저한 교육이 필요하다. 관찰자에 따라서 동일한 현상에 대해서도 평가하는 정도가 다를 수 있으므로 이에 대한 철저한 훈련이 요구된다.

조사를 시작할 때 피관찰자에게 잘못 접근하면 조사를 거부하는 결과를 초래할 수도 있다. 관찰자는 관찰대상에 접근하기 전에 자신이 신분을 노출할 것인지 말 것인지에 대해 결정해야 한다. 때로는 현지 관찰 시 조사자가 피관찰자로부터 관찰해도 된다는 허락을 받는 것이 쉽지 않다. 조사에 대한 허락을 얻어내기 위하여 조사자는 조사의 목적과 의의를 합리화시켜야 한다. 때로는 조사자를 조사대상자에 소개시켜 주고 그 집단의 문화에 익숙해지도록 도와주는 내부로부터의 정보제공자(informant)를 활용할 수도 있다. 처음에 허락을 받을 때는 상대적으로 작은 규모의 단기간에 걸친 조사를 할 것이라고 말하고서 현지에 들어간 후에 조사를 연장하는 방법도 있다. 조사자는 피조사자의 입장에서 조사를 허락함으로써 얻는 것보다 잃은 것이 많다는 점을 인식해야 한다.

현지참여관찰에서는 피관찰자와 라포를 형성하고 원만한 관계를 유지하는 것이 중요하다. 이는 어렵고도 시간이 걸리는 일이다. 관찰자는 처음에는 피관찰자의 언어나 관습 등을 잘 이해하지 못한다. 특히, 다른 문화권에 있는 대상을 조사할 때는 더욱 어려움이 있다. 관찰자는 피관찰자가 속해 있는 집단의 문화를 이해해야 하며, 피관찰자와 신뢰관계를 구축해야 한다.

관찰내용을 기록하는 것도 중요하다. 관찰에 들어 가기 전에 언제, 어떤 방법으로 기록할 것인지 결정해야 한다. 현장에서 관찰한 내용을 적은 것을 현지노트(field notes)라고 한다. 현지노트를 할 때 가장 기본적인 원칙은 관찰자의 존재가 알려진 경우에도 피관찰자의 눈에 띄게 기록해서는 안 된다는 것이다. 자료의 정확성을 위해서는 즉시 그 자리에서 기록하는 것이 좋으나 기록하는 속도가 관찰을 따르지 못하고 관찰자의 신분을 노출하지 않은 경우에는 피관찰자의 의심을 유발시키고 관찰할 내용에 대한 관찰자의 주의력이 분산되는 문제가 있다. 따라서 대부분의 현지 관찰자는 가능하면 관찰할 당시에는 간단히 기록하고 관찰이 종료된 후에 완전한 현지노트를 쓰는 것을 선호한다. 간단한 기록하는 핵심단어나 중요한 인용구, 기억을 촉진시키는 단어 등이 포함된다. 그러나 관찰이 종료된 후에 기록하는 것은 관찰자의 기록에 의존하므로 내용이 부정확할 수도 있고 주관적 해석이 개입될 여지가 더 많다. 그러므로 그 자리에서 즉시 기록하는 방법과 관찰이 끝난 후 기록하는 방법 중에 어느 것이 더 좋은지는 상황에 따라 달라질 수 있으므로 여건에 따라 적절한 기록 방법을 선택해야 한다.

현지노트에는 매일 무엇이, 언제, 누구에게 일어났고, 누가, 무엇을, 누구에게 말했으며, 물리적 환경에 어떤 변화가 발생했는지 등의 내용이 포함되어야 하고, 이 밖에도 관찰자의 개인적 생각과 느낌, 분석적 추론 등을 적어야 한다. 연구주제, 가장 중요한 관찰내용, 자료의 조직과 분류 등에 대한 조사자의 생각도 기록한다. 피관찰자를 묘사할 때는 추상적인 수식어를 사용하기보다는 구체적이어야 한다. 피관찰자가 한 말은 관찰자의 용어가 아니라 피관찰자가 사용한 용어 그대로 표현해야 한다. 참여관찰에서는 관찰자와 피관찰자가 간에 감정적 관계가 성립하는데, 이 경우 피관찰자의 감정은 물론 관찰자 자신의 감정도 기록해야 한다. 이것은 참여관찰에서는 관찰자 자신도 조사대상집단의 일원이기 때문만이 아니라 관찰자가 갖는 편견의 근원으로서 자신의 감정을 분석할 수 있게 해 주기 때문이다.

관찰할 때는 경우에 따라 녹음기나 사진기, 비디오카메라, 촬영기 등을 사용할 수도 있다. 녹음기, 비디오카메라, 촬영기 등은 특히 정확성이 요구되는 조사에 도움이 된다. 이 밖에 기록에 사용되는 보조기구로서 일기나 메모지, 지도 등이 활용된다. 이러한 보조기구의 사용은 관찰내용의 정확도와 신뢰도를 높이는 데 도움을 준다.

11
CHAPTER

문서(Documents)

1. 문서
2. 문서의 종류
3. 문서 수집
4. 문서 활용
5. 문서 활용 시 유의사항

1. 문서

문서는 직접적인 경험자에 의하여 쓰인 일차적 문서(primary document)나, 직접 경험하지 않은 사람에 의하여 쓰인 이차적 문서(secondary document) 모두 다 문서연구의 대상인 된다(박옥희, 2020). 문서란 일반적으로 사람의 의사나 사물의 형태, 관계 등을 문자, 기호, 숫자 등을 활용하여 종이 등 기록, 표기한 것을 말한다(행정안전부, 2021). 즉, 의사소통을 위하여 문자나 숫자, 기호를 사용하여 주로 종이 등에 기록하고 표시된 것을 의미한다. 최근에는 종이를 활용한 문서보다 디지털 문서를 사용하는 경향이 공적 조직과 사적 조직에서 모두 높게 나타나고 있다(김종두, 2017).

대부분의 문서는 연구가 아닌 다른 목적을 위하여 쓰인 것이다. 일기, 편지, 자서전 같은 개인적이고 일차적인 문서는 개인적인 목적을 위해 쓰인 것이다. 이와 달리 회의록, 각종 서류 같은 비개인적인 문서는 개인적인 문서보다 더 구조화된 특징이 있다. 신문, 잡지, 책과 같은 모든 인쇄물뿐만 아니라 영화, 연극, 만화, 방송 등도 문서연구의 자료가 된다(박옥희, 2020). 그리고 자료수집은 관찰, 면접, 참여로 이루어지며, 문서나 영상으로 기록된다(최옥채, 2008).

「행정업무의 효율적인 운영에 관한 규정」 제3조 제1호에는 "공문서란 행정기관에서 공무상 작성하거나 시행하는 문서(도면 · 사진 · 디스크 · 테이프 · 필름 · 슬라이드 · 전자문서 등의 특수매체기록을 포함)와 행정기관이 접수한 모든 문서를 말한다."라고 규정하고 있으며, 전자문서에 대해서는 영 제3조 제2호에 "컴퓨터 등 정보처리 능력을 가진 장치에 의하여 전자적인 형태로 작성되거나, 송신 · 수신 또는 저장된 문서"로 규정하고 있다(행정안전부, 2021).

문서의 기능으로는 의사기록 · 구체화, 의사의 전달, 의사의 보존, 자료제공, 업무의 연결 · 조정 등의 기능 갖는다. 문서의 기능은 다음과 같다(김동일, 2020; 행정안전부, 2021).

첫째, 문서는 의사기록 · 구체화하는 기능을 갖는다. 문서는 사람의 의사를 구체적으로 표현하는 기능을 갖는다. 사람이 가지고 있는 주관적인 의사는 문자·숫자·기호 등을 활용하여 종이나 다른 매체에 표시하여 문서화함으로써 그 내용이 구체화 된다. 이 기능은 문서의 기안에서부터 결재까지 문서가 성립되는 과정에서 나타나는 것이다.

둘째, 문서는 의사를 전달하는 기능을 갖는다. 문서는 자기의 의사를 타인에게 전달하는 기능을 갖는다. 문서에 의한 의사전달은 전화나 구두로 전달하는 것보다 좀 더 정확하고 변함없는 내용을 전달할 수 있다. 이것은 의사를 공간적으로 확산하는 기능으로서 문서의 발송·도달 등 유통과정에서 나타난다.

셋째, 문서는 의사 보존의 기능을 갖는다. 문서는 의사를 오랫동안 보존하는 기능을 갖는다. 문서로써 전달된 의사는 지속적으로 보존할 수 있고 역사자료로 가치를 갖기도 한다. 이는 의사표시를 시간적으로 확산시키는 역할을 한다.

넷째, 문서는 자료 제공의 기능을 갖는다. 보관·보존된 문서는 필요한 경우 언제든 참고자료 내지 증거자료로 제공되어 행정활동을 지원·촉진시킨다.

다섯째, 문서는 업무의 연결·조정을 갖는다. 문서의 기안·결재 및 협조 과정 등을 통해 조직 내외의 업무처리 및 정보순환이 이루어져 업무의 연결·조정 기능을 수행하게 된다.

한편, 공문서 시행의 경우 문서의 효력은 내부적으로 성립한 행정기관의 의사를 외부로 표시하는 것으로 문서의 효력을 발생하게 하는 절차를 말한다. 이는 문서를 시행하기 위해서는 일반적으로 시행문의 작성, 관인 날인 또는 서명, 문서 발송 등의 절차를 거친다. 문서를 시행하는 방법으로는 발송(발신), 홈페이지 게시, 관보 게재, 고시·공고, 교부 등이 있다.

결재받은 문서 중 발신할 문서는 시행문을 작성하여야 하는데 정부가 2004년부터 기안문과 시행문을 하나로 통합 사용하도록 하여 별도의 시행문 서식이 없다. 따라서 결재가 끝난 일반기안문 또는 전자기안문에 관인을 찍으면 시행문이 된다. 또한, 전자문서의 시행은 전자문서 시스템 또는 업무관리 시스템에서 전자 이미지 관인을 찍으면 시행문이 된다(권인탁 외, 2017).

2. 문서의 종류

문서의 종류는 작성자에 따른 분류와 작성목적에 따른 분류로 구분할 수 있다(양성관 외, 2014). 작성자에 따른 문헌자료는 작성자가 문헌의 내용과 관련하여 어떠한 위치에 있는지에 따라 1차적 문헌자료와 2차적 문헌자료로 나뉜다. 1차적 문헌자료는 일기와 자서전과 같이 경험자가 직접 작성한 자료를 말하며, 2차적 문헌자료는 전기와 같이 비경험자가 작성한 자료를 말한다. 보통 2차적 문헌자료가 1차적 문헌자료에 비해 경험적 근거는 약하지만, 1차적 문헌자료라 하더라도 작성자의 주관적인 목적이나 동기가 강하게 내포되어 있어 상당한 편견이 내포될 가능성이 많다. 또한, 작성목적에 따른 문헌자료는 개인적인 글(편지나 일기, 가계부, 유서 등), 조직의 기록(주민등록표나 회사 간 거래표, 상담일지 등), 인쇄된 대중매체(책이나 신문, 잡지 등)로 나뉜다. 활자화되어 일반인에게 공개된 문헌일수록 비교적 객관성이 높고, 반면에 개인적인 글일수록 주관성이 강한 단점이 있다. 그러나 개인적인 글에는 공개되지 않은 귀중한 자료들이 숨어 있는 경우가 있다(양성관 외, 2014).

문서에 대한 자료수집은 문헌을 비롯한 다양한 형태의 문건을 통해 이루어지기도 한다. 여기에는 글로 기록된 문서뿐만 아니라 그림이나 사진을 포함한 각종 영상물 따위를 포함한다(최옥채, 2008). 국가직무능력표준(NCS)에서 문서를 제안서, 보고서, 기획서, 메모, 공지사항 등이 문자로 구성(김동일, 2020)되어 있지만 질적연구에서 수집하고 활용한 문서로는 개인문서(personal documents), 공적 문서(public documents or official documents), 각종 인공물(artifacts), 그리고 온라인(On-line) 형태의 문서 등으로 나눌 수 있다(Merriam, 2009).

1) 개인문서

개인문서는 개인 활동, 경험, 그리고 가치관 및 신념 등이 묘사되어 있는 연구참여자 혹은 대상자 개인이 직접 작성한 문서로(Bogdan & Biklen, 2003).

'개인적인 경험과 관점'이 드러나 있는 형태의 문서를 의미한다. 이러한 형태는 일기, 편지, 육아일기, 개인 동영상물, 스크랩북, 사진(앨범), 캘린더, 자서전, 여행일지 등이 포함된다.

(1) 일기

연구대상자의 일상적이고 개인적인 내용이 담긴 일기는 매우 값진 문서로서 활용된다. 특히 대부분의 일기는 독자를 의식하지 않고 쓴 것이기 때문에 개인의 사고나 경험의 내용이 비교적 상세하고 솔직하게 쓰여 있다는 점이 특징이 있다. 연구자는 반드시 일기를 작성한 연구대상자로부터 사용 동의를 얻어야 하며, 때때로 특정 부분에 대하여 사용을 허락하지 않는 경우 등이 발생할 수 있으므로 각별히 주의해야 한다. 일기는 역사를 연구하는 질적연구자들에게 특히 유용하고 값진 소스(source)로 활용된다.

(2) 편지

편지는 주고받는 사람들 사이의 관계를 파악하는 데 있어서 용이한 정보원(Bogdan & Biklen, 2003)으로 개인 간의 의사소통 수단이라는 면에서 그 내용의 질과 형태가 구분되는 특징이 있다. 편지 유형에는 사적 편지, 공적 편지, 알림이나 홍보 목적의 편지, 불특정 다수에게 전해지는 편지 등이 있다.

(3) 자서전

특정 개인에 의해서 쓰인 자서전도 질적연구자료로서 매우 유용하다. 특히 자서전에 담긴 내용을 분석하는 과정을 통해서 그 개인의 삶과 역사, 그리고 지향하고자 하는 가치관, 이루고자 하는 바 등을 간접적으로 얻을 수 있다. 인터뷰 전후에 자서전을 함께 활용함으로써 분석의 폭과 깊이를 더 할 수 있다는 장점이 있다.

2) 공문

공문(공문서 또는 공적인 문서)은 주로 각 기관의 조직 등에서 업무와 관련하여 작성된 다양한 형태의 문서라고 할 수 있다(김수진, 2021). 이러한 공문에는 업무와 관련된 다양한 형태의 서류, 보고서, 프레젠테이션용 문서, 메모, 브로슈어, 회의록, 소식지, 제안서, 성과지표, 통계자료, 평가보고서, 학생 생활기록부, 성적표, 입학 및 졸업에 관한 각종 문서, 교칙, 학칙, 규정집, 정관, 각종 위원회 관련 문서 등이 포함되며, 데이터를 제공해 주는 질적자료이다. 개인문서는 문서를 작성한 개인의 주관적인 관점을 보여준다면, 공문은 개인의 주관적이고 사적인 관점보다는 기관이나 기관 구성원의 직무와 관련성이 깊다. 따라서 공문을 통해 그 기관이나 조직, 혹은 개인의 업무와 관련된 '공식적인 관점'을 살펴볼 수 있다(김수진, 2021).

한편, 일반적인 행정기관에서 다루는 공문서의 종류를 분류하면 성질에 따라 법규문서, 지시문서, 공고문서, 비치문서, 민원문서, 일반문서 등으로 구분한다. 문서의 종류는 다음과 같다(권인탁 외, 2017).

(1) 법규문서

주로 법규사항을 규정하는 문서로써 헌법·법률·대통령령·총리령·부령·조례 및 규칙 등을 말한다.

(2) 지시문서

행정기관이 그 하급기관 또는 소속 공무원에 대하여 일정한 사항을 지시하는 문서로서 훈령·지시·예규 및 일일명령 등을 말한다. 행정법에서는 지시문서를 행정규칙 또는 행정명령이라는 용어로 사용하고 있다.

훈령은 상급기관이 하급기관에 대하여 장기간에 걸쳐 그 권한의 행사를 일반적으로 지시하기 위하여 발하는 명령을 말하는 문서이고, 지시는 상급기관이 직원 또는 하급기관의 문의에 의하여 하급기관에 개별적·구체적으로 발하는 명령이다. 또한, 예규는 행정사무의 통일 기하기 위하여 반복적인 행정사무의 처리기준을 제시하는 문서로서 법규문서를 제외한 문서이며, 일일명령은 당직, 출장, 시간 외 근무, 휴가 등 일일업무에 관한 명령문서이다.

(3) 공고문서

행정기관이 일정한 사항을 일반에게 알리기 위한 문서로서 고시·공고 등을 말한다.

고시는 법령이 정하는 바에 따라 일정한 사항을 일반에게 알리는 문서로, 일단 고시된 사항은 개정이나 폐기가 없는 한 효력이 지속되며, 공고는 일정한 사항을 일반에게 알리는 문서로서 단기적이거나 일시적으로 효력이 유지하는 문서이다.

(4) 비치문서

행정기관이 일정한 사항을 기록하여 행정기관 내부에 비치하면서 업무에 활용하는 문서로서 비치대장·비치카드 등을 말한다.

(5) 민원문서

민원인이 행정기관에 허가·인가·기타 처분 등 특정한 행위를 요구하는 문서 및 그에 대한 처리문서를 말한다.

(6) 일반문서

앞의 각 문서에 속하지 아니하는 모든 문서를 말한다. 다만, 일반문서 중 특수한 것으로 회보 및 보고서가 있다.

회보는 행정기관의 소속 공무원 또는 하급기관에 업무 연락·통보 등 일정한 사항을 알리기 위한 경우에 사용하는 문서이며, 보고서는 특정한 사안에 관한 현황 또는 연구·검토 결과 등을 보고하거나 건의하고자 할 때 작성하는 문서이다.

3) 인공물

일반적인 문서형태(종이 위에 인쇄된 문서) 이외에도 연구와 관련이 있는 다양한 종류의 물리적 객체(physical objects) 혹은 인공물(artifacts) 등의 자료도 넓은 의미로 문서형태의 질적 데이터에 포함된다. 일상생활에서 쉽게 볼 수 있는 물건, 공예품, 각종 가공품 및 기구, 각종 낙서, 심지어는 쓰레기 등이 포함되기도 한다. 이러한 '물증', 즉 '물리적 행동 자취(physical trace)'의 확보는 질적연구자에게 연구문제를 해결하는 데 있어 유용한 자료로 활용되며, 특히 인터뷰나 관찰법 등을 통해서 획득된 질적 데이터를 보충·추가하는 성격의 데이터로서의 역할을 하기도 한다(Merriam, 2009). Goetz와 LeCompte (1984)가 "인공물(artifact)"이라는 용어로 부르는 문서나 기록은 한 사회집단 안의 참여자들에 의해 보유된, 혹은 그들에 대해 말하는 서면적이고 상징적인 기록들의 총범위를 망라한다(김지선, 2019). 결국 여기에서의 설명은 서면적 문서에 집중하지만, 이 논의는 면접이나 관찰을 통해 모이지 않는 모든 형태의 자료를 포함한다고 해도 과언이 아니다(권구영 외, 2013).

아울러 자료수집은 자료를 분석한 과정에서도 미진한 부분이 있을 때 메모하는 습관은 많은 도움이 된다. 평소에 메모하는 습관은 면접 과정을 녹음하면서 주요 용어를 메모하여 녹음내용을 풀어쓸 때 참고자료로 유익하게 활용할 수 있다(최옥채, 2008). 그 밖에도 사진, 비디오, 영화, 그리고 그림은 모두 질적 이미지 자료의 종류이다. 각각의 이미지는 독특한 특성을 갖는다. 사진은 순간이나 사건의 특정 세부사항을 포착하며, 비디오와 영화는 때로는 청각적 요소를 포함하여 움직이는 이미지를 보여주고 일시적인 사건들의 연속을 보존한다(Knoblauch, Tume, & Schnettler, 2014). 이미지는 세 가지 방법 중 하나에서 얻어진다. 기존에 존재하는 이미지를 얻기도 하고, 때로는 연구 현장에서 비디오를 촬영하는 등 연구자 스스로 이미지를 생성하기도 한다. 그리고 연구참여자들이 이미지를 만든다. 이처럼 연구참여자와 함께 예술활동을 통해 무언가를 만들어낼 수 있는 가능성을 제공하며, 이때 예술활동은 열린 자료를 수집할 기회가 된다. 이러한 특성들은 자료에 깊이를 더해 줄 수 있다(한유리, 2018).

4) 온라인 형태의 문서

1990년대 후반 이후 정보통신 기술의 급속한 발달로 인해 온라인(on-line) 형태의 문서 활용 빈도와 범위가 경우에 따라 오프라인 형태의 문서를 능가하는 실정이다.

3. 문서 수집

문헌조사는 자료수집의 방법 이외에도 조사연구의 여러 분야에서 필요하다. 특히 연구를 시작하면서 가능한 한 빠른 시일 내에 철저한 문헌검토를 통해 다른 연구자의 실수나 경험을 배울 수 있으며, 개념상의 문제나 장애요인, 그에 대한 극복 방안 등을 배울 수 있다. 또한, 그동안 축적된 연구업적에 자신의 연구가 어느 정도 기여할 수 있는지를 알 수 있고, 미처 생각하지 못했던 개념 정의의 발견도 가능하다(양성관 외, 2014). 이러한 문서 수집의 특성은 다음과 같이 장점과 단점이 있다(박옥희, 2020).

1) 문서 수집의 장점

① 다른 방법으로는 조사할 수 없는 대상을 조사할 수 있다. 예를 들어, 이미 죽은 사람이나 역사적 사실을 조사할 수 있다.

② 문서를 작성한 사람으로부터의 반작용효과가 없다. 문서연구를 한다고 해서 분석대상이 되는 자료가 변하지는 않는다.

③ 장기간에 걸친 변화 추세를 연구할 수 있다.

④ 많은 양의 문서를 표본으로 선정할 수 있다. 표본크기가 크면 조사결과의 일반화 정도가 높아지고 통계적으로 유의미한 결과를 얻을 가능성이 크다.

⑤ 즉각적인 행동이나 감정에 관한 정확하고 생생한 정보를 얻을 수 있다. 예를 들어, 일기의 분석을 통하여 즉각적이고 생생한 감정을 파악할 수 있다.

⑥ 일기나 자서전, 유서 같은 문서의 연구를 통하여 비밀스럽고 솔직한 정보를 얻어 낼 수 있다.

⑦ 조사비용이 비교적 적게 든다.

⑧ 신문의 사설과 같이 전문가에 의하여 쓰인 문서는 질 높고 가치 있는 정보를 제공해 준다.

2) 문서 수집의 단점

① 문서가 쓰인 원래 목적으로 인하여 그 내용이 편향될 수 있다. 예를 들어, 자서전 같은 것은 실제보다 과장하거나 미화하는 경향이 있다.

② 종이에 쓰인 문서는 보관하기 어렵고 변하기 쉽다.

③ 보통 사람이 쓴 일상적인 문서는 버려지거나 접근 불가능한 경우가 많다.

④ 많은 문서가 관련 사건이나 인물에 대한 지식이나 사전경험이 없는 연구자에게는 불완전한 설명을 제공한다. 편지나 일기 같은 개인적 문서는 연구목적을 위해 쓰인 것이 아니므로 연구자가 상대방에 대한 특별한 지식을 갖고 있지 않은 경우 해독이 어렵다.

⑤ 접근 불가능한 문서가 많다. 필요한 정보가 기록되어 있지 않거나 기록은 되었으나 대외비로서 접근할 수 없는 경우가 많다.

⑥ 문서를 작성하는 사람은 주로 교육수준이 높은 사람들이다. 따라서 지식층의 견해가 편중되게 반영된다.

⑦ 비언어적 행동에 대한 직접적인 정보를 제공하지 않는다.

⑧ 많은 문서의 경우, 특히 개인적 문서는 표준화된 형식이 없으므로 어느 한 시점에 작성된 문서에는 포함되었던 가치 있는 정보가 다른 시점에 작성된 문서에는 없을 수 있으므로 비교하는 것이 어렵거나 불가능하다.

⑨ 장기간에 걸친 비교를 하기 위하여 자료를 수정해야 하는 번거로움이 있다. 예를 들어, 같은 화폐단위라 할지라도 그 가치가 많이 변하여 수정하지 않으면 잘못된 비교가 될 수 있다.

이처럼 문서 자료가 갖는 중요성이나 매력에도 불구하고 문서자료를 사용하는 데서 오는 연구자의 어려움이 있다. 우선 자료출처의 가치를 판단할 때 연구자는 그것이 연구질문에 적합한 정보나 통찰을 포함하고 있는지 결정해야 한다. 그리고 연구자는 그 자료를 합리적이면서도 체계적인 방법 안에서 획득할 수 있는지도 파악해야 한다. 또한, 연구자는 면접이나 관찰과 달리 문서적 자료는 연구목적을 위해 개발된 것이 아니라는 점에 주의하여야 한다. 그런 이유에서 문서적 자료가 주는 정보는 연구자가 완전히 이해할 수 없는 형태로 연구자의 손에 쥐어질지 모른다. 그러나 질적 연구에서 문서들은 범주와 이론적 구성들을 귀납적으로 구축해 가는 과정의 일부로 사용되기 때문에 문서들이 기존의 개념이나 모델에 맞는지, 그렇지 않은 지에 대해서는 크게 관심을 가질 필요는 없다. 문제는 문서적 자료가 갖는 진정성과 정확성을 결정하는 일이다. 공적 기록들은 객관적이고 정밀하다고 알려져 있지만, 때로는 연구자가 알아채지 못할 수 있는 편견들이 내포되어 있기도 하다. 문서들의 진정성과 정확성을 결정하는 일은 연구과정의 일부이다. 이를 위해서 연구자는 사용하고자 하는 문서에 관해, 그 기원과 쓰인 이유, 저자, 그것이 쓰인 맥락 등을 가능한 한 많이 정리해야 한다. 그래서 출처나 배경이 알려지지 않은 문서들을 사용해서는 안 된다(권구영, 2013).

한편, 특별히 문서 수집 절차나 방법은 없지만 일반적으로 문서를 수집하는 데 있어서 연구자가 주의해야 할 가이드라인에 대해서는 Creswell(2012)이 다음과 같이 제시하였다(권영활, 2019).

첫째, 수행하고 있는 질적연구에 유용한 정보를 제공할 수 있는 문서의 종류를 파악한다.

둘째, 연구를 위한 정보원으로서 공적 및 사적 문서를 모두 고려한다.

셋째, 필요한 문서의 위치를 파악한 다음 해당 관계자들로부터 문서 사용에 대한 허가를 신청한다.

넷째, 연구참여자들로부터 저널을 원한다면 그들에게 어떻게 저널을 작성해야 하는지 상세한 지침이 필요하다. 이러한 지침에는 저널의 주제, 형식, 분량, 그리고 자기 생각을 알아보기 쉽게 쓰도록 강조할 등이 포함된다.

다섯째, 문서 사용에 대한 허락을 얻어 낸 후 연구자는 문서의 정확성, 완성도 그리고 연구문제를 해결하는 데 있어서의 유용성들을 검토한다.

여섯째, 문서에서 정보를 텍스트화하여 기록하도록 한다. 이 과정은 문서에 대해 필기하거나 가능하다면 각 문서에서 필요한 부분을 스캔하여 텍스트나 한글파일 형태로 만들도록 한다.

4. 문서 활용

질적연구에 쓰이는 문서자료는 방대하게 널려져 있는 다양한 형태의 문서 중 연구자가 발굴한 것으로 연구문제를 풀어가는 데 기여하게 되는 것이다(유기웅 외, 2021). 문서자료는 복잡한 자료이며, 이를 살펴보고 이해하는 데 많은 시간이 걸린다. 또한, 문서 속에 포함된 내용에 해석적 특성을 인식해야 하고 더 나아가 자료를 어떻게 평가하고 질적 보고서를 잘 쓸 수 있을지 연구자에게는 중요한 기술이라 할 수 있다. 개방된 인터뷰 자료나 관찰에서 얻어진 현장 노트, 그리고 문서들과 같이 대부분 자료는 글로 쓰여 있기 때문에 여기에 분석을 위한 코드(code)를 붙이는 것은 질적연구에서 중심적이다. 코딩(coding)은 전사한 문서자료를 이해해가는 것이다. 즉, 질적 문서자료를 분해하여 어떠한 내용이 있는지 확인하고 이 자료를 다시 유의미한 방식으로 재구성하는 과정이다. 이는 질적 분석의 전반적 과정 중 하나의 단계에 해당한다(Creswell, 2013). 코딩은 연구자가 컬러펜이나 형광펜으로 자료에 직접 할 수 있다. 코딩을 통해서 테마와 관련된 다양한 증거를 만들어 간다. 단지 자료를 전사해서 긴 문서를 보고하는 것이 아니라, 참여자들이 무엇을 얘기하는지를 실제로 분석한다는 뜻이다(한유리, 2018).

문서를 질적연구에 활용하는 첫 번째 단계는 연구문제 해결에 도움이 될만한 문서를 찾아내는 작업이다. 이 단계에서 연구자는 연구의 목적과 연구문제 해결을 위해 필요한 문서 형태의 자료가 무엇인지 먼저 생각해 내야 한다.

연구자는 실제로 필요한 문서를 수집하는 활동을 전개한다. 그리고 현장에서 문서를 수집하는 데 있어 추가적인 자료 획득에 항상 눈과 귀를 열어놓는 유연한 자세를 지녀야 한다. 실제로 현장에서 자료를 수집하다 보면 생각지도 못했던 중요한 자료가 눈에 뜨일 수가 있으므로, 자료수집하는 데 있어 열린 마음가짐으로 항상 세심한 주의를 기울여야 한다.

문서를 수집하는 데 있어 또 한 가지 중요한 사항은 문서의 진정성(authenticity)을 파악하는 일이다. 문서의 진정성을 파악하는 것은 원래의 문서가 어떠한 맥락에서 누구에 의해서 어떤 이유에서 작성되었으며, 어떠한 경로를 통해서 입수하게 되었는지, 왜곡되었을 가능성은 있는지, 그리고 문서의 진위 여부 등에 대해 연구자가 판단하게 되는 중요한 과정이다(Clark, 1967).

또한, 질적연구에 효과적인 시각적 자료의 종류와 분석과정의 이해이다. 시각적 자료에는 사진, 비디오, 영화, 그리고 그림이 있다. 이러한 이미지 자료는 오늘날 시각적 세계를 기록하고 포착하는 데에 강력한 도구다. 이러한 자료는 기존의 이미지를 모으거나, 연구자가 이미지를 만들어 내거나, 참여자가 이미지를 개발하는 방법을 통해 수집할 수 있다. 참여자로부터의 자료수집에는 참여자가 사진을 찍어오거나, 인터뷰 시에 사진을 통해 대화를 촉진하거나, 참여자들이 그림을 그리는 방법 등이 있다. 이러한 모든 종류의 자료수집방법에는 주의해야 할 잠재적 위험과 윤리적 문제가 존재한다. 이미지 분석방법은 수집된 자료의 종류에 따라 다르다. 분석에는 이미지를 관찰하거나, 이미지가 함축하는 것이 무엇인지를 묘사하는 기호학적 접근을 사용하거나, 비디오 속의 이미지와 음향을 분석하거나, 비디오를 통해 대화를 유도하는 접근이 있다(한유리, 2018).

이렇게 수집된 문서는 분류 작업을 거치게 되는데, 연구자에 의해서 수집된 문서 자료들을 체계화하고 분류하는 이유는 분석 시 용이하게 접근하기 위해서이다(유기웅 외, 2021).

5. 문서 활용 시 유의사항

질적연구에 있어서 문서는 비교적 쉽게 접할 수 있고, 별도의 비용이 들지 않더라도 상당히 많은 양의 질적 데이터를 포함하고 있다는 점에서 질적연구자들이 선호하는 자료수집 방법 중 하나이다(유기웅 외, 2021). 특히 인터뷰나 관찰 등이 불가능한 상황과 관련된 자료를 수집하는 데 있어 문서는 연구자들에게 있어 유용한 질적자료를 제공하기도 한다(유선미, 2015).

문서는 이러한 장점을 지니고 있어 널리 활용되지만 연구자들은 다음의 몇 가지 사항에 유의해야 한다.

첫째, 문서의 대부분은 연구 목적으로 작성된 문서들이 아니다. 그러므로 문서의 이러한 특성을 고려하여 연구자들은 문서가 담고 있는 정보를 왜곡하지 않고 신중하게 사용하여야 한다.

둘째, 문서의 정확성과 진정성을 파악하는 일이다. 그래서 연구자는 연구에 적당한 문서를 찾는 것도 중요하지만 그 문서가 얼마나 정확하고 진정성 있는지를 파악한 후 정확성과 진정성이 높은 문서를 선별하여 연구에 활용해야 한다.

한편 이미지 활용시도 유의해야 하는 사항도 있다. 이미지가 질적자료를 풍부하게 해 줄 수 있지만, 잠재적인 단점도 있다. 사진은 문화 속에서 생겨남과 동시에 사진에 포착된 것을 통해 사회의 문화를 만들어낸다. 누군가는 사진 자료가 사회와 연결되어 있기 때문에 사진이 사회적 영향력의 산물이며 그 순간을 반영하므로 사진 자료를 분사할 때 주의해야 한다고 주장한다(Bogdan & Biklen, 2006). 사진은 변화나 사건 주변의 세부사항을 반영하지 못한다. 또한, 사진을 찍는 사람이 연구자이거나 참여자 또는 전문적 사진작가이든지 간에 무엇을 찍을지 결정하는 것은 세상을 선택적으로 반영한다. 이러한 경고를 인식하고 실제 자료 이상의 해석을 하지 않는 것이 중요하다. 더 나아가, 사진은 연구자의 위치를 외부인으로 인식시키고, 참여자와 거리감을 만들 수 있다. 이미지와 관련한 윤리적 우려도 있다. 이미지 자료는 지속적으로 남는 사건의 기록이므로, 프로젝트에서 이미지의 사용이 반드시 필요한 것인지 그리고 사생활을 침범하지는 않았는지 고려해야 한다. 몇몇 질적연구자들은 사진과 비디오의 활용이 익명성을 존중하지 않는다고 주장한다(Marshall & Rossoman, 2011).

만일 비디오와 사진을 사용할 예정이라면, 연구동의서에 관련된 세부사항을 추가해야 한다. 특히, 참여자들에게 자신들의 이미지가 기록된다는 것을 알리고 동의서에 서명할 기회를 제공해야 한다. 연구자는 상황을 설명해야 하며 저장된 이미지가 승인 없이 유포되지 않음을 확인해 줄 절차를 개발할 필요가 있다. 시각적 유도를 활용한 방법을 쓸 때는 참여자들이 공동체의 사진이나 비디오를 찍어왔을 때 잠재적 위험이 있음을 명확히 하여야 한다. 사진에 찍히거나 찍히지 않은 결과로 참여자들의 익명성을 보장받는가? 연구자가 참여자와 함께 사진이나 비디오 촬영이 적절한 것이 무엇인지 의논하는 것이 특히 중요하다(한유리, 2018).

12
CHAPTER

글쓰기

1. 글쓰기의 특징
2. 글쓰기의 필요성
3. 글쓰기의 전략
4. 글쓰기 치료
5. 체험중심 글쓰기(수필)
6. 시나리오 기반 글쓰기
7. 대학에서의 글쓰기 교육

1. 글쓰기의 특징

글쓰기는 자신의 경험과 생각, 의견, 감정 등을 표현하는 수단에는 여러 가지가 있다. 이와 같은 표현 중 문자 기호를 통해 표현하는 활동이 글쓰기이다. 글쓰기의 사전적 정의는 생각이나 사실 따위를 글로 써서 표현하는 일이라고 표기되어 있다. 문장이나 글자의 의미 없는 나열이 아니라 생각이나 사실 따위를 일련의 연결성을 지니게 표현하는 것을 말한다. 모든 교과에서의 쓰기를 활용하는 방법이 연구된 것은 1960년대 영국에서였다. 1966년 영미 영어교육협의회에서는 쓰기를 포함한 언어활동이 학습에 상당한 영향을 줄 것이라는 취지로 언어교육프로그램을 만들기 위한 노력이 기울여졌다(이정희, 2004).

글쓰기는 인간의 삶과 결코 분리할 수 없다. 인간의 순간적 기분과 멋을 위한 단순한 장식품으로 전락할 수 없다. 결코 선택 사항이 아니다. 인간 사고의 지평을 넓히고 이를 축적, 체계화하여 삶의 수준을 향상하는 데 없어서는 안 될 필수불가결한 것이 바로 글쓰기이다. 즉, 글쓰기는 인간의 운명이다. 글쓰기를 통해 정확한 자기인식과 자기성찰을 함으로써 자기발전을 지속할 수 있을 뿐만 아니라 인류역사의 발전과 번영에 기여하고 동참할 수 있는 것이다(오경균, 2009).

글쓰기는 말하기보다 오랜 시간에 걸쳐 이루어지는 작업으로 기존 지식을 탐색, 검증, 강화, 개량하는 사고의 도구로써 사고가 분명해지고 정교해질 수 있다(Hodson, 1993). 말하기가 듣는 사람을 중심에서 이루어진다면 글쓰기는 글 쓰는 사람 중심에서 이루어진다. 이렇듯 글쓰기 교육 자체만으로도 학생들에게 충분히 유용하다. 또한, 국어 교과 영역을 넘어서 여러 교과의 교수 학습에 훌륭한 도구로 널리 쓰이며 적극적으로 학습 과정에 참여하게 할 수 있는 장점을 들며 김용익(1999)은 쓰기의 활용 방향에 관한 연구를 통해 글쓰기의 특징을 다음과 같이 기술하고 있다.

첫째, 글쓰기는 개념에 대한 이해를 도움으로써 개념을 명료화할 수 있는 장치가 될 수 있다.

둘째, 글쓰기는 학생으로 하여금 활동에 집중하게 한다. 주로 교사나 다른 학생의 말을 듣는 소극적인 학생들도 학습내용을 수동적으로 수용하는 자세에서 나아가 보다 적극적인 학습 과정에 참여하게 할 수 있다.

셋째, 글쓰기 과정은 말보다 상대적으로 느리기 때문에 학생들로 하여금 글로 쓰는 동안에 자신의 사고활동을 돌아보고 조절할 수 있다.

넷째, 글쓰기를 통하여 학생은 무엇을 배웠는지 확실하게 이해하지 못한 것이 무엇인지에 대한 즉각적인 피드백을 얻을 수 있다.

다섯째, 교사는 학생들의 글을 수업 후에도 읽을 수 있기 때문에 모든 학생과의 대화가 가능해진다.

여섯째, 글쓰기를 통해 학생들의 교과에 대한 부정적인 태도를 긍정적인 태도로 변화하게 하는 데 기여할 수 있다.

이처럼 학생들은 말하기보다 글쓰기 과정에서 자신의 사고 과정을 드러내게 될 수 있으며, 교사는 글쓰기를 통해 학생들의 개념 변화 과정을 관찰할 수 있는 하나의 방법이 될 수 있다. 따라서 과학 학습에의 유용성을 바탕으로 학생들의 학습 정도를 파악할 수 있는 형성평가 도구로서의 글쓰기 연구가 필요할 것이다.

2. 글쓰기의 필요성

Stephen King은 글쓰기의 목적을 이렇게 말한다. 글쓰기는 작가 자신과 독자의 삶을 풍요롭게 하고 행복을 주는 것이다. 따라서 이러한 글쓰기는 누구나 해야만 하는 필수적인 것이며 누구나 마음만 먹으면 할 수 있다고 강조한다. Stephen King은 글쓰기를 생명수에 비유하고 있다. 즉, 인간의 삶에서 글쓰기가 차지하는 비중과 역할이 얼마나 중요한지를 역설하고 있다.

Stopsky(1994)는 글쓰기의 의의를 다음과 같은 네 가지로 정리하고 있다.

첫째, 글쓰기는 학습의 중요한 수단이 된다. 학생들은 글쓰기를 통해 새로운 내용을 발견하고 지식을 구조화시키기도 한다.

둘째, 글 쓰는 것은 사고하기이다. 글을 쓰면서 새로운 사고들이 확장되고 창출된다.

셋째, 글쓰기는 생각과 감정 그리고 작가의 창의성까지 표현한다.

넷째, 글쓰기를 통하여 학생들은 내용 이해와 적용을 발달시키며 사고기능과 과정을 강화해 나간다(Stopsky, 1994).

이러한 글쓰기의 교육적 의미를 인식하고 사회과 학습에 글쓰기를 실천해 보기 위해 교사들은 사전에 어떠한 활동을 통해서 학생들이 글쓰기에 흥미를 가지며 쓰고자 하는 의욕을 갖는지 관찰하고 이를 구술하게 함으로써 그 과정을 추론해 보고 어떤 작용과 원리로 설명할 수 있는지 파악해 보고자 한다.

3. 글쓰기의 전략

오경균(2009)은 글쓰기 전략에 대해 다음과 같이 주장한다. 글쓰기에서 전략이란 '목표로 하는 문제를 해결하는 데 효과가 있는 추상적이거나 구체적인 모든 방법'을 말한다. 다시 말해 글쓰기에 도움을 주고 글쓰기 실력 향상에 조금이라도 기여할 수 있는 방법이 있다면 이러한 모든 방법은 글쓰기의 전략이 될 수 있다. 따라서 글쓰기 전략은 글쓰기를 이해하는 내용과 바라보는 방향에 따라 얼마든지 다양하게 개발할 수 있다. 집필자에 따라서 글쓰기 전략의 종류와 내용이 조금씩 다를 수 있다. 글쓰기를 해석하는 관점과 내용이 상세할수록 그에 상응하는 글쓰기 전략 역시 섬세하고 자상하게 요구할 것이다. 글쓰기 전략은 크게 두 가지로 나누어 생각할 수 있다. 글쓰기 과정 및 절차에 관한 전략과 글쓰기 기본 단위에 관한 전략이다.

먼저 글쓰기 과정 및 절차에 관한 전략은 크게 세 가지가 있다.

① 발상하기에 관한 전략

② 자료수집 및 구상하기에 관한 전략

③ 집필하기에 관한 전략이다.

다음으로 글쓰기 기본단위에 관한 전략으로 세 가지를 들 수 있다.

① 어휘쓰기에 관한 전략

② 문장쓰기에 관한 전략

③ 문단쓰기에 관한 전략이다.

질적연구에서 사실적 글쓰기(realisttale)는 다음과 같다.

먼저, 면담을 나누고 관찰하면서 모은 자료들을 전하고자 하는 생각이 잘 나타나도록 글을 쓰고 다듬어 나가는 일은 생각만큼 쉬운 일이 아니다. 특히 질적연구에서 글쓰기 작업은 가장 어렵고 힘든 연구 작업 중 하나이다. 많은 질적연구자가 지적한 것처럼 연구의 결과가 연구자의 글쓰기를 통하여 완성된다는 점에서 글쓰기가 연구의 성공을 결정하는 데 중요한 역할을 하기 때문이다(김영천, 2006). van Manen의 “Talesoffield”는 문화기술지/질적연구 글쓰기를 위해 연구자에게 필요한 글쓰기 기법들을 처음으로 이론화시켰다는 점에서 의미가 깊은데 그 저서에서 ‘사실적 글쓰기(realisttale)’ 전략이 잘 나타나 있다.

또한, 자성적 글쓰기란 비언적인 형식으로 표출된 무의식의 내용을 저널이나 일기, 또는 창작동화와 같은 형식으로 표현하는 글쓰기 형태를 의미한다. 연구참여자가 자신의 무의식이 움직이는 대로 표출한 내용을 가지고 자신이 느끼는 것을 글로 표현함으로써 무의식이 전달하고자 하는 바를 깨달아 알아차리게 되는 자기성찰을 위한 목적적 글쓰기라 할 수 있다.

4. 글쓰기 치료

글쓰기 치료는 내면에 억압된 감정 및 생각을 자유롭게 글로 표현함으로써 스트레스 사건에 직면하여 부정적 정서를 해소하는 효과를 가진다(Pennebaker & Beall, 1986). 또한, 파편화된 기억과 정서를 자신의 언어로 재구성하고 표현함으로써 통찰을 얻게 하고, 사건에 대한 재평가를 도우며(Pennebaker & Francis, 1996), 자신의 감정을 자각하고 경험에 직면함으로써 감정을 통합하고 인지적 재구조화를 가능하게 한다(Pennebaker, 1997). 이러한 과정을 통해 개인은 새로운 대처 전략을 형성하며 적응적 행동을 증가시킬 수 있다(Greenberg, Wortman, & Stone, 1996). 글쓰기 치료는 자신의 생각과 감정, 사적인 정보 등을 자신의 언어로 재구조화하여 표현한다는 점에서 자기노출의 측면을 지니며(한덕웅 · 박준호, 2005), 동시에 자기 대화의 효과를 지닌다. 부정적인 사건과 관계된 감정을 지각하고 그에 대해서 반복적으로 노출하게 되면 개인은 회피하던 사건과 감정을 직면하게 된다. 이 과정에서 사건에 대한 인지적 이해가 증진되어 조각난 기억과 감정을 통합하게 되고, 언어적으로 재조직화하며 이와 관련된 부정적인 정서가 해소될 수 있다(하승수 · 권석만, 2011; Pennebaker, 1997).

Pennebaker(2007)의 글쓰기 치료는 외상에 대해 반복적으로 떠올리게 해서 고통스러운 감정이나 생각과 직면하게 하고, 외상과 관련한 자신의 감정과 생각을 표현하게 한다. 그렇게 글쓰기를 통해 정서를 인식하게 되고 또 표현하게 됨으로써 미분화된 정서적 각성을 명료화시키고 정서처리가 이루어지게 된다고 설명하고 있다. 글쓰기 치료는 사람들이 겪는 감정적 격변을 처리하고 치료하도록 돕기 위한 것이다. 글쓰기는 사랑하는 사람의 죽음, 만성질병, 상실, 이혼, 여러 형태의 폭력, 전쟁이나 치료할 수 있는 강력하고 효과적인 방법 중의 하나이다(김은정, 2009). 글쓰기 치료는 정신적 · 육체적 · 정서적 · 영적으로 더 나은 건강과 행복을 위하여 반성적인 글쓰기를 사용하는 것이다. 글쓰기가 다 치료의 효과가 있는 것은 아니지만 자신에게 상처가 되었던 과거의 사건을 자세히 묘사하고 그때 느꼈던 감정과 그때의 사건을 보는 현재의 느낌으로 함께 쓸 때 치료의 효과가 컸다고 밝혀진 것이 있다(김영아, 2008).

글쓰기는 문제의 극복과 해결이라는 측면에서 말하기에 비해 훨씬 큰 효용성을 갖고 있다. 대개의 경우 말하기의 효용성은 말 자체가 지닌 공간적·시간적 제약으로 인해 일시적이고 제한적인 성격을 가진다. 그러나 글쓰기는 음성에 비해 훨씬 기록성과 보존성이 강한 문자에 의존하므로 말이 지닌 공간적·시간적 제약을 뛰어넘어 전달될 수 있다는 이점을 갖고 있다. 또한, 많든 적든 퇴고의 과정까지 거치기 때문에 말하기에서 나타날 수 있는 여러 가지 문제점들로부터 자유로울 수 있다. 그러므로 글쓰기는 말하기에 비해 표현의 정확성과 명료성뿐만 아니라 논리성, 통일성을 유지하는 데도 유리하다고 할 수 있다(김은정, 2009).

1) 글쓰기 치료 효과

글쓰기 치료의 효과 기제는 다음과 같다.

첫째, 억제-직면 이론(inhibition-confrontation theory)이다. 이는 Freud의 카타르시스(catharsis) 개념에서 출발한 이론으로 어떠한 정서나 생각을 억제하는 데는 생리적 작업이 요구된다는 것을 전제로 한다. 그리고 이러한 생리적 변화는 불안이나 스트레스를 불러일으킬 뿐만 아니라 장기적으로 우리의 신체적 건강에 영향을 준다(Pennebaker, 1997). 이에 글쓰기를 통해 이러한 생각, 감정들을 해소하면 상처 경험을 다른 시각에서 바라볼 수 있게 되고 신체적·심리적 건강의 증진을 가져온다(Pennebaker, 1989). 하지만 실제 자신이 경험한 트라우마에 대해 쓰게 한 집단과 트라우마 당한 것을 상상해서 쓴 집단 간 차이를 비교한 Greenberg 등(1996)의 연구결과, 두 집단 모두 의사 방문 횟수가 현저히 감소하는 결과를 보였다. 즉, 자신들에게 일어나지 않은 일에 대한 가짜 감정을 쓰는 것도 이익을 얻을 수 있다는 점에서 억제-직면 모델은 한계점을 가진다.

둘째, 인지 과정 이론(cognitive processing theory)이다. 이는 자신의 경험을 쓰는 과정에서 부정적인 정서가 해소됨은 물론, 그 경험에 대한 새로운 통찰을 얻고, 인지적인 자기 이해가 이루어진다는 것이다(Pennebaker, 2004, 2007). 실제로 연구대상자의 글을 분석한 결과에 따르면 가장 많은 효과를 얻은 사람들의 글에서는 인과 관계와 관련된 단어들과 통찰과 관련된 단어들이 많았다(박경희, 2005; Pennebaker, 1993). 즉, 해당 사건이나 경험을 새로운 시각으로 이해하고 이에 대한 통찰을 얻고, 그 경험에 대해 다시 조직화하고 통합하는 것이 글쓰기 효과의 메커니즘이라는 것이다. 하지만 이 또한 트라우마를 상상해 글을 쓴 집단에서 효과가 나타난 것을 설명하는 데 한계를 가진다.

셋째, 자기 조절 이론(self regulation theory)이다. 이는 앞서 언급한 억제-직면 이론, 인지 과정 이론의 한계로 인해 등장한 것으로 글쓰기를 통해 자신의 감정을 표현하고, 이를 스스로 통제하는 모습을 바라보게 됨으로써 감정 조절에 대한 자기 효능감(self-efficacy)을 제공(Lepore, Greenberg, Bruno & Smyth, 2002)한다는 것이다.

이 외에도 Social Integration Model이 있다. 이는 글쓰기를 하게 되면, 이후 그 주제에 대해 다른 사람들에게 더 많이 이야기할 수 있게 되고, 이에 따라 사회적 지지를 더 많이 받게 됨으로써 효과가 발생한다고 보는 관점이다. 하지만 이 입장은 매우 최근의 것으로 이론적으로 검증되지는 못했다(Frattaroli, 2006).

2) 외상 경험 글쓰기

Pennebaker(1985, 1988, 1989, 1992)는 외상 경험을 회피하려고 하는 과정이 침투적 사고를 더욱 촉발시킨다고 하며, 이러한 작용기제에 대해 '억제-직면' 모델을 제안하였다. 여기에서 직면은 '능동적으로 생각하거나 이야기하거나 관련 정서를 인정하는 것'으로 억제는 '생각하거나 느끼거나 행동하는 것을 의식적으로 삼가거나 주저하는 것'을 정의하였다(Pennebaker, 1989).

또한 외상경험과 관련된 생각과 감정을 억제하면, 그 사건을 인지적으로 충분히 처리하지 못하게 되므로 사건을 이해하고 통합하는 과정이 방해받게 된다. 반면, 외상경험을 직면하면 억제로 인한 생리적·심리적 스트레스가 감소되어 억제의 악영향을 줄일 수 있다. 그리고 직면과정에서 외상경험을 언어로 바꾸어 표현하면 관련된 부정적 정서가 발산되고 인지적 이해가 증진되어 사건에 대한 재조직화와 더불어 통합이 이루어질 수 있기 때문에 긍정적인 효과를 보인다(Pennebaker, 1988, 1989). 즉 글쓰기를 포함한 외상경험의 표현은 침투적 사고를 감소시켜서 그 결과 생리적 각성을 낮추고, 스트레스 자극에 대한 적응을 증진시킨다는 것이다(Pennebaker, 1989).

3) 문학치료

문학치료 자체는 처음 도입되었을 때는 참여 대상자들의 삶을 되돌아보게 하고 내면의 상처를 불러오는 등 자신들의 과거를 극복하는 것에 집중하도록 하였지만, 점차 그 목적이 자기경험 또는 자신이 가진 감각을 창의적으로 표현하도록 지지하는 데까지 이르는 등 광범위하게 발전하여 왔다(김영옥, 2011). 문학치료라는 것을 가장 처음 들었을 때 사람들은 창의적인 예술의 대표 분야인 문학과 Healing 또는 therapy의 개념, 즉 무언가 비정상적이거나 상처 입은 곳을 다스려 낫게 하는 치료라는 개념의 단어의 합을 쉽게 이해하지 못한다. '치료'라는 명사는 보통 어떤 질병을 낫게 하기 위한 행위를 뜻하는데 그 행위를 문학이라는 분야를 이용하여 행하는 것이다. 문학치료를 설명하는 학자들의 의견은 다양하고 차이가 있다.

그중 가장 널리 쓰이는 용어로 독서치료(bibliotherapy)를 들 수 있으며, 그 이외에 문학치료, 독서치료, 시치료, 이야기치료, 글쓰기치료 등의 용어로 구분 짓거나 통합되어 사용되고 있다(황금숙, 2005). 문학치료의 영역은 다른 치료와 마찬가지로 전 과정이 치료의 영역에 해당하나, 다른 치료와 달리 대상자가 치료 과정에서 중추적인 역할을 하는 특성을 지니고 있기 때문에 치료자는 매 순간마다 대상자의 심리상태를 잘 파악해야 하는 특수성을 지니고 있다(신영미, 2012).

다양한 예술치료 중 문학치료는 많은 정서적·심리적 이론의 접목으로 인해 의학적 치료에 효과가 있다. 결론적으로 문학치료는 치료 원리에 따라 대상자와 치료자 등이 상호작용을 하면서 '통합된 자아 찾기 창작품'을 구성하거나 작품의 감상을 통하여 자신의 분열된 자아를 찾아가는 과정을 지나 이들 자아를 통합해 나가는 치유의 과정인 것이다(장만식, 2009).

4) 표현 글쓰기(성장 글쓰기)

심리학적 측면에서 치료적 개입으로 사용되기 시작한 글쓰기는 표현 글쓰기이다. 표현 글쓰기는 비구조적 형태로 외상 사건에 대한 자신의 깊은 감정과 생각을 자유롭게 쓰게 하여 신체적·정신적 건강을 향상시키는 기능을 한다(Pennebaker & Beall, 1986). 그러나 비구조적 글쓰기는 주제선택에 글쓴이의 편향이 작용할 수 있으며, 역기능적 반추사고에 몰입할 경우, 치료 효과는 현저하게 떨어진다(Pennebaker, Mayne & Francis, 1997; Suedfeld & Pennebaker, 1997). 또한, 국내 글쓰기치료 연구를 메타 분석하였을 때(이예슬, 2014), 비구조적 글쓰기가 구조적 글쓰기에 비해 효과 크기가 작다는 것을 보여주었다.

표현 글쓰기에 대한 대안으로 외상 후 성장모델(Tedeschi, Park & Calhoun, 1998)에 바탕을 둔 성장 글쓰기가 있다. 이는 구조적 글쓰기로 노출, 재평가, 이점 찾기라는 일련의 인지 행동적 처리과정이 하나의 글쓰기 과정에 통합된 것이다. 이를 '다중 정서 처리과정'이라 한다(Guastella & Dadds, 2009). 우선 노출 단계에서는 회피하고 억압했던 외상기억에 대한 점진적 습관화(Foa & Kozak, 1986)를 경험한다. 그 후 심리적 고통을 야기하는 원인을 파악하고 부정적 신념과 역기능적 인지 도식을 재평가하는 단계를 거친다(Davey, 1997; Ehlers & Clark, 2000; Janoff-Bulman, 1989). 마지막으로 이점 찾기를 통해 외상 경험이 세계, 타인, 자신에 대한 믿음에 미치는 영향 그리고 그것의 긍정적 의미를 생각해 보고 현재에 머물러 있는 관점을 미래까지 확장하는 인지 도식의 재구조화에 초점을 둔다(Burt, & Katz, 1987; Taylor, Lichtman & Wood, 1984).

성장 글쓰기와 같이 비사회적인 표현방식은 사회관계망 안에서 자기개방을 제한해야 한다고 느끼는 사람에게 특히 유용하다. 사람과의 직접적인 접촉 없이 개인 공간에서 스트레스 관련 사고 및 미해결된 감정을 안전하게 마주하고 처리할 수 있기 때문이다(Lepore, Greenberg, Bruno & Smyth, 2002).

5. 체험중심 글쓰기(수필)

수필은 문학의 가장 기본적인 형태이며 문학 이해의 출발점이다. 따라서 수필은 문학의 본질을 가장 손쉽게 이해할 수 있는 거점이 된다고 볼 수 있다. 정교하게 또는 치밀하게 체계화 된 장르에서는 문학 본연의 자질보다는 그 장르의 특성이 강조되기 마련인데 덜 체계화된 장르에서는 문학의 본질이 쉽게 파악되고 그 향유도 용이하게 마련이다. 그런 면에서 수필은 문학 이해의 입문적 특성을 지니고 모든 문학이 지향하는 '인간의 형상화와 이해'라는 보편성을 뚜렷하게 보여주는 장르이므로 학생들에게 수필 교육에 대한 이해와 접근이 필요한 것이다.

글쓰기 교육은 국어과의 한 분야로서가 아니라 다른 교과와 특별활동을 포함한 모든 교과와 생활지도를 통합한 인간교육[1])을 하는 도구로써 글쓰기 교육이 되어야 한다고 본다. 진지한 체험 활동을 통해서 풍부한 글감을 얻고, 깊은 사고의 과정을 거쳐서 질 높은 글이 쓰이는 바, 체험이 없으면 좋은 글감을 얻을 수 없고, 자신의 생각을 조리 있게 정리할 수 없으며, 체험이 없는 글쓰기는 유희적인 글쓰기로 흐르거나 꾸며 쓰는 글, 즉 감동이 없는 글로 흐르기 쉽다.

---

1) 이오덕(1998)의 『삶, 문학, 교육』에서 '삶을 가꾸는 글쓰기 교육'이라는 주장을 펴면서 글쓰기를 단지 글쓰기의 재주만을 익히도록 하는 교육을 비판하고 어린이의 삶을 참되게 가꾸는 것이 글쓰기의 목표가 되어야 한다고 주장하였다.

6. 시나리오 기반 글쓰기

시나리오 기반 글쓰기 교육은 교수학습에서 실제성과 상황성의 중요함을 강조하며, 구성주의 교수-학습 원리에서 제시하듯 지식의 구성이 '상황' 안에서 이뤄진다는 점에 주목하였다. 시나리오 기반 글쓰기 교육을 활용하면 추상적인 과제 대신 구체적이고 실제적인 과제를 제시하여 학생들의 동기를 고취하고 학습자의 삶과 글쓰기가 무관하지 않다는 점을 인식시킬 수 있다. 또한, 내용과 형식을 분리하지 않고 자연스럽게 통합하여 가르침으로써 글쓰기 교육 방법을 개선할 수 있다는 장점이 있다.

정재림과 문선영(2019)이 시나리오 기반 글쓰기 교육에서 강조한 사항은 두 가지이다. 먼저 동기유발 시 실제적 맥락 안에서 문제 상황을 파악할 수 있도록 영상물을 활용하는 것이다. 드라마 등의 영상물은 압축적으로 문제 상황을 제시하는 데 효과적이며, 학습자의 흥미를 유발하는 데도 적절하기 때문이다. 위 논문에서는 영국에서 제작된 드라마 <블랙 미러> 시즌 4 에피소드 중 <아크엔젤>이라는 영상물을 활용한 사례를 제시하였다. 두 번째로는 학습자의 실제 삶과 긴밀히 관련된 주제를 선택하고, 글쓰기 동기와 문제 해결 역량을 신장시킬 수 있는 구체적인 과제를 활용해야 한다는 점이다. 이를 위해서 학습자의 관심사 또는 전공 등이 반영된 과제를 활용하는 것이 좋다고 제시하였다.

7. 대학에서의 글쓰기 교육

대학은 교양교육으로서의 글쓰기 교육에 오래전부터 주목해 왔다. 이국환(2008)은 고대 그리스나 조선시대에도 교양교육의 중심에는 '쓰기'와 '읽기'가 있었다고 이야기한다. 그러나 오늘날 현대사회의 지식과 정보가 빠르게 생성되었다가 폐기되기를 반복하는 흐름에 대학들이 일반교육, 전인교육으로서의 교양교육을 점차 등한시하고 특정한 지식 영역에서의 전문성이 뛰어난 인재들을 양성하는 전문교육, 세분화된 전공 교육에 집중하는 현상을 나타내고 있다고 비판한다. 따라서 현대학은 전통적 교양교육 핵심적 가치인 자아실현과 현실에 대한 봉사 실천을 계승하고 강화하는 한 방향으로 글쓰기 교육의 필요성을 강조하고 있다.

1) 표현적 글쓰기

김미란(2013)은 대학교 신입생들이 자기 자신과 솔직하게 대면해 보는 글쓰기를 해본 적이 거의 없기 때문에 글쓰기에 대한 강한 두려움을 가지고 있다는 점을 문제로 제기하였다. 따라서 대학의 글쓰기 교육에서 무엇보다 선행되어야 할 일은 학생들이 자기 글을 쓰는 즐거움을 누리고 자기 목소리를 되찾는 '표현적 글쓰기'를 가르치는 것이다. 그동안 대학의 글쓰기 교육은 고도의 인지적이고 형식적인 글쓰기를 강조해왔기 때문에 학생들의 자기표현을 중심에 둔 글쓰기 교육을 등한시하거나 교수 재량에 의해 단편적으로 시행해 왔다는 한계가 있다. 김미란(2013)은 표현주의 이론에 입각한 글쓰기 교육을 체계화고자 '자기표현 방식과 자기 목소리 신뢰하기, 자기의 통념 확인하고 수정하기, 타자와 연대하기'의 과정으로 구성된 수업 모델과 과정별 지도 방법을 제시하였다.

2) 과정중심의 글쓰기 교육의 교수법

과정 중심의 글쓰기 교육의 교수법으로 박현이(2006)는 다음의 세 단계를 제시한다. 1단계는 글쓰기 학습목표를 공유하고 있는 글쓰기 주체들이 모인 공동체 안에서 텍스트를 읽고 대화하는 과정이다. 2단계는 그러한 대화과정을 거치면서 새로이 구성된 이해를 바탕으로 글쓰기 주체들이 개별적으로 글을 쓰는 과정이다. 3단계는 다시금 공동체 내에서 개별 글쓰기 주체들이 쓴 글을 공유하면서 글쓰기에 대한 자신감을 회복하고 글쓰기의 필요성을 새로이 인식하는 것이다. 박현이(2006)는 이러한 전략을 적용한 자전적 글쓰기 수업사례를 제시하면서 수업을 통해 학습자들이 주변 사람들과의 대화과정을 통해 자신에 대해 의미를 부여하였고, 자신의 내면 안에 있는 다양한 소 자아와의 대화를 통해 자아를 재구성하였다고 보고하였다.

3) 자기탐색 글쓰기

다음으로 김영희(2010)는 '자기탐색 글쓰기'라는 용어를 채택하면서 글쓰기 주체에게 가장 절실한 삶의 문제, 즉 "내가 누구이며 세계는 어떻게 구성되어 있는지, 세계 내에서 나라는 존재는 어떻게 구성되며 또 어떤 위치에 놓여 있는지 묻고 답하는 작업으로서 자전적 글쓰기를 정의한다. 김영희(2010)는 자기탐색에 초점을 맞춘 글쓰기 강의 계획과 운영 방안을 제시하고 있다. 김영희(2010)가 고안한 자기 탐색 글쓰기 강의는 크게 두 축으로 구성되어 있는데 한 축에서는 글쓰기에 관한 일반적인 강의 예컨대 주제 구성하기, 서술흐름 만들기, 글의 구성과 전략문장 표현 등에 관한 내용이 진행된다. 다른 한 축에서는 자기 자신에 대한 탐색에서 시작해 타자에 대한 이해와 공존으로 나아가는 흐름이 진행된다. 김영희(2010)는 이와 같은 강의안을 가지고 실제 서울 소재의 한 대학에서 신입생들을 대상으로 한 학기 동안 자기 탐색 글쓰기 교육을 진행한 사례를 제시하면서 학생들의 자아성찰과 자기탐색에 도움이 되었다는 효과를 강조하였다.

4) 자전적 글쓰기

정연희(2013)는 자신의 일화를 쓰는 자전적 글쓰기에 동반되는 성찰의 측면을 강조하여 '자기성찰적 글쓰기'라는 용어를 채택하고 자신의 삶과 존재에 관한 문제를 기초적인 데로부터 고민하고 반성하여 스스로 얻어낸 깨달음을 적거나 또한 적은 결과를 타인에게 개방하는 '정연희(2013) 글쓰기 장르'로 규정하였다. 자기성찰적 글쓰기의 과정은 자기 삶에 의미를 부여하는 과정일 뿐만 아니라 타자와의 관계 속에서 성찰과 공감, 치유와 성장의 공간을 만들어 내는 작업이다. 정연희(2013)는 대학수업 안에서 자기성찰적 글쓰기 교육의 구성을 '일화를 자세히 쓰기'와 '합평'으로 제시하고 있다. 일화를 자세히 쓰는 것은 '일화를 기억하는 행위'를 통해서 과거의 경험을 현재의 자신이 다시 살아냄으로써 새로운 의미와 감정을 얻는 활동이다. 합평은 글쓰기의 기술적인 부분을 향상시키는 첨삭지도를 넘어 대학 수업 내에서 교수와 학생동료가 함께 글에 대한 공감적 비평과 토론을 하는 작업을 말한다. 이를 통해 학생들은 서로의 체험과 정서를 이해하는 폭을 넓히고 그에 비추어 자신과 타인을 이해하고 재탐색해 볼 기회를 지니게 된다고 주장한다.

13
CHAPTER

질적연구의 타당성과 신뢰성

1. 타당도/타당성
2. 신뢰도/신뢰성
3. 타당성을 높이기 위한 전략
4. 타당도와 신뢰도의 관계
5. 기술적 타당도
6. 해석적 타당도
7. 이론적 타당도

인간의 심리적 특성은 직접적인 관찰이 불가능하여 심리검사도구를 사용해서 알게 된다. 도구를 제작해서 측정한다는 것은 대상물 자체를 측정하는 것이 아니라 측정대상이 지니고 있는 어떠한 속성에 수치를 부여하는 것이므로 타당도와 신뢰도를 확보해야 한다. 질적연구는 인과관계, 일반화, 검사, 예측 등에 관심을 두고 있는 양적연구와는 다르게 깊이 있는 심층기술(in-depth description)을 통한 '이해(understanding)'에 보다 많은 관심을 두고 있다. 그러하기에 어떠한 연구가 양적연구든 질적연구든 간에 연구의 신뢰성과 타당성에 대한 논의와 검토는 그 연구가 어떠한 세계관과 인식론에 근거하여 연구가 설계되었는지, 이에 따라 연구자료는 어떻게 수집 및 분석되어 그 결과를 해석하고 있는지에 대한 주의가 요구된다.

1. 타당도/타당성

1) 타당도의 개념

연구자가 알고 싶은 혹은 검사하고 싶은 내용을 측정하는 데 있어 타당성(validity)이 높은가 낮은 가에 대한 정도를 의미하는 것으로 측정도구가 문항 제작 시 의도했던 목적을 어느 정도 충실하고 정확하게 측정했느냐 하는 검사의 능력이다. 측정하고자 하는 개념 즉 '무엇을 재고 있느냐?' 또는 '검사를 통해 심리특성을 어느 정도로 충실히 재고 있느냐?'의 개념을 가지고 얼마나 정확히 측정하였는가를 의미하고 있다. 이러한 이유로 타당도를 검사의 정확성이라고 말할 수도 있다.

2) 타당도 평가방법

(1) 내용타당도

안면타당도, 이론적 타당도라고 부르는 내용타당도(content validity)는 주어진 측정도구가 그것이 평가하려고 하는 내용을 어느 정도로 충실히 측정하고 있는지를 분석, 측정하려는 한다. 내용타당도의 검증방법은 검증자의 논리적 판단에 두고 있으므로 검증자의 주관이 개입될 가능성이 높다. 그러므로 측정도구가 측정하고자 하는 개념의 전 영역에 걸쳐 골고루 항목을 포함하고 있다고 전문가 그룹이 동의할 때 확보되는 타당도라 할 수 있으며, 실제의 자료를 기초로 한 실증적인 검증이 필요한 타당도이다.

(2) 예언타당도

한 측정도구의 검사결과가 장래의 어떤 효과나 행동을 얼마나 정확하고 완전하게 예언할 수 있느냐의 정도를 밝히는 방법으로 검사도구가 의도하고 목적하는 준거를 어느 정도로 정확히 높게 예언하느냐 하는 정도를 말한다. 예언타당도(predictive validity)에서 말하는 준거란 시간적으로 미래의 행동특성으로 미래의 행동특성이 학업에서의 성공이나 직업에서의 성공일 수도 있고 개인적·사회적 적응의 정도일 수 있다.

(3) 공인타당도

한 검사와 한 준거검사가 본질적으로 동시에 측정되므로 한 심리 특성을 측정할 검사점수와 검사 밖에 존재하는 준거점수 사이에 '현재' 어느 정도 잘 일치하느냐로 한 검사의 타당성을 보려는 방법이다. 준거검사의 특성과 제작된 검사의 준거 사이에 공통된 성질이 있느냐 없느냐에 대한 관심으로 검사 A와 검사 B를 서로 바꾸어 사용할 수 있을 때 공인타당도(concurrent validity)가 있다고 할 수 있다.

(4) 구인타당도

구인타당도(construct validity)는 어떤 한 검사가 측정한 점수결과가 그 검사가 측정하고자 하는 속성과 목적이 이론적 합리성에 비추어 얼마나 적합한가의 정보를 통하여 한 검사의 타당성을 보며, 측정되는 개념이 전반적인 이론적 틀 속에서 다른 개념들과 실제적·논리적으로 적절한 관련성을 갖고 있는 정도를 경험적으로 검증하는 방법이다. 그 종류에는 이해타당도, 집중타당도, 판별타당도가 있다.

2. 신뢰도/신뢰성

1) 신뢰도의 개념

어떠한 연구가 신뢰성(reliability)이 있다 혹은 신뢰도가 높다는 것은 연구의 결과물을 얼마만큼 동일하게 다시 내놓을 수 있는지에 관한 정도이다. 평가도구가 어떻게(how) 재고 있느냐의 문제를 가지고 측정하고자 하는 것을 검사도구가 얼마나 신뢰할 수 있을 정도로 재고 있느냐의 정도를 나타내는 것으로, 측정의 일관성을 의미하고 있다. 반복되는 측정에서 어느 정도 동일한 결과를 얻어내는지에 대한 정도를 의미한다. 그러나 인간의 행동을 연구하는 사회과학 분야 및 교육학 분야 등의 연구에서 조작되지 않은 자연스러운 상황에서 인간의 행동을 기술하고 관찰에 의존하는 질적연구에서는 신뢰도를 논한다는 자체가 잘 맞지 않으며, 신뢰도를 측정하기 위해 같은 연구를 반복적으로 수행하여 같은 결과를 기대하는 것이 어려워 신뢰도를 정확하게 측정하기는 쉽지 않다.

2) 신뢰도 평가방법

(1) 검사-재검사법(Test-retest method)

안정성계수(Coefficient of stability)라고 불리기도 하는 평가방법으로 한 개인의 평가도구를 같은 집단에서 시간의 간격을 두고 2번 실시해서 얻은 점수를 가지고 측정하는 방법이다. 한 시점에서 측정을 한 후, 일정 시간이 경과하고 난 다음 동일한 측정도구, 동일한 대상을 다시 측정하여 결과를 비교하는 것으로써 신뢰도 계수의 접근방법 중 신뢰도의 개념에 잘 부합되는 것이다. 그러나 동일한 측정도구를 두 번 적용하므로 앞의 측정이 두 번째 측정 결과에 영향을 미칠 수 있다. 그러므로 두 검사 간의 시간간격을 어느 정도로 두느냐에 대해 고려해야 하는데, 시간간격을 너무 길게 할 경우에 측정대상의 특성이 변화될 가능성이 높아지기 때문이다. 또한, 동일한 검사를 두 번 실시하기 때문에 시간이 오래 걸리며 비용 또한 많이 드는 단점이 있다.

(2) 동형검사 신뢰도(Equivalent-form reliability)

어떤 한 검사의 내용과 곤란도는 같으나 문항의 형태가 다른 두 개의 동형검사를 제작하고, 그것을 같은 피험자에게 실시하여 두 동형검사에서 얻은 점수 사이의 상관을 산출하여 신뢰도 계수를 얻는 방법이다. 이 방법은 기억효과, 연습효과를 극소화시키며, 문항표본에서 파생하는 오차도 오차변량으로 취급하게 되는 장점이 있다. 그러나 동형검사를 개발하는 데 시간과 비용이 많이 들고, 동질적인 두 검사를 제작한다는 데 어려움이 있다.

(3) 반분 신뢰도(Split half reliability)

하나의 검사를 두 개의 동등한 부분으로 임으로 나누어 각각 독립된 두 개의 반분된 검사 간의 상관관계를 내는 것이다. 전체 문항을 어떻게 반분하느냐는 검사의 문항 내용과 구성으로 보아 양분된 두 부분이 서로 비슷하고 동질적이 되도록 계획해야 한다. 결국 반분을 어떻게 하느냐에 따라서 다양한 상관계수가 산출될 수 있다. 반분 신뢰도를 구하기 위해 검사문항을 반으로 나누는 방법은 기우법, 전후법, 단순무작위법이 있다.

(4) 내적 합치도

문항들을 반으로 나누는 방식에 따라 신뢰도가 달라지는 반분법의 문제를 해결하기 위해 한 문항 한 문항을 각각 한 개 검사로 생각하여 각 문항 간의 상관도를 내서 그 상관도를 종합하는 방법이다. 가장 일반적인 방법은 Cronbach(1951)가 만든 Cronbach α 계수(0~1)로, 객관식 문항과 논문형 문항에 많이 사용된다. 내적 합치도 신뢰도 계수는 문항의 수가 증가할수록 신뢰도 계수가 커지며, 보통 계수가 .6~.7 이상이면 신뢰도가 있는 것으로 간주된다. 그러므로 문항 상관도가 높아야 함은 곧 검사가 한 가지 특성 혹은 능력만을 재려는 동질적인 검사라야 한다는 것이다.

(5) 채점자 간 신뢰도

채점의 주관성이 개입된 검사에서 한 검사자와 다른 검사자 간의 일관성의 정도를 나타내는 것을 말한다. 두 명 이상의 채점자가 각각 독립적으로 채점을 한 후, 채점자 간의 동의 정도에 의해 산출되며, 채점기준이 명료하고 두 명의 다른 채점자 간에 동의하는 정도가 높을수록 채점자 간 신뢰도는 높아진다.

3) 신뢰도를 높이는 방법

측정항목의 모호성을 줄이고 되도록 구체화해야 하는데, 응답자가 측정도구의 의도를 정확하게 파악해야만 일관된 측정이 가능하기 때문이다.

측정항목을 늘리고 선택범위(값)를 넓혀야 한다. 측정항목이 많거나 선택범위가 넓을수록 신뢰도는 증가하기 때문이다.

측정도구를 분명히 하고 표준화하는 것은 신뢰도를 높일 수 있는 방법이다.

3. 타당성을 높이기 위한 전략

1) Patton(2002)의 전략

① **엄격한 현장조사법**: 엄격한 현장조사방법을 통해서 높은 질의 자료를 얻을 수 있으며 나중에 체계적인 분석이 가능하다.

② **연구자의 신빙성**: 연구 훈련 정도, 경험, 추적, 기록, 지위, 자기표현 등을 기초한다.

③ **질적연구의 가치에 관한 철학적 믿음**: 조작되지 않은 자연스러운 탐구, 질적인 방법들, 귀납적인 분석과정, 의도적 표집방법, 종합적 사고 등에 대한 연구자의 믿음이 있어야 한다.

2) Merriam(2009)의 전략

(1) 삼각검증법(Triangulation)

다수의 연구조사자, 다수의 자료원, 혹은 연구결과를 확인하기 위한 다수의 방법을 사용하는 것이다.

(2) 연구참여자 확인법(Member check)

연구결과에 대해서 혹은 연구를 수행하고 수집된 자료를 분석하는 과정에서 연구자는 연구참여자들의 견해를 물어 연구의 정확성을 추구하는 방법이다.

(3) 장시간 관찰법(Long-term observation)

연구가 행해지고 있는 장소 혹은 같은 현상이 반복되고 있는 것을 비교적 장기간에 걸쳐 관찰을 수행함으로써 타당성을 높이는 방법이다.

(4) 동료 검토법(Peer examination)

수행하고 있는 연구주제, 질적연구방법론, 그리고 관련 분야에 식견이 있고 연구에 대해 자신의 의견을 충분히 제공할 수 있다고 판단되는 동료 3~5명을 선정하여 그들에게 연구분석 자료와 연구결과에 대한 검토를 요청하는 방법이다.

(5) 연구자의 편견을 알리는 방법

독자들로 하여금 연구자의 성별, 인종, 나이, 출생지, 언어, 과거 경험, 경력, 직업, 직위 및 직급, 성장배경, 교육적 배경, 가정배경, 삶의 신조, 선입과 지향성, 정치적 성향, 전제와 가정, 세계관, 연구를 착수하는 데 있어 관련되거나 영향을 준 이론적 방향 등에 관한 사항을 제공함으로써 이러한 요인들이 연구를 접근하고 수행하는 데 있어 어떠한 영향을 주며 어떻게 해석되는지를 알 수 있게 도와준다.

(6) 외부 감사를 통한 방법

연구자에 의해서 고용된 감사자 혹은 전문가가 연구의 과정과 결과에 대해 조사하여 타당성을 평가하는 방법이다.

이 외에도 연구의 타당성을 향상시키기 위하여 연구참여자를 연구목적 및 연구문제 도출, 이론적 배경과 틀의 구성, 연구 설계, 대상자 선정, 자료수집 방법 선정, 연구결과 분석 및 해석 등 연구의 전 과정에 관여케 할 수도 있다.

3) 질적연구 일반화

일반화의 개념은 대개 외적 타당도(external validity)라는 용어로 사용되며, 연구의 결과를 일반화시킬 수 있는 정도를 뜻한다. Merriam(2009)은 질적연구에서의 외적 타당성을 향상시키기 위한 구체적인 세 가지를 제시하였다.

첫째, 연구자는 독자들에게 가능한 한 풍부하고 많은 양의 기술을 제공함으로써 독자들 자신의 경험과 전이성을 향상시키는 데 기여할 수 있다.

둘째, 가장 전형적인 사례, 프로그램, 연구물, 연구대상자를 묘사함으로써 독자들로 하여금 자신의 상황과 서로 비교하도록 도울 수 있다.

셋째, 다수의 장소, 사례, 상황, 특히 어떤 특별한 관심이 있는 현상에 다양성을 증가시킴으로써 독자들에게 많은 다른 상황들을 접할 수 있게 도움으로써 전이성을 향상시킬 수 있다.

4. 타당도와 신뢰도의 관계

신뢰도가 검사점수의 안정성에 관한 것이라면, 타당도는 외적 준거와 관련된 것이라 할 수 있다. 검사의 타당도 검증에서 중요한 일은 알맞고 믿을 만한 준거를 설정하는 것이다. 검사의 타당도가 높으면 신뢰도는 높아진다. 그러나 신뢰도가 높다고 해서 타당도까지 높아지지는 않는다. 이것을 정리하게 되면 타당도가 높은 측정은 항상 신뢰도가 높지만, 타당도가 낮다고 해서 반드시 신뢰도가 낮은 것은 아니라는 것이다. 또한, 신뢰도가 높다고 해서 반드시 타당도가 높은 것은 아니다. 그리고 신뢰도가 낮은 측정은 항상 타당도가 낮게 나타나며, 신뢰도가 낮고 타당도가 높은 측정은 없다고 정리할 수 있다.

타당도에 관한 논의는 양적연구방법의 전통에 부속되어 있다. 따라서 질적연구자들은 양적연구자들이 주장하는 타당도의 개념을 일부 수용하거나 거부하는 태도들 보였다. 양적연구에 뿌리를 두고 있는 타당도 개념을 극단적으로 부정하는 질적연구자 집단은 질적연구의 수행에는 양적연구자들이 제시한 신뢰도 및 타당도 개념을 적용하는 것이 무의미하다고 주장하였다(Smith, 1984). Smith는 본질적으로 양적연구와 질적연구의 기본적인 인식론적 · 존재론적 가정이 서로 양립할 수 없으므로 그들(양적연구자)이 제안하는 신뢰도와 타당도 정의를 질적연구에서 따를 수 없음을 역설하였다. 그러나 오늘날 대부분의 질적연구자들은 위와 같은 극단적인 입장보다는 좀 더 관대한 관점을 갖고 있는 듯하다. 여러 질적연구 간의 질적 차별성을 논의할 때, 타당도는 자주 검토되는 요소이다. 또한, 질적연구자들이 연구의 타당도에 관하여 논을 할 때, 그들은 주로 그럴듯하고, 믿을 만하며, 신실성이 확보되어 변론이 가능한 연구들을 언급한다. 따라서 질적연구의 타당도에 관한 논의들과 타당도 확보 전략들을 살펴보는 것은 질적연구수행에 있어서의 질적 제고를 위해 매우 유용하다 할 수 있다.

질적연구의 타당성을 저해하는 한 가지 내재적인 위험요소로써 질적연구자들의 부단한 주의를 요하는 것은 연구자의 편견이라 할 수 있다. 흔히 질적연구는 연구자가 보고 싶어 하는 것을 보고, 듣고 싶어 하는 것만을 정리하여 연구를 수행하게 되는 문제가 생기지 않겠냐는 지적을 받게 된다. 질적연구가 양적연구와는 달리 비구조화되어 있으므로 이와 같은 연구자 편견이라는 문제는 질적연구수행에 있어 자주 언급되는 사항이다. 그러나 이는 질적연구의 탐험적인 특성에 연유하는 것이다. 그럼에도 불구하고 궁극적으로 질적연구에서의 연구자 편견은 연구자의 선별적인 관찰과 기록 및 연구자 개인의 관점이 연구수행과 자료분석과정에 영향을 받도록 내버려 둔 것에서 기인한다.

질적연구에서는 연구자 영향(편견)을 극복하기 위한 방안을 제시하고 있는데 그 대표적인 전략이 반성과 부정적 사례 샘플링이다. 반성은 연구자가 적극적으로 자신의 잠재적 편견과 성향에 관하여 비판적으로 사고하는 것을 의미한다. 즉, 연구자는 반성을 통하여 자신의 내면을 깊게 들여다보게 되며 연구자가 가질 수 있는 편견을 깨닫게 되어 자신의 편견을 감시하고 통제하기를 시도하게 된다. 질적연구자 중에는 연구 프로포절에 연구자 편견 부분을 포함하는 경우가 있는데, 여기에는 연구자 자신의 개인적 배경과 이것이 연구에 미치는 영향, 그리고 이를 어떻게 대처할 것인가를 함께 제시한다. 이와 같이 연구자 자신의 배경, 관점, 약점 등을 소개하며 이를 해결하기 위하여 연구자 스스로가 설정한 전략들에 관하여 알려준다는 것은, 연구자 자신의 렌즈가 어떤 색깔을 띠고 있으며 어떤 상태에 있는가를 표명하고 또한 그 렌즈에 묻은 때를 제거하기 위하여 연구자가 어떠한 노력을 하였는가를 제시하여 독자들의 판단에 대한 준거를 더하여 준다.

5. 기술적 타당도

기술적 타당도는 주로 자료수집 과정의 정밀성과 연관되어 있는 것으로 연구자가 보고하는 상황·사건·행위 등에 관한 설명·기술의 정확성을 의미한다. 즉, 기술적 타당도는 연구자가 연구 현장에서 벌어진 상황·사건·행위 등을 정확하게 보고 들으며 보고하고 있는가를 검증하는 것이다. 관찰법과 질문법 등으로 얻어진 현장 자료를 우선 정확하게 기술하는 것이 질적연구의 타당성 확보에 기본이라 할 수 있다. 앞에서 질적연구의 타당성을 저해하는 한 가지 내재적인 위험요소로 연구자의 편견을 언급하였다. 그런데 반드시 연구자의 편견이 개입된 경우가 아니더라도 질적연구의 기술적 타당도가 위협받을 수 있는 경우가 있다.

유사한 맥락에서 Patton(1992)은 질적연구자로서의 훈련을 충분히 받지 못했다거나, 사건이 갑자기 진행되어 그러한 상황을 포착할 준비가 되어 있지 못해 부정확한 기술·설명이 발생할 수 있음을 지적하였다. 현장에서 질적연구를 수행할 때 Katzer(1978)의 실험과 같은 갑작스러운 상황이 발생하는 경우는 극히 드물다 하겠지만, 질적연구자는 철저한 훈련(현장 관찰기록 작성 훈련, 상세한 것과 사소한 것을 분리하는 능력, 관찰을 유효하게 만들 수 있는 방법의 구비 등)과 준비로써 의미 있는 정확한 정보를 포착하는 데 근접할 수 있을 것이다. Katzer(1978)의 실험의 예와 같은 경우에는 적용이 용이하지 않지만, 질적연구를 수행하는 기술적 타당도를 높일 수 있는 일반적이고도 쉬운 방법은 조사자 삼각검증을 들 수 있다. 조사자 삼각검증은 복수의 연구자가 연구참여자의 행위, 연구 현장을 관찰하고 기록하는 것을 의미한다. 즉, 복수의 조사자를 고용하게 되어 조사자들의 관찰과 기록에 대하여 교차검증이 실시할 수 있다면, 연구결과는 보다 믿을 만하며 외부 검토자의 지적에도 보다 견고할 수 있음을 기대할 수 있다. 그러나 만약 두 사람의 조사자가 동일한 사건・상황에 대하여 각기 상이한 기술・설명을 제공하고 있다면, 조사자 삼각검증의 활용은 용이하지 않게 보인다.

예를 들어, 한 연구자는 자료수집 과정에서 특정인의 존재를 언급하였으나, 다른 한 연구자는 그 특정인의 존재를 포착하지 못했다면, 주요한 오류를 범하고 있는 것으로 보인다. Maxwell(1992)은 두 연구자가 동일한 사건・상황에 대하여 각기 상이한 자료 기술・설명을 제공하고 있다면, 이는 기술적 타당도에 있어서 의문을 제기한다고 할 수 있음을 지적하였다. 그리고 그는 이러한 불일치의 문제는 1) 기술・설명을 변형하여(연구자들이 자신들의 기술적 정확성에 대하여 합의하게 됨), 그리고 2) 연구자들의 관점과 관찰의 목적이 달라서 그러한 불일치가 나타난 것이며, 연구자들에게 주어진 관점들과 목적들에서 양자 모두 기술적으로 타당함을 규명함으로써 해결 가능하다고 주장하였다. 그러나 실제 질적연구수행에 있어서 Maxwell의 주장은 좀 더 신중하게 접근할 필요성이 있다. 두 연구자의 자료수집 과정 및 서술에 있어서 나타난 위와 같은 불일치는 모든 연구에 내재하는 선별적이며 주관적인 자료수집 과정을 증명하는 것임에 더욱 주목하여야 한다(이러한 불일치의 심각성에도 불구하고). 만약 연구자가 진실되지 못하거나 그와 같은 불일치의 문제를 성실히 처리하지 않으려 한다면 타당도는 단지 고결함(integrity)만을 추구하는 것에 놓이게 된다.

따라서 동일한 사건에 대한 연구자 기술・설명의 불일치가 발생할 경우에 연구자는 이를 재검토하며 해결할 방안을 충실하게 강구하도록 하여야 할 것이다. 그렇지 않고 두 연구자가 쉽게 타협하여 타당도를 확보하려 한다면 그들은 단지 타협된 타당도를 추구하게 될 것이다. 반면, 자료수집의 과정이 신실하게 수행하였음에도 불구하고 동일한 사건에 대한 두 연구자의 상이한 설명·기술이 나타나게 되었다면, 이러한 불일치는 단지 두 연구자의 복수적인 관점과 경험을 나타내는 것으로 해석할 수 있다(자료수집 상황·과 정에 존재하는 두 연구자의 실제적인 경험에 대한 진실되고 근거 있는 기술·설명임).

이러한 관점은 질적인 연구에서 보다 깊이 탐구할 필요성이 있는 흥미로운 질문을 제공하는 것으로 받아들여질 수 있다(물론, 이러한 관점이 양적인 연구에서는 용인될 수 없겠지만 인간의 생명, 개성, 경험에 초점을 두는 질적연구방법은 기술·설명 내에 대등하고도 상반된 진실의 모순과 존재의 필연성을 인정하게 된다).

6. 해석적 타당도

기술적 타당도가 얼마나 정확하게 관찰하고자 하는 대상을 기술·서술하고 있느냐에 해당하는 개념이라면, 해석적 타당도는 연구참여자(대상)의 내면에 존재하는 의미를 얼마나 정확하게 묘사하고 있느냐에 해당하는 개념이라 할 수 있다. 구체적으로 해석적 타당도는 연구참여자의 내면적 세계(관점, 사고, 감정, 의도, 경험 등)를 얼마나 정확하게 연구자가 이해하며 연구보고서에 묘사하고 있느냐를 의미한다. Patton(1990)은 연구참여자의 인식, 내면세계를 드러내는 데 질적접근(특히, 면담법)이 유용함을 다음과 같이 역설하였다.

면담조사의 목적은 연구참여자의 내면에 무엇을 주입하는 것이 아니라, 그들의 내면에 무엇이 존재하고 있는가를 밝히는 것이다. (중략) 우리는 사람들이 어떻게 세상을 조직하는지 그리고 세상에서 벌어지는 일 속에 귀착된 그들의 의미를 보는 것만으로는 알 수 없다(Patton, 1990: 278).

질적연구의 패러다임 내에서 해석은 자료수집에서 분리할 수 없는 요소이다. 이러한 맥락에서 기술과 해석의 분리는 잘못된 구분일 뿐만 아니라 사실상 불가능하다(Maxwell, 1992). 질적연구에서 해석은 본질적으로 연구자가 상황을 기술하는 문체 속에 표현되어 있으며, 연구자와 연구참여자 간의 상호작용 속에서 생성되는 것이다(이와는 달리 양적연구자는 질적연구자와 같은 해석과 자료수집의 연결부터 분리되어 있지만, 양적연구자도 그들의 자료 분류화와 선정에서 해석과 자료수집의 연결은 역시 피할 수 없을 것이다).

기술적 타당도를 높일 수 있는 한 전략으로는 참여자 확인을 들 수 있다. Lincoln과 Guba(1985)는 참여자 확인을 신뢰성을 확립하는 가장 중요한 기법으로 설명하였다. 참여자 확인은 수집된 자료와 이에 대한 기술·설명을 연구참여자로 하여금 검토하는 것으로, 중점 그룹(focus group)을 선정하여 실행할 수 있으며, 대안적으로는 원 자료만을 연구참여자에게 나누어 주고 이에 대한 주석·설명을 첨부할 것을 요청하는 방식으로 실행할 수도 있다. 이러한 검토를 종합적으로 다시 분석하여 연구자의 기술·설명을 재구성한다면, 연구참여자의 내면적 세계를 보다 충실하게 반영할 수 있을 것이다. 또한, 질적연구가 연구참여자의 내면적 세계를 충실하게 반영한다는 관점에서, 연구자는 연구참여자의 살아있는 그대로의 언어(verbatim)를 담아내도록 하여야 할 것이다.

7. 이론적 타당도

이론적 타당도는 어떤 현상에 대한 이론으로서의 기술·설명에 해당한다(Maxwell, 1992). 모든 이론에는 두 가지의 공통적인 요소가 있다. 하나는 이론이 활용하고 있는 개념이며, 다른 하나는 그러한 개념들 사이에 존재하는 관계성이다. 이론적 타당도도 이론의 이러한 양상에 부합하여 1) 현상에 적용된 개념들에 대한 타당성, 그리고 2) 개념들 간에 가정된 관계성에 대한 타당성이라는 두 요소가 있다. 전자는 연구자가 모델을 세우려 할 때 이용하는 벽돌에 해당된다고 할 수 있고, 후자는 벽돌을 쌓아 놓아가는 방법의 타당성이라 할 수 있다. 이론의 개발은 단지 사실 제공을 넘어서 현상에 대한 설명을 요구한다. Maxwell(1992)은 다음과 같은 예를 들어 이론적 타당도에서의 두 요소를 설명하였다.

연구자는 한 학생이 지우개를 던지는 행동을 저항의 행위라고 분류하고, 이를 다시 교사의 억압적인 행동, 학교의 사회적 구조, 그리고 미국 사회에서의 계급 관계성 등과 연결할 수 있다. 던지는 행위를 저항으로 동일시하는 것은 이론(적) 구조물(theoretical construct)의 적용을 구성한다. 저항의 행위, 즉 던지는 행위를 다른 연구참여자, 학교, 커뮤니티로 연결하는 것은 이러한 구조물 사이의 이론적 관계성의 가정을 구성한다(p. 291).

이의 예에서는 '지우개를 던지는 학생의 행위'를 설명하기 위하여 '저항'이라고 명명한 이론적 구조물이 활용되었다. 이론은 타 이론적 구조물들과 관련시켜서 개발될 수 있으며, 저항이라는 이론적 구조물도 유사한 다른 이론적 구조물과 연관 지어 볼 수 있다. Maxwell(1992)은 이론적 타당도는 질적연구수행 과정 중에 연구자가 적용하고 개발하는 이론적 구조물과 관여한다고 주장하였다. 질적연구에서 이론적 타당도를 향상시킬 수 있는 기법으로는 장기간의 현장조사를 들 수 있다. 연구자가 현장조사에 충분한 시간을 할애함으로써 연구자는 연구참여자들과 연구 현장에서 밝혀지는 유형, 관계들이 안정적으로 작용하는 것을 검증해 보며 확신을 갖게 되어, 그러한 관계성에 대한 설명 및 이론 생성의 기반을 구축할 수 있게 된다.

따라서, 양적연구와 질적연구는 서로 다른 패러다임 가정을 추구하고 있으므로 양적연구에서 제시하는 타당도 개념 및 정의를 그대로 수용한다는 것은 질적탐구의 본질과 상치된다고 하겠다. 그렇지만 이를 전면적으로 부정하며 질적연구에서의 타당도는 양적연구의 타당도와는 다르다는 주장에만 주목하게 된다면, 질적연구의 질적연구물은 신뢰할 수 있는 과학적 연구로 (양적연구자뿐만 아니라 질적연구자들로부터도) 인정받기 어려워지며, 질적연구 질에 대한 심각한 문제를 야기할 수 있다. 따라서 질적연구자들은 질적탐구에 고유한 연구방법, 타당도 확보 방법 등에 기초하여 나름의 엄격성을 추구하여야 할 것이다.

질적연구의 다양한 타당도 확보·검증 기법을 적절히 적용한다는 것은 단편적이고도 구체적인 기법·절차의 적용을 넘어서 연구에 고용된 렌즈와 연구자의 패러다임 가정을 종합적으로 고려한 거시적인 시각에서 강구하여야 한다. 즉, 주로 사용되는 아홉 가지 기법들(삼각검증, 불일치적 증거, 연구자 반성, 참여자 확인, 장기간의 현장조사, 공조, 추적조사, 풍부한 기술·서술, 동료복명)의 선정은 연구자의 렌즈 유형과 패러다임 유형들과의 관계성 속에서 결정되는 것이다. 따라서 연구의 편의성에 의존한 몇몇 타당도 확보·검증 기법을 활용한 것으로 연구의 엄격성과 신실성을 보장받을 수 없다.

또한, 질적연구에서 제시하는 다양한 타당도 확보·검증 기법들에 대하여 사후 검사적이며 일회성에 그치는 접근이 아니라, 과정적이며 지속적인 태도를 갖출 필요가 있다. 연구가 종료된 시점에서 질적연구의 표준화된 타당도 확보·검증 기법을 활용하는 것으로는, 실질적인 타당도 획득이 불가능하다. 이는 질적연구에서 과정으로부터 분리된(연구 현장의 맥락에서 분리된) 타당도 검증기법의 적용으로는 연구의 엄격성과 신실성을 보장받을 수 없기 때문이다. 또한, 사후검사적인 접근으로 질적연구의 타당도를 확보할 수 없다는 것은, 사전적인 조정·중재로 질적연구의 타당성을 위협하는 요소를 미리 제거할 수 없다는 것을 의미한다.

결론적으로, 양적연구와 질적연구의 타당도 개념 상이성에 대한 논의를 차치하더라도, 각 연구 접근에서 추구하는 타당도를 성취할 수 있는 방법에는 명확한 차이가 있음을 알 수 있다. 이와 같은 타당도 성취 방법의 차이는 각기 다른 목적과 다른 진리를 추구하는 양적연구와 질적연구의 차이에서 기인한 것으로 이해할 수 있다. Foucault(1972)의 진리의 복수성(multiplicity of truth) 정의를 토대로 볼 때, 각각의 진리들은 저마다의 타당도 방안을 필연적으로 요구할 수밖에 없다고 할 수 있다. 즉, 추구하는 진리가 어떤 것이냐에 따라 그 성취방법의 타당도는 재구성되어야 할 것이다. 그러므로 타당도는 진리 추구 과정을 가장 잘 반영할 수 있는 연구방법의 활용에 내재되어 있다고 할 수 있다. 이러한 관점에서 타당도에 대한 원론적 정의(타당도는 연구가 본래 평가하려고 했던 바를 제대로 평가하고 있는가를 탐구하는 것이다)를 다시 살펴볼 때, 질적연구 타당도 탐구는 그 연구가 원래 평가하려고 했던 바를 제대로 평가하고 있는가에 대한 진단뿐만 아니라, 그 연구가 궁극적으로 추구하려던 진리에 제대로 근접할 수 있는가에 대한 조명이 수반되어야 할 것이다.

CHAPTER 14

질적연구 윤리

1. 연구윤리와 생명윤리
2. 착취의 역사와 생명윤리 발달
3. 사회과학 영역에서 비윤리적인 연구수행
4. 생명윤리의 주요 원칙
5. 연구윤리의 현실
6. 생명윤리 주요원칙
7. 연구자와 연구참여자

1. 연구윤리와 생명윤리

연구자는 연구자로서 연구자다움을 유지해야 하며(최경석, 2009), 이는 연구윤리를 지킴으로써 실현될 수 있다. 연구윤리는 연구수행에 지켜야 할 윤리원칙과 행동양식을 의미하며, 이는 연구의 진실성을 유지하는 것뿐만 아니라 연구자의 사회적 책임과 연구대상 혹은 연구방법에서의 윤리성을 지키는 것을 포함한다(이인재, 2015; 최경석, 2009).

연구윤리는 개인적·사회적으로 책임 있는 연구자로서 연구자다움을 유지하는 데 필수적인 요소이며, 안전하고 윤리적인 연구수행에 토대가 된다.

2005년 발생한 황우석 사건은 한국의 연구윤리 발전에 많은 영향을 주었으며 이를 계기로 법적·제도적·교육적 차원에서 연구윤리에 대한 다양한 접근이 이루어질 수 있었다.

그러나 보다 정확하게 말하자면 황우석 사건은 한국의 연구윤리 중에서도 연구부정행위와 관련된 연구 진실성에 더 많은 영향을 주었다고 해도 과언이 아니다.

연구윤리는 연구진실성이 전부가 아니다.

연구윤리는 연구자의 정직성과 연구의 진실성뿐만 아니라 연구대상자에 대한 연구자의 책임과 의무를 포함한다. 그럼에도 불구하고 당시 한국의 연구윤리에 대한 다각적인 접근에서는 연구참여자에 대한 보호의 의무와 책임이 누락되었다.

실제로 2007년 마련된 「연구윤리 확보를 위한 지침」에서는 연구부정행위만을 구체적으로 다뤘을 뿐 연구참여자에 대한 연구자의 책임과 의무에 대해서는 언급하지 않았다.

다행히 2015년 해당 지침이 개정되면서 기존의 연구부정행위만을 다뤘던 한계에서 벗어나 연구자의 연구참여자에 대한 책임과 의무가 추가되었지만, 여전히 내용이 추상적인 설명에 머무르고 있어 연구자의 구체적인 실천으로 이어지기까지는 한계가 있다. 그렇다면 연구참여자 보호와 그들의 권리 존중을 위한 보다 구체적인 실천과 행동의 근거가 될 수 있는 자료는 어디에서 찾을 수 있을까? 본 연구에서는 이와 관련된 해답을 생명윤리에서 찾고자 한다.

생명윤리(Bioethics)는 생명(Bio)과 윤리(Ethics)의 합성어로(유민 외, 2018) 1970년대 Van Rensselaer Potter라는 생물학자에 의해 처음 소개되었다 (Jecker et al., 2012). 그는 원자 폭탄 개발과 게놈(genome) 연구를 보면서 과학의 사회적 함의에 대한 우려를 표명하였으며(Jecker et al., 2012) 인간뿐만 아니라 생물권 전반에 우리의 의무를 통합할 수 있는 윤리로 생명윤리를 제안하였다(Kuhse & Singer, 1999).

생명윤리의 역사는 제2차 세계대전으로 거슬러 올라간다.

제2차 세계대전 당시 특정 인종, 특정 집단에 대한 잔혹한 인체실험 사실이 밝혀지면서 뉘른베르크 전범재판이 이루어졌고, 이를 계기로 인간을 대상으로 하는 연구에서 연구자의 책임과 의무에 대한 논의가 이루어지기 시작하였다.

이후에도 국제연합(UN)의 세계인권선언, 세계의사협회의 헬싱키 선언, 인간대상 연구에서 가장 기본적인 윤리원칙이라고 할 수 있는 벨몬트 보고서가 발간되었으며, 오늘날까지도 생명윤리에 대한 관심은 계속되고 있다.

생명윤리는 인간을 대상으로 연구를 수행하면서 간과했던 부분들, 윤리적으로 문제가 되었던 부분들을 점검함으로써 연구자가 가져야 할 자세, 책임과 의무를 보여주는 중요한 지침과 다름없다. 그렇다고 해서 생명윤리만이 온전히 연구참여자에 대한 연구자의 책임과 의무를 다루는 것은 아니다.

연구윤리와 생명윤리를 설명할 수 있다.

최경석(2009)은 연구윤리와 생명윤리의 개념에 대한 보다 구체적인 설명을 제공하였으며 연구윤리와 생명윤리의 연관성을 살펴보면서 이 두 가지가 중첩되는 지점이 곧 연구참여자 보호의 영역이라고 설명한다. 이와 관련하여 연구윤리와 생명윤리의 개념을 좀 더 구체적으로 살펴보면 다음과 같다.

우선 연구윤리는 책임 있는 연구를 수행하기 위해 연구자가 지켜야 할 윤리원칙 또는 행동양식으로(이인재, 2015; 최경석, 2009) 이는 광의와 협의로 구분할 수 있다. 협의의 연구윤리는 연구부정행위와 관련되어 있으며 연구 진실성 또는 연구정직성 확립을 위한 윤리를 의미한다(최경석, 2009). 따라서 협의의 연구윤리는 위조, 변조, 표절과 같은 연구의 정직성을 훼손하는 행위에 대한 방지에 초점이 맞춰져 있다(최경석, 2009).

광의의 연구윤리는 연구자가 연구의 전 과정에서 지켜야 할 윤리원칙과 행동양식을 의미하며, 이는 연구부정행위뿐만 아니라 연구참여자 보호 등의 생명윤리에 관한 내용을 포함한다(최경석, 2009; 허유성 · 김정연, 2012). 따라서 광의의 연구윤리는 데이터의 획득 · 관리 · 공유, 소유권, 동료심의, 위조 · 변조 및 표절의 문제, 연구책임자와 연구원, 연구보조원과의 관계, 이해관계의 갈등, 제보자 보호, 저자 자격 부여 및 출판 문제, 재정 문제, 피험자 보호, 연구의 안전성과 연구자의 사회적 책임에 대한 문제를 포함한다(최경석, 2009).

일반적으로 연구윤리는 광의의 의미로 사용되며 이는 연구자의 학문적 진리 탐구뿐만 아니라(최경석, 2009) 연구자의 진실성, 연구실 문화의 민주성, 연구자의 사회적 책임, 연구대상이나 연구방법에서의 윤리성 등을 포함하는 포괄적인 개념이라고 할 수 있다(이인재, 2015).

광의의 연구윤리는 연구대상자 보호의 문제에 있어서 협의의 생명윤리와 중첩된다(최경석, 2009). 협의의 생명윤리는 의생명과학의 발달에 따른 윤리적 · 법적 · 사회적 함의에 대해 탐구하며 생명과학, 의학 분야에 인간을 대상으로 하는 연구 혹은 치료에서 발생하는 윤리적인 문제를 중점적으로 다룬다(조성연, 2018; 최경석, 2009).

일반적으로 생명윤리는 생물학, 의학, 과학에서의 윤리적인 문제와 관련하여 협의의 의미로 사용되고 있으며(Kuhse & Singer, 1999), 협의의 생명윤리는 일종의 전문직 윤리로 인식되어 학자에 따라 의료윤리 혹은 생명의료윤리로 불리기도 한다(조성연, 2018; 최경석, 2009).

협의의 생명윤리는 안락사, 임신중절술, 체외수정술, 장기이식, 배아 및 줄기세포연구, 보조생식술, 유전공학과 유전자검사, 진단 및 치료, 의료자원의 분배 등을 다루며 연구윤리와 중첩되는 부분인 인간대상 연구의 문제를 다룬다(조성연, 2018; 최경석, 2009).

광의의 생명윤리는 생명과 관련된 보편적 윤리와 관련된다(조성연, 2018).

광의의 측면에서 생명윤리는 인간뿐만 아니라 생명을 가진 존재자의 생명 '윤리'는 학문분야로서의 윤리학을 의미하기도 하며, 인간이 지켜야 할 도덕적 규범과 규범들의 체계를 의미하기도 한다(최경석, 2009).

학문으로서의 윤리학과 규범들의 체계로서의 윤리를 서로 별개의 것으로 보기는 어려운데 이는 규범들의 체계가 쉽게 정돈되지 않거나 상호 충돌할 경우 혹은 규범들의 정당성에 대한 의문이 제기될 경우 그것은 곧 윤리학의 문제이기 때문이다(최경석, 2009).

존엄성에 대한 철학적 담론을 의미하는 것으로 사용될 수 있으며(최경석, 2009) 생명 존엄성에 대한 공동체의 바람직한 접근 방향에 대한 고민을 포함한다(조성연, 2018).

연구윤리와 생명윤리의 개념에 대해 살펴보았으며 이들이 서로 관련되어 있고 연구윤리와 생명윤리가 중첩되는 부분에 연구참여자 보호의 영역이 존재함을 확인하였다. 또한, 연구윤리가 연구참여자 보호와 관련된 연구자의 책임과 의무를 포함하고 있지만 이에 대한 구체적인 지침이나 실천 방안에 있어 부족함을 확인하였고 이는 생명윤리를 통해 보완될 수 있음을 설명하였다.

생명윤리는 인간을 대상으로 하는 연구에서 연구참여자 보호와 연구자의 책임, 의무에 대한 구체적인 내용을 담고 있다. 생명윤리의 역사는 제2차 세계대전과 함께 시작되었으며 이후에도 비윤리적인 연구수행 사실이 밝혀지면서 이는 윤리강령의 제정과 연구참여자 보호와 관련된 지속적인 논의에 많은 영향을 주었다.

또한, 의사와 환자 관계에서 발생하는 불평등의 문제, 의료 현장에서 실질적으로 맞닥뜨리게 되는 삶과 죽음의 문제는 연구참여자 보호와 관련된 윤리 발전에 직접적인 영향을 주었다.

생명윤리는 생명과 관련된 특수한 영역에서의 상황 혹은 문제로부터 비롯되었으나 그러한 상황에 적용할 수 있는 보편적인 윤리원칙과 체계를 담고 있다(조성연, 2018). 또한, 생명윤리는 윤리학을 기반으로 인간뿐만 아니라 생명을 가지고 있는 모든 존재자의 존엄성과 가치에 대한 이해와 존중을 담고 있으며 이를 위한 구체적인 실천을 다루고 있다(조성연, 2018).

따라서 생명윤리의 발달 과정과 윤리강령들이 제시한 기본 원칙에 대해 살펴봄으로써 질적연구자에게 유용하게 활용될 수 있는 중요한 정보를 얻고자 한다.

협의의 생명윤리는 두 가지 사건으로부터 기원된 것으로 볼 수 있는데 이는 첫째, 비윤리적인 인체실험이 이루어졌던 제2차 세계대전과 둘째, 1900년대 이후 급속한 의학기술의 발전과 관련 있다(유민 외, 2018; 최경석, 2009). 의학기술의 발전과 관련하여 항생제, 항암제의 사용, 장기이식 수술, 인공호흡기 등의 생명유지 장치의 사용은 생명윤리에 대한 관심을 높이는 데 중요한 역할을 하였다(유민 외, 2018; 최경석, 2009; Johnson, 1975).

2. 착취의 역사와 생명윤리 발달

생명윤리와 관련하여 역사적으로 가장 큰 전환점이 된 계기는 제2차 세계대전이다(박중신, 2013). 제2차 세계대전 동안 의학연구는 전쟁의 일부였으며 정부의 지원을 받아 대규모로 조직화되었다(김옥주, 2002).

나치는 우생학을 내세워 국가가 주도하여 정실질환자, 간질, 맹인, 알코올중독자 등을 대상으로 강제 불임수술을 시행하였으며 과학 발전이라는 미명 하에 유대인, 집시, 전쟁포로 등을 대상으로 압력, 추위, 세균, 화학, 질병과 관련된 잔인한 실험을 자행하였다(김옥주, 2002).

제2차 세계대전 동안 이루어졌던 인체실험에서 피험자들은 연구에 대한 어떠한 설명도 듣지 못했고 연구 참여와 거부에 대한 어떤 결정권도 갖지 못했다. 또한, 유대인, 전쟁 포로, 정신질환자, 시각장애인 등과 같이 특정 집단 혹은 취약한 집단을 연구의 대상으로 이용함으로써 연구참여자 선정에 있어서도 불평등한 문제를 가지고 있었다. 연구로 인한 신체적, 정신적 고통과 해악이 분명히 존재함에도 불구하고 이는 고려되지 않았으며 연구로 인한 감염, 질병, 사망이 발생하는 상황에서도 연구는 중단되지 않았다. 피험자들은 철저하게 연구를 위한 수단으로만 이용되었다.

제2차 세계대전 이후 뉘른베르크 전범 재판부는 인간을 대상으로 잔혹한 실험을 자행했던 연구자들에게 유죄판결을 내렸으며 연구자가 지켜야 할 원칙을 담은 뉘른베르크 강령(Nurenberg Code)을 발표하였다. 뉘른베르크 강령은 첫 번째 원칙으로 연구에 자발적인 참여를 강조하였으며 연구 철회 결정에 있어 연구참여자의 자유의지가 중요함을 제시하였다. 또한, 연구 참여로 인한 신체적·정신적 고통과 상해는 철저히 배제되어야 함을 설명하였으며, 연구로 인해 발생할 수 있는 위험에 대한 대비를 강조하였다. 뉘른베르크 강령은 최초의 국제적 의학연구윤리 강령으로 이후 인간을 대상으로 한 연구윤리 강령과 법규에 기초가 되었다(Seidman, 2006).

뉘른베르크 강령(The Nuremberg Code)

허용되는 의료 실험: 사람에 대하여 행하는 의료 실험은 합리적으로 적절히 한정된 범위 안에서 실시할 때에만 의료 직업 윤리에 부합함을 유념해야 한다. 사람을 대상으로 하는 실험을 옹호하는 입장은 다른 연구 방법이나 수단을 통해서는 얻을 수 없는 사회적 이익을 그러한 실험을 통해 얻을 수 있다는 점에 근거하고 있다. 그러나 도덕과, 윤리관, 법 관념에 부응하기 위해서는 다음과 같은 일정한 기본 원칙이 준수되어야 함은 물론이다.

1. 실험 대상이 되는 사람의 자발적인 동의(voluntary consent)는 절대 필수적이다. 즉, 관련 당사자는 동의할 수 있는 법적 능력이 있어야 하고, 강압, 사기, 기망, 강박, 기만, 기타 이면의 강제나 강압의 개입 없이 자유로이 선택권을 행사할 수 있는 상황에서 관련 사안의 주된 요소를 충분히 숙지하고 이해하여 이에 근거한 사리에 합당한 결정을 할 수 있어야 한다. 마지막 요건을 만족시키기 위해서는 실험 대상자가 긍정적인 결정을 승낙하기에 앞서 그에게 당해 실험의 성격, 기간 및 목적, 당해 실험을 행하는 방법 및 수단, 예상되는 모든 불편 및 위험 사항, 그리고 실험에 참여함으로써 야기될지 모르는 건강 또는 신상의

영향에 대하여 고지받아야 한다.
동의의 적정성을 확인할 의무와 책임은 실험을 주도, 지시, 관장하는 각 개인에게 있다. 이는 타인에게 위임할 수 없는 일신전속적 의무이며 책임이다.

2. 실험은 다른 연구방법 · 수단에 의해서는 얻을 수 없는 사회적 이익을 위해 유익한 결과를 낳을 수 있는 것이어야 하며, 성질상 무작위로 행해지거나 불필요한 것이어서는 아니 된다.
3. 실험은 그로 인하여 기대되는 결과가 당해 실험의 실행을 정당화할 수 있도록 동물 실험의 결과와 연구대상이 되는 질병의 자연발생사 및 기타 문제에 관한 지식에 근거하여 계획해야 한다.
4. 실험을 할 때는 모든 불필요한 신체적 · 정신적 고통과 침해를 피해야 한다.
5. 사망 또는 불구의 장해가 발생할 수 있으리라고 추측할 만한 이유가 있는 경우에는 실험을 행할 수 없다. 단, 실험을 하는 의료진도 그 대상이 되는 실험의 경우는 예외로 한다.
6. 실험으로 인하여 감수해야 하는 위험의 정도나 그로 인하여 해결되는 문제의 인도주의적 중요성 정도를 초과하여서는 아니 된다.
7. 상해, 불구, 사망의 어떠한 일말의 가능성으로부터도 실험대상자를 보호하기 위하여 적절한 준비와 적당한 시설을 갖추어야 한다.
8. 실험은 과학적으로 자격을 갖춘 자에 의해서만 행해져야 한다. 실험을 시행하고 이에 참여하는 사람에게는 실험의 모든 단계를 통하여 최고도의 기술과 주의가 요구된다.
9. 실험이 진행되는 동안 실험 대상자는 실험의 계속이 불가능하다고 보이는 신체적 · 정신적 상태에 이르게 된 경우 실험을 자유로이 종료시킬 수 있어야 한다.
10. 실험이 진행되는 동안 당해 과학자는 그에게 요구되는 선의, 고도의 기술 및 주의력으로 판단해 볼 때, 실험의 계속이 실험 대상자에게 상해, 장애 또는 죽음을 야기하리라고 믿을 만한 상당한 이유가 있는 경우에는 어느 단계에서든 실험을 중지할 준비가 되어 있어야 한다.

두 번의 세계대전을 겪게 되면서 국제연합(UN)은 인간의 존엄성과 가치를 훼손한 행위에 대해 규탄하며 1948년 세계인권선언을 공표한다(서이종, 2015). 세계인권선언은 인간의 존엄성과 가치 존중 등 보편적인 인권 원칙을 천명하였으며 모든 사람은 태어날 때부터 자유롭고, 존엄성과 권리 앞에 평등하며 정치적 · 민족적 · 사회적 배경에 따른 어떠한 종류의 차별도 있어서는 안 된다고 밝히고 있다(서이종, 2015). 세계인권선언은 자발적인 동의의 원칙, 악행금지 원칙, 선행의 원칙, 정의의 원칙에 중요한 근거를 제공하였으며, 연구대상자 보호 윤리에 중요한 영향을 미쳤다(서이종, 2015).

1953년 세계의사회는 인체실험의 문제를 보다 전문적으로 다루기 시작하였으며 뉘른베르크 강령을 좀 더 세분화하여 의사가 지켜야 할 의료윤리를 정립하고자 하였다(구인회, 2010; 이정현, 2011; 서이종, 2015). 이에 세계의사회는 뉘른베르크 강령의 한계와 문제점에 대해 검토하고 새롭게 추가되어야 할 원칙들에 대해 논의하였으며, 여러 번의 수정과 발전을 거듭하여 1964년 제18차 총회에서 헬싱키 선언을 채택하였다(김옥주, 2002). 헬싱키 선언은 생명의료연구에서 의사에게 지침이 되는 권고사항을 담고 있으며 의사의 의무와 책임뿐만 아니라 연구의 각 과정에서 의사가 지켜야 할 주요 원칙들을 제시하였다.

뉘른베르크 강령과 헬싱키 선언에도 불구하고 미국에서는 취약한 인구를 대상으로 비윤리적인 연구를 수행한 사실이 공개된다. 미국은 1932년부터 1972년까지 정부 주도하에 미국 남부 알라바마주 터스키기 지역의 가난하고 교육받지 못한 흑인 남성을 대상으로 매독에 대한 관찰 연구를 수행하였다(고향자・현선미, 2008; 김진경, 2014). 연구의 목적은 매독의 자연환경과와 그것이 일상생활에 미치는 영향을 확인하는 것이었다(박중신, 2013).

연구를 위해 매독에 감염된 400명의 남성과 그렇지 않은 200명의 남성이 모집되었으며 이들은 연구참여에 대한 동의를 묻는 어떠한 절차도 제공받지 못했다(Hesse-Biber & Leavy, 2011). 또한, 1930년대 초에 이미 매독에 대한 표준치료법이 개발되고 1940년대 항생제 투여에 대한 효과가 증명되었음에도 불구하고 연구자들은 항생제 치료를 보류하였다(Hesse-Biber & Leavy, 2011).

심지어 연구자들은 치료되지 않은 상태로 둘 경우 장애가 발생하거나 조기 사망에 이를 수 있다는 것을 알고 있었음에도 불구하고(Hesse-Biber & Leavy, 2011), 대상자를 치료하지 못하도록 조치하고 죽을 때까지 그들을 관찰하는 등 비윤리적인 연구를 지속하였다(박중신, 2013).

터스키기(Tuskegee)의 매독 연구에서 제기되는 윤리적인 문제는 연구참여자들에게 연구에 대한 상세한 설명을 제공하지 않았고 자발적인 연구 참여의 기회를 제공하지 않았다는 것이다. 또한, 표준화된 치료법이 이미 개발된 상태이고 치료를 방치했을 경우 어떤 결과가 예상되는지 알고 있었음에도 불구하고 연구자들은 이를 기만하였고 연구참여자들을 오로지 연구를 위한 수단으로 이용하였다.

아울러 터스키기 매독 연구는 경제적·사회적·교육적으로 취약한 상태에 있는 집단의 특성을 이용하여 그들을 연구참여자로 선정했다는 점에서 비윤리적이다.

터스키기 매독 연구로 인해 100여 명의 참여자가 사망하였으며 연구 사실이 미디어에 공개되고 공론화되고 나서야 연구는 중단되었다(Hesse-Biber & Leavy, 2011). 이를 계기로 1974년 미국 의회는 국가연구법(National Research Act)을 제정하고 '생의학 및 행동학 연구에서의 피험자 보호를 위한 국가위원회(National Commission for the Protection of Human Subjects of Biomedical and Behavioral Research)'를 설립하였으며, 1979년 위원회는 인간대상 연구에 있어 기본적인 윤리원칙을 담은 벨몬트 보고서를 발간하였다(박중신, 2013).

벨몬트 보고서는 헬싱키 선언 이후에 보다 실질적이고 법적 제재권을 가지며 인간대상연구에서의 기본적인 윤리원칙과 구체적인 상황에 대한 분석틀을 제공한 것으로 평가된다(이을상, 2006). 해당 보고서는 의생명연구뿐만 아니라 사회과학 및 행동과학 분야를 아우르는 보편적인 생명윤리 혹은 연구대상자 보호윤리를 정립한 문서(서이종, 2015)로 인간 존중의 원칙, 선행의 원칙, 정의의 원칙을 포함한다.

벨몬트 보고서의 인간 존중의 원칙, 선행의 원칙, 정의의 원칙은 사회과학의 실천을 뒷받침하는 공동의 도덕성에서 파생된 것으로 이는 의생명연구자들뿐만 아니라 사회과학자들의 윤리적인 연구수행에 근본이 되는 중요한 원칙을 제공해 준다(Kitchener & Kitchener, 2009). 그러나 인간 존중의 원칙은 개인의 이해관계와 권리를 넘어선 국가적·민족적·집단적 요구 혹은 필요를 인정하지 않은 채 개인으로 환원한다는 점에서 비판받기도 한다(서이종, 2015).

또한, 선행의 원칙과 관련된 해악금지의 원칙은 해의 개념이 모호하여 실제 현장에서 무엇이 해가 되는지 판단의 어려움을 유발할 수 있으며(핫토리 & 이토, 2015) 어느 정도의 불편함이 연구에서 정당화될 수 있는지와 관련하여 윤리적 우려를 낳을 수 있다(Kitchener & Kitchener, 2009).

3. 사회과학 영역에서 비윤리적인 연구수행

인간을 대상으로 한 비윤리적인 실험과 인간을 기만하는 행위는 비단 의생명연구에서만 일어나는 현상은 아니었다. 이는 사회과학 분야에서도 예외는 아니었으며 Milgram의 권위에의 복종에 대한 연구와 Humphreys의 Tearoom Trade 연구, Zimbardo의 스탠퍼드 감옥 연구가 대표적이다.

1961년 심리학자인 Stanley Milgram은 권위에 대한 복종과 관련하여 개인이 권위 있는 인물에 복종하게 되는 조건을 확인하고자 연구를 수행하였다(Hesse-Biber & Leavy, 2011). 연구에서 참여자들은 교수자의 역할을 담당하였으며 그들은 일련의 단어를 학습자에게 읽어주고 해당 단어를 반복해서 말하게 하였다. 만약 단어를 제대로 반복하지 못했을 경우 참여자는 관리자에게 전기충격을 가할 것을 요구해야 했고, 잘못된 응답을 할 때마다 전압을 높여야 했다(Hesse-Biber & Leavy, 2011). 전기충격으로 인해 고통받는 소리를 들은 참여자들은 항의하기도 했으며 몇몇의 참여자는 실험을 중지하기를 원했지만 연구자는 자신이 책임질 것이라 말하며 실험을 계속할 것을 강요하였다(Hesse-Biber & Leavy, 2011).

Milgram 연구에서 일부 연구참여자들의 항의와 참여 중단 요청은 받아들여지지 않았으며 해당 연구는 동의도 획득하지 않은 채 이루어졌다(Hesse-Biber &Leavy, 2011). 또한, 실제 연구의 목적은 타인의 고통이 눈에 보이는 경우에도 주어진 임무를 계속하는지를 실험하기 위한 것이었으나 참여자들에게는 처벌이 학습에 미치는 효과를 살펴보기 위한 연구라고 거짓 설명하면서 연구참여자를 기만하였다(김진경, 2014; Hesse-Biber & Leavy, 2011).

Milgram의 연구에서 전기충격은 거짓이었고 전기충격을 받은 학습자 역시 Milgram 연구의 팀원으로 거짓 연기를 한 것이었지만 참여자들은 이러한 사실을 알지 못했다(Hesse-Biber & Leavy, 2011). 실제로 전기충격이 가해지는 것이 아니었지만 연구참여자에게는 해당 사실을 알리지 않았기 때문에 이로 인해 연구참여자들은 극심한 스트레스를 경험할 수밖에 없었다(서이종, 2015).

연구참여자들은 전기충격을 가하라는 연구자의 말에 복종해야 할지 아니면 실험을 거부해야 할지 갈등하였다(서이종, 2015). 연구참여자들은 상대방에게 치명적인 충격이 될 수 있는 행위를 한 것에 대해 정신적 고통을 겪었으며 연구를 통해 자신의 잔인함을 목격하게 되면서 장기적인 불안을 경험하게 되었다(김진경, 2014).

1960년대 중반 사회학자인 Laud Humphreys는 자신의 존재를 숨기고 연구에 대한 설명과 연구 참여에 대한 동의를 생략한 채 남성들 간의 성관계가 이루어지는 현장에 들어가 참여관찰과 심층면담을 활용하여 질적연구를 수행하였다(김시형 외, 2016; DuBois, 2006). 연구참여자들은 그가 연구자라는 사실을 대부분 몰랐으며 그들에게 연구자는 Watch Queen으로 그리고 경찰이나 타인의 접근을 알려주는 사람으로 여겨졌다. Humphreys는 연구대상자들의 자동차 면허 번호를 기록하고 자동차 등록증을 통해 이름과 집 주소를 수집하였으며 1년 후 공중보건 설문조사원으로 가장한 채 연구참여자들의 집을 방문하여 그들에 대한 광범위한 정보를 수집하였다.

그는 연구결과를 통해 연구대상자 대부분이 여성과 결혼하고 자녀가 있었으며 오직 14퍼센트만이 동성애자였다고 밝힘으로써 '정상에서 벗어난 위험한 동성애자'라는 근거 없는 믿음을 제거하는 데 영향을 미쳤다(DuBois, 2006).

많은 동성애자 커뮤니티가 그의 연구를 환영하였으며 그의 연구는 남성끼리의 성행위와 관련된 체포나 현장급습이 줄어드는 데도 영향을 주었다(DuBois, 2006). 그의 연구는 낙인된 행동에 대해 이해하고 동성애자에 대한 편견을 줄이는데 기여했지만, 은밀한 관찰, 기만, 잠재적 위험 등에 있어서는 많은 논란을 남겼다(Levine & Skedsvold, 2008). Milgram은 연구에 대해 그리고 연구자 자신에 대해 연구참여자들에게 진실하게 설명하지 않았고 그로 인해 연구대상자들은 연구 참여를 결정하는 주체자로서 판단하고 행동하는 것이 불가능하였다.

비록 연구자가 연구자료로부터 연구참여자의 개인 식별정보를 분리하여 보관하고 모든 자료수집이 종료된 후에는 즉각적으로 이름을 삭제하는 등 기밀을 유지하기 위해 노력을 기울였지만 연구대상자들의 사생활이 침해받았다는 비판에 대해서는 자유롭지 못했다(DuBois, 2006).

그의 연구방법은 무례하고 비윤리적이었으며 연구자의 은밀한 관찰과 기만으로 인해 연구참여자들의 사생활은 아무런 여과 없이 그대로 노출될 수밖에 없었다.

1971년 스탠퍼드 대학의 심리학 교수인 Philip Zimbardo는 대학 건물 지하에 모의 교도소를 설치하고 교도관과 수감자의 역할수행이 연구대상자들에게 미치는 영향을 연구하였다(서이종, 2015). 신문 공고를 통해 75명이 모집되었으며 이 중 24명의 남자대학생이 연구대상자로 선정되었다. 교도관과 수감자의 역할은 동전 던지기로 결정되었으며 연구대상자들은 시설에 들어가기 전 안정적인 정신 상태를 유지하고 있는지 검사받았고 그들에게는 매일 15달러의 일당이 지급되었다(허경미, 2010; Zimbardo, 1973).

연구참여자들은 다음의 조건이 기재된 양식에 서명하였다. 첫째, 최대 2주 동안 교도관과 수감자의 역할을 수행하고, 둘째, 수감자 역할에 배정된 사람들은 감시하에 괴롭힘을 당하거나 감금되어 있는 동안 기본적인 권리가 축소되지만 육체적으로 학대를 받지 않을 것이며, 셋째, 참여자들은 최소한의 식이요법과 의복, 공간, 의료 및 재정적 보상을 받게 된다는 내용이었다(Banuazizi & Movahedi, 1975).

연구가 시작되고 이틀이 되지 않아 폭력과 반란이 일어났으며 수감자들은 옷과 수형번호를 찢고 교도관에게 고함을 지르는 등의 행동을 보였다(Banuazizi & Movahedi, 1975). 교도관들은 수감자를 괴롭히고 굴욕감을 주거나 협박하기 시작했으며 정교한 심리기술을 이용하여 수감자들 간의 연대를 깨뜨리고 그들 사이에 불신을 갖게 하였다(Banuazizi & Movahedi, 1975). 36시간도 되지 않아 한 명의 수감자는 심각한 정신적 장애와 생각의 혼란을 보였으며, 4일째 되는 날 두 명의 수감자는 심각한 감정적 장애 증상을 보였고 이중 세 번째 수감자는 온몸에 심리적 문제로 인한 발진 증상을 보였다(Banuazizi & Movahedi, 1975). 5일째 되는 날 수감자들은 개인적 그리고 집단적으로 분해되는 양상을 보였고 그들 대부분은 수동적이거나 온순하게 변하였으며 현실과의 급속한 단절로 인해 고통 받았다(Banuazizi & Movahedi, 1975). 반면 교도관은 권한을 남용하고 가학적으로 행동하였으며 수감자를 잔인하게 대하는 동료 교도관을 보고도 방관하였다(허경미, 2010; Banuazizi & Movahedi, 1975).

연구대상자들은 점차 자신이 맡은 역할에 동화되었고 가상의 역할과 실제 정체성 사이에서 혼란을 겪었으며 예상치 못한 부작용으로 인해 연구는 당초 계획인 2주를 채우지 못하고 6일 만에 종료되었다(서이종, 2015). Zimbardo의 연구는 연구참여자들을 속이거나 기만하는 행위는 없었지만 장기간의 수감자와 교도관의 역할 시뮬레이션은 연구참여자들에게 신체적·정신적으로 영향을 주었다(Levine & Skedsvold, 2008).

Zimbardo의 연구는 스탠퍼드 대학 IRB(Institutional Review Board; 기관생명윤리위원회)로부터 승인받은 연구였음에도 불구하고 위원회는 연구가 가진 문제를 제대로 파악하지 못했으며 연구자의 이해상충에 대한 검증도 소홀하였다(Tolich, 2014). Zimbardo는 해당 연구의 연구책임자이자 동시에 교도소장의 역할을 담당하였는데 두 가지 역할의 충돌로 인해 교도관과 수감자 모두에게 발생 가능한 폭력의 위험성을 제대로 인지하지 못했다(Tolich, 2014).

Zimbardo의 스탠퍼드 감옥 연구는 인간을 대상으로 하는 연구에 있어서 연구참여자에게 해를 입히는 연구는 정당화될 수 없다는 가장 근본적인 연구윤리원칙에 어긋나는 연구였다. 또한, 그의 연구는 연구결과가 이미 기존의 지식 체계에 의해 예측되는 것이라면 더욱더 연구가 수행되어야 할 이유가 없음에도 불구하고 연구가 이루어졌다는 점에서 비판을 받았다(Zimbardo, 1973).

Tearoom Trade 연구에서 Humphreys는 연구자의 존재와 연구의 목적을 숨긴 채 연구참여자를 은밀하게 관찰함으로써 그들의 사생활을 그대로 노출시켰다.

Milgram의 연구는 동의도 획득하지 않은 채 이루어졌으며 고통을 호소하는 연구참여자의 연구 중단, 철회 요청은 받아들여지지 않았다. Zimbardo의 연구는 설계 단계에서 연구로 인한 위험이 충분히 고려되지 않았으며 이로 인해 연구참여자들은 정신적인 고통을 겪었다. 그들의 연구는 의학연구뿐만 아니라 사회과학 연구도 위험이 발생할 수 있음을 보여주었으며 인간을 대상으로 하는 모든 연구에서 연구참여자에 대한 존중과 배려가 전제되어야 함을 보여주었다.

4. 생명윤리의 주요 원칙

제2차 세계대전은 세 개의 문서 발전을 촉발시켰는데 그것이 바로 뉘른베르크 강령, 헬싱키 선언, 벨몬트 보고서이다(O'Reilly & Kiyimba, 2015). 이는 생명윤리의 주요 원칙을 살펴보는데 대단히 중요한 문서로 인간대상연구를 수행하는 과정에서 연구자가 지켜야 할 책임과 의무와 관련하여 유용한 정보를 제공한다. 따라서 이 절에서는 뉘른베르크 강령, 헬싱키 선언, 벨몬트 보고서가 강조하는 윤리원칙에 대해 살펴보고자 한다.

뉘른베르크 강령은 10개의 조항으로 구성되어 있으며 첫 번째 원칙으로 연구대상자의 연구에 대한 자발적인 참여를 제시한다. 해당 강령에 따르면 연구대상자는 연구에 대한 충분한 지식을 제공받고 이에 대한 이해를 토대로 연구 참여 여부를 결정할 수 있어야 하며, 자유로운 의사결정을 위해 강압, 폭력, 기만, 협박, 강요 등의 개입이 없어야 한다. 뉘른베르크 강령의 첫 번째 원칙은 충분한 설명에 근거한 자발적인 동의를 의미하는 것으로 이는 이후 모든 윤리원칙에 기초가 되었다(박중신, 2013).

뉘른베르크 강령은 연구참여자가 연구에 자발적으로 참여했듯이 연구의 중단 결정 또한 자유롭게 할 수 있어야 한다고 강조한다. 해당 문서는 연구의 중단 결정이 인간의 자유의지에 달려 있음을 언급하였으며 연구대상자의 연구거부 혹은 철회 결정이 존중되어야 함을 강조하였다.

뉘른베르크 강령은 연구가 현실적으로 무작위하거나 불필요한 것이 아니어야 하며 사회를 위한 유익한 결과를 생산할 수 있는 것이어야 함을 강조한다.

이와 관련하여 해당 강령은 연구 설계 이전에 동물 실험으로 안전성과 효과성이 검증되어야 하고 기존의 연구에 대한 충분한 검토가 선행되어야 함을 제시한다.

뉘른베르크 강령은 위험의 최소화에 있어 연구자의 책임에 대해 언급한다. 즉, 연구자는 불필요한 모든 신체적·정신적 고통과 상해를 피하고 매우 적은 가능성의 위험까지도 대비해야 하며, 이러한 위험으로부터 연구대상자를 보호해야 한다(서이종, 2015). 또한, 연구자는 연구 과정에서 상해, 장애, 죽음과 같은 결과를 야기할 수 있다고 판단되는 근거들이 발견될 경우 연구를 종료할 책임이 있다. 아울러 연구는 과학적으로 충분히 자격을 갖춘 사람만이 수행해야 하며 연구자는 실험의 모든 단계에서 주의를 기울여야 한다(서이종, 2015).

뉘른베르크 강령을 좀 더 세분화하여 의사가 지켜야 할 의료윤리를 정립한 문서가 헬싱키 선언이다(핫토리 & 이토, 2015; 서이종, 2015). 헬싱키 선언은 피험자 개인의 권리와 이익을 최우선으로 여길 것을 주요 원칙으로 제시한다. 이와 관련하여 해당 선언은 치료 연구의 주요 목적이 새로운 지식을 생성하는 것이지만 이러한 목적이 피험자의 권리와 이익보다 선행될 수 없다고 강조한다.

헬싱키 선언에 따르면 모든 연구에의 참여는 자발적이어야 하며 피험자에게는 연구 참여 결정을 위한 충분한 정보가 제공되어야 한다. 또한, 연구 참여 거부 혹은 철회 결정과 관련하여 어떠한 불이익도 없어야 하며 그러한 결정이 의사와 환자 간의 관계에 어떠한 영향도 미쳐서는 안 된다. 동의 획득 과정에서 피험자에게 압력을 행사할 수 있거나 의사와 독립적인 관계에 있지 못하는 경우에는 연구로부터 독립된 자가 동의를 획득해야 한다.

헬싱키 선언은 자발적인 연구 참여뿐만 아니라 연구 참여 결정에 미숙한 대상자들을 위해 법정대리인의 동의 개념을 제시하였으며 육체적·정신적 무능력자일 경우 혹은 미성년자일 경우 권한을 대행할 수 있는 친족의 동의를 얻어야 한다고 설명한다(박중신, 2013; 서이종, 2015). 만약 잠재적 연구참여자가 법적으로 동의 능력은 없으나 연구 참여 결정에 있어 승낙할 수 있는 능력이 있는 경우에는 법정대리인의 동의뿐만 아니라 본인의 승낙도 함께 얻어야 한다. 헬싱키 선언은 피험자로부터 동의를 받았다 하더라도 그들에 대한 보호의 책임은 전적으로 의사에게 있다고 강조한다.

헬싱키 선언은 위험과 이익에 대해서도 분명하게 명시하고 있는데 의사는 연구가 시작되기 전 예상 가능한 위험과 부담에 대해 고려해야 하며 연구를 수행하는 동안에도 위험을 계속해서 관찰하고 기록해야 한다. 또한, 위험이 잠재적인 이익보다 상회할 경우, 명확한 결과에 대한 확증이 없는 경우 의사는 연구의 지속, 수정 혹은 중단을 고려해야 한다.

헬싱키 선언은 사생활 보호와 기밀유지에 대해서도 언급하고 있으며 피험자의 사생활을 보호하고 그들의 개인정보에 대한 기밀을 유지하기 위해 모든 조치를 취해야 한다고 명시한다. 해당 선언에 따르면 연구자는 피험자의 삶과 건강, 그들의 존엄성과 자기결정권을 존중하고 사생활과 개인정보에 대한 기밀을 유지해야 할 의무가 있다.

아울러 연구자는 각국의 규범뿐만 아니라 국제적 규범도 숙지하고 있어야 하며 연구는 윤리적·과학적인 훈련과 자격을 갖춘 자에 의해 수행되어야 한다.

헬싱키 선언 이후 인간대상 연구에 있어 기본적인 윤리원칙과 보편적인 생명윤리, 연구대상자에 대한 보호윤리를 정립한 문서가 벨몬트 보고서이다(서이종, 2015; 이을상, 2006).

벨몬트 보고서는 첫 번째 원칙으로 인간 존중의 원칙을 제시한다. 보고서에서 인간 존중은 모든 사람이 자율성을 지닌 인간으로 취급되어야 한다는 가정을 토대로 한다(Kitchener & Kitchener, 2009). 이때 자율적인 인간이란 스스로 목적에 대해 사고할 수 있고 그에 따라 행동할 수 있는 사람을 의미한다(최병인 역, 2010).

따라서 인간 존중은 자율적인 주체에 대한 존중이라고 할 수 있으며 이는 개인의 판단을 존중하고 그들이 자신의 판단에 따라 자유롭게 행동할 수 있도록 필요한 정보를 충분히 제공하는 행위를 통해 나타날 수 있다(최병인 역, 2010).

벨몬트 보고서의 두 번째 원칙은 선행의 원칙이다. 선행의 원칙은 선을 행하거나 타자의 이익을 위해 행위하는 것을 의미한다(핫토리 & 이토, 2015; Kitchener & Kitchener, 2009). 선행의 원칙은 Hippocrates가 강조한 Primum non nocere(다른 사람에게 해를 입히지 말 것)이라는 의료윤리의 기본 원칙을 기반으로 하며(서이종, 2015; 최병인 역, 2010) 이는 해를 가하지 않는 것뿐만 아니라 해할 위험이 있는 행동 또한 하지 말 것을 포함한다(Kitchener & Kitchener, 2009). 다시 말해 선행의 원칙은 해를 끼치지 않는 것, 이득을 최대화하고 위험을 최소화하는 것과 관련된다(최병인 역, 2010; Seidman, 2006).

벨몬트 보고서의 세 번째 원칙은 정의의 원칙이다. 이는 누가 연구로 인한 이득을 누리고, 누가 그 부담을 감당해야 하는가와 관련되며, 연구대상자의 선정과 배분 과정에서 차별하지 않을 것을 의미한다(서이종, 2015). 따라서 연구참여자 선정 과정에서 적절한 사유 없이 특정 집단이 선정 혹은 배제되어서는 안 되며 마땅히 이득을 받아야 하는 사람에게 정당한 사유 없이 이득이 보류되거나 위험이 부당하게 부과되어서는 안 된다(박중신, 2013; 최병인 역, 2010).

정의의 원칙은 연구자와 연구대상자가 놓여 있는 사회의 광범위한 권력관계를 고려하는 것이며, 이것이 사회에 미치는 영향과 결과를 고려하는 것이다(서이종, 2015).

뉘른베르크 강령, 헬싱키 선언, 벨몬트 보고서가 의생명연구를 중점적으로 다루고 있어 질적연구에 적용하기에 부적합한 부분이 있는 것은 사실이다. 그러나 생명윤리는 근본적으로 인간의 존엄성과 가치에 대한 존중을 토대로 하기 때문에 질적연구자들에게도 연구대상자 보호와 관련하여 중요한 관점을 제공해 준다.

또한, 연구대상자의 자발적인 연구 참여, 연구 거부 혹은 철회에 대한 연구대상자의 권리, 연구자의 자격, 연구참여자 선정과 관련된 문제, 연구 과정에서 발생할 수 있는 권력의 문제, 연구에 참여함으로써 발생할 수 있는 위험과 이익에 대한 비교 및 평가, 사생활 보호와 기밀유지 등은 의생명연구자뿐만 아니라 질적연구자가 고려해야 할 중요한 요소이기도 하다. 따라서 생명윤리의 주요 원칙들에 대한 충분한 이해와 검토는 질적연구자에게 유용한 정보와 중요한 관점을 제공하며 이는 질적연구자를 위한 연구윤리 지침 마련에 토대가 된다.

5. 연구윤리의 현실

2005년 황우석 사건은 한국의 연구윤리와 생명윤리 발전에 중요한 계기가 된 사건이다(서이종, 2015). 연구팀은 포토샵을 이용하여 2개의 줄기세포를 11개로 늘리고 연구에 기여하지 않은 연구자를 공동연구자로 표시하였으며, 연구비를 유용하는 등의 데이터 위조, 변조 및 부당한 저자표시의 연구부정행위가 있었다.

또한, 해당 사건은 의생명연구에서 연구자의 지휘체계에 있는 학생이나 연구원의 참여가 충분히 자발적이지 않을 수 있기 때문에 이를 금지하고 있음에도 불구하고 난자 제공과 관련하여 연구원의 참여가 있었고, 특히 동의를 획득하는 과정에 강압이 있었음이 드러났다(서이종, 2015). 또한, 일부 연구원의 경우 연구 참여에 대한 대가로 논문저자로 이름을 올리거나 교수 임용에 영향력을 행사했다는 등의 의혹이 제기되기도 하였다(서이종, 2015).

해당 사건은 동의를 획득하는 방식뿐만 아니라 내용에 있어서도 문제점이 발견되었는데, 동의서상에는 위험성과 부작용에 대한 설명이 충분히 제공되지 않았으며 오히려 난자제공자의 권리를 포기하는 내용을 주로 다루고 있어 심각한 문제를 가지고 있었다(서이종, 2015). 또한, 연구를 수행하는 과정에서 난자 채취에 따른 부작용 사례가 있었음에도 불구하고 이에 대한 적절한 조치가 이루어지지 않았다(서이종, 2015).

황우석 사건은 한국의 연구윤리의 현실을 여실히 보여준 사건이었다.

이를 계기로 국내에서는 연구윤리에 대한 관심과 중요성에 대한 인식이 증가하였으며, 결과적으로 연구 공동체의 연구진실성 확보와 연구윤리 시스템 구축, 관련 법령 제정에 중요한 출발점이 되었다(유기홍, 2015; 이인재, 2015).

황우석 사건 이후 2006년 1월 국정현안조정회의에서는 범부처 차원에서의 연구윤리 확립 및 제도 구축을 위한 합의가 이루어졌고 2006년 3월 교육인적자원부는 <연구윤리소개>라는 책자를 전국의 대학에 배포하였다(배수한, 2012).

2007년 2월 과학기술부는 「연구윤리 확보를 위한 지침」을 발표하였으며, 대학과 학회는 연구윤리 확립을 위한 규정 마련과 위원회 구성, 연구진실성 검증 절차를 확립하였으며, 연구윤리 교육을 통해 연구자의 책임 있는 연구수행을 촉진하였다(이인재, 2015).

연구윤리와 관련된 직접적인 현행 법률이자 연구윤리에 관한 모법(母法)으로는 「학술진흥법」이 있으며 대통령령의 「학술진흥법 시행령」, 교육부령의 「학술진흥법 시행규칙」이 있다(김정희 외, 2018). 또한, 「개인정보보호법」은 연구에서 개인정보 취급과 관련하여 연구자가 참고할 수 있는 법률이다. 그러나 무엇보다도 연구윤리에 있어 가장 구체적이고 직접적인 규정은 「연구윤리 확보를 위한 지침」이다(김정희 외, 2018).

해당 지침은 2007년에 발표할 당시 연구부정행위를 주로 다루고 있었으나 이후 2015년에 개정된 지침에서 연구자가 준수해야 할 원칙과 방향을 제시함으로써 기존의 연구부정행위만을 강조했던 협의의 연구윤리에서 보다 확장된 광의의 연구윤리를 제시하였다.

대상자의 존중과 공정한 대우, 연구대상자의 개인정보와 사생활 보호, 투명하고 양심적인 연구의 진행, 지속적인 연구윤리 교육에 참여 등 연구자의 역할과 연구대상자 보호에 대한 책임을 강조하였다.

생명윤리와 관련된 법률로는 「생명윤리 및 안전에 관한 법률」이 있다. 해당 법률은 2005년에 최초 입법되어 여러 차례 개정안을 거쳐 2012년 전부 개정되었으며, 2017년 일부 개정을 통해 현재에 이르고 있다. 2012년 전부 개정된 해당 법률은 기존에 유전자와 줄기세포만을 다루었던 것을 넘어 모든 인체유래 조직 및 검체로 법률의 규제 범위를 확대하였으며 사회과학, 행동과학연구를 포함한 모든 인간대상연구로 적용 범위를 확대하였다는 점에서 의의가 있다(서이종, 2015).

「생명윤리 및 안전에 관한 법률」은 인간 또는 인체유래물을 대상으로 연구할 경우 다음과 같은 기본 원칙을 지킬 것을 명시하고 있다. 먼저 연구자는 연구대상자의 인권과 복지를 최우선으로 여기고 인간의 존엄과 가치를 침해하지 말아야 한다. 또한, 연구자는 연구대상자의 자율성을 존중하고 충분한 정보에 근거한 자발적인 동의를 획득해야 하며, 그들의 개인정보와 사생활을 보호해야 한다. 아울러 연구자는 연구대상자의 안전에 대해 고려하고 위험을 최소화해야 하며 취약한 환경에 있는 개인 혹은 집단을 보호해야 한다.

제도적 차원에서 정부는 '연구 자율성 및 책무성 제고'를 국정과제로 삼고 연구윤리 활동지원사업과 관련 정책을 추진하고 있으며, 연구윤리 교육지원, 교재 제작 및 보급을 통해 사회 전반에 연구윤리 확립을 위해 노력하고 있다(김정희 외, 2018).

구체적으로 살펴보면 첫째, 정부는 연구윤리 기준 마련 및 확산을 위한 중장기 계획을 수립하고 이를 통해 체계적인 연구윤리 지원 방향을 마련하였으며, 학문 분야별 특성을 반영한 연구윤리 가이드라인을 마련하였다(김정희 외, 2018).

둘째, 교육 대상 및 분야별 맞춤형 교육 제공을 통해 교육의 질적 성장을 추구하고 방문형, 집합형 교육 외에도 사이버 교육을 확대 제공함으로써 교육접근의 편의성을 높였다(김정희 외, 2018). 정부는 연구윤리 포털 사이트를 통해 연구윤리 관련 정보를 제공하고 연구윤리와 관련된 온오프라인 상시 상담과 자문을 제공하고 있으며 올바른 연구윤리 문화 조성과 연구인식 확산에 기여하고 있다(김정희 외, 2018).

셋째, 효과적인 연구윤리 정책 개발을 위해 지속적으로 대학의 연구윤리 활동 실태 및 인식조사를 수행하고 있으며 연구윤리 인식 제고를 위해 연구윤리 포럼을 개최하고 있다(김정희, 2018; 유기홍, 2015). 정부는 포럼을 통해 연구윤리 관련 주요 이슈를 발굴하고 토론의 장을 마련하고 있으며 이를 제도개선과 연구윤리 정책 등에 반영하고 있다.

연구윤리 교육에 대한 강조는 「생명윤리 및 안전에 관한 법률」과 「연구윤리 확보를 위한 지침」에서 찾아볼 수 있다. 먼저 「생명윤리 및 안전에 관한 법률」 제10조 제1항에 따르면 인간대상연구를 수행하는 자가 소속된 교육・연구기관은 기관생명윤리위원회를 설치해야 하며, 위원회는 연구윤리 지침 마련과 연구계획서 검토, 연구대상자 안전에 관한 업무뿐만 아니라 연구자 및 종사자 교육을 수행해야 한다.

또한, 「연구윤리 확보를 위한 지침」 제6조에 따르면 대학, 연구기관, 학술단체는 연구윤리 규정을 마련하고 연구윤리준수와 연구부정행위예방을 위한 연구윤리교육을 연구자를 대상으로 정기적으로 실시해야 한다.

정부 차원에서 지원하는 연구윤리 교육은 산하 출연기관인 국가과학기술인력개발원(KIRD)과 보건복지인력개발원, 특허청 산하 한국지식재산전략원의 연구노트확산지원본부에 의해 시행되고 있으며 해당 교육은 온오프라인 형식으로 제공되고 있다.

특히 KIRD는 인문사회와 이공계, 예체능 계열을 분리하여 콘텐츠를 제공하고 있으며, 교육 대상자를 대학생, 대학원생, 참여연구원, 연구관리자, 연구책임자로 구분하여 각각의 역할에 적합한 맞춤 등 정부는 대학 등 연구기관의 연구윤리 활동 실태조사를 정책 문제 진단과 정책 개발에 활용하고 있다.

실태조사는 현재까지 총 9회(2006, 2008, 2010, 2012, 2013, 2014, 2015, 2016, 2017) 실시되었으며, 일반 연구자를 대상으로 한 연구윤리 인식조사는 2012년부터 이루어졌다(김정희 외, 2018).

기관생명윤리위원회의 업무는 다음과 같다.

연구계획서의 윤리적·과학적 타당성, 연구대상자로부터 적법한 절차에 따라 동의받았는지 여부, 연구대상자의 안전에 관한 사항, 연구대상자의 개인정보 보호 대책, 그 밖에 기관에서 생명윤리 및 안전에 관한 사항, 해당 기관에서 수행 중인 연구의 진행과정 및 결과에 대한 조사 및 감독, 해당 기관의 연구자 및 종사자 교육, 취약한 연구대상자 보호 대책 수립, 연구자를 위한 윤리지침 마련(「생명윤리 및 안전에 관한 법률」 제10조 제1항) 교육을 제공하고 있다.

또한, 교육 내용으로는 연구윤리, 연구보안, 연구노트, 연구비 관리 등이 있으며, 연구자 대상 교육 외에도 연구윤리 전문 강사양성과정, 연구윤리위원회 참여자 교육이 제공되고 있다(김정희 외, 2018).

대학의 경우에는 필수 이수제를 통해 의무적으로 교육을 이수하거나 특강, 세미나와 같이 일회성 교육을 통해 연구윤리 교육을 제공하고 있다.

이때 연구윤리 교육은 대학 내에서 자체적으로 시행하거나 외부 전문기관의 특강 혹은 온라인 교육을 활용하는 것으로 나타났다.

그동안 한국은 황우석 사건을 계기로 관련 법률을 제정하고 시스템을 마련하였으며 교육을 통해 연구자들의 연구윤리 의식을 개선하고 올바른 연구윤리문화를 조성하기 위해 노력해왔다. 그러나 여전히 곳곳에 한계가 지적된다.

「생명윤리 및 안전에 관한 법률」은 전부개정안을 통해서 해당 법률의 테두리를 사회과학 및 행동과학 분야까지 확대하였으나 여전히 해당 영역에서 연구대상자 보호는 연구자 개인의 양심에 맡겨지고 있다(서이종, 2013b).

연구윤리 관련 논의의 대부분이 연구부정행위를 다루고 있는 점도 한계로 지적된다. 국내에서 이루어지고 있는 연구윤리 관련 논의는 대부분 표절, 연구비 사용, 데이터 조작, 저작권 등에 초점을 두고 있다(허유성·김정연, 2012).

연구부정행위가 연구윤리의 전부인 양 다루어지고 있는 부분은 개선되어야 하며, 연구참여자에 대한 연구자의 책임 있는 자세와 태도가 강조되어야 한다.

또한, 연구참여자 보호와 관련된 다양한 이슈와 문제들에 대한 논의가 확대되어야 하며, 특히 인문사회과학 분야에서 연구윤리에 대한 논의가 활발하게 이루어져야 한다(허유성·김정연, 2012).

현재 연구윤리 교육에 있어서 연구대상과 연구 분야에 따른 맞춤형 교육이 제공되고 있어 연구자의 상황에 맞는 교육 선택이 가능하다는 점은 굉장히 긍정적이다. 그러나 연구방법에 따른 연구윤리 교육 프로그램 개발이 추가되어야 한다. 특히 질적연구방법은 연구방식에 있어서 양적연구와 상당한 차이를 보인다. 또한, 질적연구는 연구참여자의 일상에 들어가 그들과 장기간 밀접한 관계를 유지하며 상호작용하는 특성으로 인해 연구자와 연구참여자는 국가과학기술인력개발원 홈페이지 www.kird.re.kr 다양한 갈등과 딜레마를 경험할 수밖에 없다.

질적연구에서 윤리적 고려 「생명윤리 및 안전에 관한 법률」은 인간대상 연구에서 연구자가 지켜야 할 기본 원칙으로 다음을 제시한다.

첫째, 인간의 존엄과 가치를 존중하고 연구대상자의 인권과 복지를 최우선으로 여겨야 한다.

둘째, 연구대상자의 자율성은 존중되어야 하며 충분한 정보에 근거한 자발적인 동의가 있어야 한다.

셋째, 연구대상자의 사생활은 보호되어야 한다.

넷째, 연구자는 연구대상자의 안전을 고려하고 연구로부터 발생할 수 있는 위험을 최소화해야 한다.

6. 생명윤리 주요원칙

생명윤리의 주요원칙에서 뉘른베르크 강령과 헬싱키 선언, 벨몬트 보고서가 제시한 윤리원칙과도 일맥상통한다. 따라서 생명윤리와 관련된 문서들이 공통적으로 강조하는 자율성 존중, 동의 획득, 익명성과 사생활 보호, 잠재적인 위험과 위험의 최소화에 대해 질적연구 차원에서 살펴보고자 한다.

1) 자율성 존중

자율성(autonomy)은 그리스어인 autos(자기)와 nomos(통제, 통치, 법)으로부터 파생되었으며, 이는 독립적인 도시국가들의 자기규제 또는 자기통치를 의미하였다(Beauchamp & Childress, 2009). 이후 자율성은 개인에게로 의미가 확장되었고 자율적 개인은 스스로 선택한 계획에 따라 자유롭게 행동하는 것을 의미하게 되었다(Beauchamp & Childress, 2009).

따라서 자율성은 자유와 행위능력의 두 가지 조건, 다시 말해 외부의 어떤 영향으로부터 독립적이면서 의도하는 바대로 행위할 수 있는 능력을 필수조건으로 한다(Beauchamp & Childress, 2009).

벨몬트 보고서는 인간 존중의 원칙에서 자율적 존재에 대해 언급한다. 보고서에 따르면 개인은 자율적 존재로 취급되어야 하며 자율적인 능력이 부족한 사람은 보호받아야 한다. 이때 자율적 존재란 자신의 목적을 숙고할 수 있고 그에 따라 행동할 수 있는 능력을 가진 개인을 말한다(구영모 외, 2000).

그리고 자율성 존중이란 그들의 의견과 선택, 행동이 다른 사람들에게 피해를 주지 않는 이상 방해받지 않고 존중하는 것을 의미한다(구영모 외, 2000).

요약하면 자율성 존중이란 개인의 의사결정 권리를 인정하고 그 사람으로 하여금 자율적으로 행동할 수 있도록 해 주는 것이다(Beauchamp & Childress, 2009).

연구 과정에서 연구참여자의 자율성은 종종 방해받거나 제한될 수 있다. 예를 들어 연구자와 연구참여자 간의 불평등한 관계, 정보의 비대칭성, 연구자에게 내재된 특성, 연구자의 역할 중첩, 직접적인 보상, 친밀한 관계 등은 연구참여자의 자율적인 선택과 행동을 제한할 수 있다.

연구는 종종 상대적으로 힘 있는 사람들에 의해 수행된다(Seidman, 2006). 또한, 연구자는 연구참여자보다 연구에 대해 상대적으로 많은 정보를 가지고 있고 전문가이기 때문에 그들보다 우위에 있을 수밖에 없으며 주도적인 위치에 놓이게 된다. 또한, 질적연구에서 연구자는 스스로가 연구 도구가 되어 자료수집에 필수적인 요소로 작용하게 되면서 연구 과정에 깊이 관여하게 된다.

이때 연구자의 사회적 지위, 성, 나이와 같은 특성에 근거하여 내재된 권력의 문제가 의도하지 않은 강압을 초래할 수 있다(O'Reilly & Kiyimba, 2015).

연구자의 역할 중첩은 연구자와 연구참여자 간에 권력 구조 형성에 영향을 미치고 이는 왜곡되고 편협한 연구결과로 이어질 수 있다. 예를 들어, 미성년자를 대상으로 연구하거나 연구참여자가 연구자의 도움을 필요로 하는 경우 역할 중첩으로 인해 권력 구조가 형성될 수 있다(박순용, 2006).

안지영(2015)은 유아를 대상으로 질적연구를 수행하면서 연구자이면서 동시에 자녀 교육관련 상담자 역할, 교육적 놀이를 제공하는 선생님 역할이 중첩되면서 예상치 못한 위계가 발생하였음을 설명하였다. 그는 역할 중첩으로 인해 발생하는 권력 구조가 내부자적 관점에서 설명하고 이해하는 것을 방해할 수 있으며 연구결과에 있어서도 연구자의 특권과 이해관계가 만나는 지점에서 지식과 정보가 창출될 수 있다고 설명하였다(안지영, 2015).

직접적인 금전적 보상도 연구 참여에 대한 자발적인 결정에 영향을 줄 수 있다. 연구자는 연구대상자들이 그들의 시간을 투자하여 연구에 참여한 것에 대해 적절한 보상을 제공해야 한다(Levine & Skedsvold, 2008). 그러나 보상이 일정 수준을 초과하는 경우 이는 연구참여자에게 위협이자 강압으로 작용할 수 있다(Freedman, 2003; Levine & Skedsvold, 2008). 즉, 지나치게 높은 보상은 연구 참여에 대한 암묵적인 강요로 작용할 수 있으며 이는 자발적인 동의라고 믿는 자기기만 혹은 자기 상품화 현상을 유발할 수 있다(임미원, 2006).

이와 반대로 지나치게 낮은 보상은 연구의 부담 분배에 있어 형평에 어긋난다(임미원, 2006). 보상에 있어서 연구자는 언제 보상을 제공할 것인지, 얼마나 자주 제공할 것인지, 얼마를 제공할 것인지 고려해야 한다(Levine & Skedsvold, 2008).

또한, 연구대상자에 따라 보상의 의미가 달라질 수 있으므로 어떤 형식의 보상을 제공할 것인지도 고려해야 한다(Levine & Skedsvold, 2008). 통상적으로 받아들여지는 금전적 보상이 취약한 대상자일 경우에는 부적절한 영향이 될 수 있으며 연구의 자발적인 참여를 방해할 수 있다(구영모 외, 2000).

질적연구 과정에서 연구자와 연구참여자의 관계는 점차 발전하고 가까워지면서 친밀한 관계를 형성하게 된다. 그러나 친밀함은 연구자와 연구참여자 모두에게 감정적인 영향을 줄 수 있기 때문에 윤리적으로 고려되어야 할 중요한 문제가 된다(O'Reilly & Kiyimba, 2015).

질적연구 과정에서 연구참여자는 친밀함으로 인해 연구 참여에 대한 철회 결정이나 자료수집, 분석, 출판 단계에서 불편함 혹은 거부 의사를 표현하는 데 망설일 수 있다. 또한, 연구자의 경우 가까워졌다는 생각은 무례한 질문과 태도로 이어질 수 있으며 윤리적으로 고려해야 할 문제들을 쉽게 간과해버리는 문제를 야기할 수 있다.

개인의 자율성은 연구자와 연구참여자 간의 관계뿐만 아니라 개인의 내적, 외적 요인에 의해서도 영향을 받을 수 있다. 즉, 어떤 행위를 선택하는 데 있어 개인의 심리, 감정 상태 등의 내적 요인이 영향을 줄 수 있으며 가족, 친구, 문화 등의 외부 요인이 영향을 줄 수 있기 때문에 개인이 순수하게 독립적이고 합리적으로 판단하고 결정하는 것은 사실상 불가능하다(이은영, 2014).

따라서 개인의 자율성은 연구참여자의 내적 요인에 대한 고려와 더불어 그들을 둘러싼 복잡한 관계망 속에서 이해되어야 한다(이은영, 2014).

흔히 자율성 존중은 동의 획득 과정과 연계되어 설명되는 경우가 많다.

연구 참여 결정에서 연구참여자가 강압 없이 자발적으로 선택하고 결정하며 행위하는 것이 중요하기 때문인데, 이것이 비단 동의 획득 과정에서만 필요한 요소로 오해되어서는 안 된다. 연구의 전 과정에서 연구참여자의 자율성은 존중되어야 하며 이는 동의를 획득하는 과정부터 연구가 종료되고 출판되는 시기까지 이어져야 한다.

따라서 연구자는 연구참여자에게 연구에 대한 충분한 설명을 제공하고 연구참여자가 연구에 대한 이해를 토대로 외부의 압력이나 강압 없이 자발적으로 연구 참여를 결정할 수 있게 해야 한다.

또한, 연구참여자는 면담과 출판 과정에서 공개하고 싶지 않은 내용에 대해 거부할 권리, 면담 혹은 연구를 중단할 권리가 있으며 연구자는 그들의 의견과 선택을 존중해야 한다.

자발적으로 연구에 참여했듯이 연구참여자의 연구 철회 또한 자유롭게 결정할 수 있어야 하며 면담하는 도중, 면담을 마친 후, 책 혹은 논문이 출판되기 이전 단계라도 연구참여자의 철회 의사는 존중되고 수용되어야 한다(Seidman, 2006).

2) 동의 획득

벨몬트 보고서는 인간 존중의 원칙과 관련하여 구체적인 실천으로 충분한 설명에 근거한 동의를 제시하였다. 보고서에 따르면 연구자는 연구 참여 결정에 필요한 모든 정보를 제공하고 관련 정보는 이해 가능한 형태로 제공되어야 한다. 또한, 연구자는 연구참여자가 정보에 대해 이해했는지 확인하고 강압이나 압력이 없는 상태에서 결정할 수 있는 환경을 제공해야 한다.

「생명윤리 및 안전에 관한 법률」 제16조 제1항에 따르면 연구자는 인간대상 연구를 하기 전 동의서를 획득해야 하며 동의서는 연구의 목적, 참여기간, 절차 및 방법, 예상되는 위험과 이득, 개인정보 보호에 관한 사항, 연구 참여에 따른 손실에 대한 보상, 개인정보 제공에 관한 사항, 동의 철회에 관한 사항 등을 포함해야 한다. 또한, 해당 법률은 동의 능력이 없거나 불완전한 사람의 경우 법정대리인으로부터 동의 획득을 의무화하고 있다.

질적연구의 경우에는 연구의 특성상 동의서에 다음의 내용이 추가될 필요가 있다.

첫째, 수집된 자료에 대한 비밀보장과 관련된 내용으로 연구참여자의 신분이나 익명성을 보장하기 위해 어떤 장치 혹은 방법을 사용하는지 명시해야 한다(Seidman, 2006).

둘째, 연구결과 공개와 관련하여 연구결과를 어떤 방식으로 공개할 것인지, 즉 학위논문, 학술논문, 책에 포함되는 것인지 혹은 학술대회에 발표하는 것인지 밝혀야 한다(Seidman, 2006). 아울러 면담 자료의 활용 범위를 명확하게 기재해야 한다. 만약 면담 자료가 학위논문을 위해 활용될 예정이라면 해당 내용을 명시하고 동의서에 명시된 내용 이외의 목적으로 활용할 계획이라면 면담 자료에 대한 추가적인 동의를 획득해야 한다(Seidman, 2006).

셋째, 연구참여자가 18세 미만일 경우 부모 혹은 보호자의 동의하에 연구를 수행할 것이라는 내용을 명시해야 한다(Seidman, 2006).

넷째, 연구와 후속 조치에 대한 문의 사항, 연구참여자의 권리에 대한 질문이 있을 경우를 대비하여 연구자의 연락처와 연구자가 소속되어 있는 기관 내 IRB 연락처를 기재해야 한다(Hesse-Biber & Leavy, 2011; Seidman, 2006).

다섯째, 면담 내용을 녹음할 경우 해당 사실을 알리고(Seidman, 2006) 면담을 수행하는 사람과 전사를 수행하는 사람이 누구인지 밝혀야 한다. 또한, 면담 내용 혹은 전사된 자료가 누구와 공유되는지도 알려야 한다(Seidman, 2006).

예를 들어 학위논문, 학술논문의 경우 동료 혹은 지도교수가 검토 또는 확인을 위해 읽어볼 수 있으며, 「생명윤리 및 안전에 관한 법률」(제16조 제2항)은 동의 능력이 없거나 불완전한 사람으로서 보건복지부령이 정하는 연구대상자가 연구에 참여할 경우에는 대리인의 서면 동의를 받을 것을 명시하였다.

이때 보건복지부령이 정하는 대상자는 「아동복지법」(제3조 제1호)에 따른 아동으로 18세 미만의 사람을 의미한다. 따라서 18세 미만의 연구대상자가 포함되는 연구에서 법정대리인의 동의는 필수적이다. 법정대리인이 없는 경우에는 배우자, 직계존속, 직계비속의 순으로 결정되고 직계존속과 직계비속이 여러 명일 경우에는 협의하여 정하며 협의가 되지 않을 때는 연장자가 대리인이 된다.

여섯째, 연구참여자들은 자신의 이야기가 어떻게 글에 인용되고 어느 정도 삽입되는지 알지 못한다. 따라서 연구자는 면담 내용이 어느 정도로 어떻게 글에 포함되는지 알려야 한다(Seidman, 2006).

일곱째, 일부 특정 연구의 경우 연구로 인해 고통스러운 기억이나 심리적인 트라우마가 발생할 수 있으므로 이를 대비하여 지역 상담센터의 연락처를 제공함으로써 잠재적인 위험에 대비해야 한다(Hesse-Biber & Leavy, 2011).

여덟째, 연구를 통해 기대할 수 있는 혜택을 설명하고 만약 물질적인 보상이나 금전적인 사례를 제공할 경우 이를 명확하게 밝혀야 한다(Seidman, 2006).

동의서는 연구참여자가 이해할 수 있는 언어와 표현으로 작성되어야 한다.

만약 연구참여자가 연구자와 다른 언어를 사용할 경우 동의서는 연구참여자의 모국어로 작성되어야 하며, 연구 설명에 있어서도 통역이 가능한 사람을 동반해야 한다. 연구를 설명하는 과정에서 연구자는 동의서 내용을 천천히 정확하게 설명하고 연구참여자로 하여금 충분히 이해했는지 확인해야 한다.

이때 연구에 대해 설명해도 연구참여자는 이해하지 못할 것이라 단정지으며 자기합리화하거나 연구에 대해 충분히 이해했을 것이라 짐작하고 이해 여부를 확인하지 않는 태도는 연구윤리에 위배된다(박순용, 2006).

동의 획득에서 정보의 이해와 판단 능력은 의사결정에 중요한 요소이지만 일부 개인에게 있어 이러한 능력은 부분적으로 혹은 전혀 없을 수 있다.

예를 들면 어린이, 정신적 능력이 제한된 성인과 같이 동의 능력이 불완전한 경우와 연구보조원, 박사과정생, 군인, 집단시설의 수용자와 같이 동의 능력은 있으나 자유의지가 제한될 수 있는 사람들이 존재할 수 있다(구인회, 2010; 서정임, 2015). 동의 능력이 없는 사람의 경우에는 법정대리인의 동의를 받아야 하며(구인회, 2010) 대리인에게도 연구에 대한 포괄적인 설명을 제공해야 한다.

또한, 동의 능력이 없는 대상자에게도 연구 참여에 대한 발언을 인정하고 그들의 거부 의사 또한 존중해야 한다(구인회, 2010). 동의 능력은 있으나 자유의지가 제한된 연구보조원, 박사과정생, 군인, 집단시설 수용자의 경우에는 연구와 독립된 자가 동의를 획득함으로써 연구 참여에 대한 강압이 작용하지 않게 해야 한다.

연구참여자의 특성에 따라 혹은 특정 기관에 한정된 연구를 수행해야 할 경우 연구자는 그들이 속한 기관을 통해 접근하게 된다(Seidman, 2006). 이때 연구자는 현장 진입에 있어 연구하고자 하는 기관의 관련자, 예를 들어 학교의 관리자, 병원의 책임자 등과 연락하고 연구에 대한 허가를 받아야 한다(Lincoln & Guba, 1985). 아울러 연구자는 기관의 책임자 혹은 담당자에게 연구에 대해 설명하고 연구 진행에 대한 허락을 구한 후 각각의 구성원들로부터 연구 참여에 대한 자발적인 동의를 획득해야 한다.

동의 획득 방식에는 구두 동의와 서면 동의가 있으며 각각의 방식은 장단점이 있다. 서면 동의의 경우 연구자는 동의서 작성 과정에서 연구 전반에 대해 다시 한번 확인하고 연구를 명료화할 수 있는 기회를 가질 수 있다(Seidman, 2006). 또한, 동의서 내용은 연구 참여 여부를 결정하는 데 필수적인 요소로 작용할 뿐만 아니라 연구 과정에서 문제가 발생했을 때 연구자를 보호하는 역할을 하기도 한다(Seidman, 2006). 그러나 특정 연구의 경우 동의서로 인해 연구 참여 사실이 밝혀짐으로써 연구참여자가 위험에 노출될 수 있다.

예를 들어, 성소수자 혹은 불법과 관련된 연구의 경우 연구에 참여한 사실이 동의서가 공개됨으로써 노출될 수 있고, 이로 인해 연구대상자는 사회적 · 경제적 · 법적 위험에 놓일 수 있다. 따라서 이러한 경우 연구 참여를 확인할 수 있는 직접적인 단서가 되는 서면 동의보다는 구두 동의를 획득하는 것이 좀 더 안전할 수 있다. 반대로 구두 동의의 경우 연구참여자의 익명성은 보장되지만 연구에 대한 설명이 불충분하게 이루어질 수 있으며 연구 과정에서 문제가 발생했을 때 책임 소지를 밝히는 데 어려움이 발생할 수 있다.

동의 획득은 연구대상자의 자율성 존중과 맞물려 중요한 문제로 다루어지고 「생명윤리 및 안전에 관한 법률」 제16조 제1항에 따르면 인간대상 연구에서 연구자는 연구를 시작하기 전 서면으로 된 동의를 획득해야 한다.

그러나 IRB 심의를 거쳐 서면 동의가 면제될 수도 있으면서 서면 대신 연구 참여를 확인할 수 있는 다른 방식의 동의 획득이 요구될 수도 있다. 예를 들면, 설문조사의 경우 설문지 앞 장에 연구에 대한 설명문을 기재하고 참여를 원할 경우 체크박스에 체크하게 하는 방식이다. 아울러 서면 동의 면제가 가능한 경우는 다음과 같다.

첫째, 연구대상자의 동의를 받는 것이 현실적으로 불가능하거나 연구의 타당성에 심각한 영향을 미치는 경우가 있다.

둘째, 동의를 면제하여도 연구대상자에게 미치는 위험이 극히 낮은 경우이다(「생명윤리 및 안전에 관한 법률」 제16조 제3항).

그러나 동의를 획득했다는 사실 자체가 자율성을 존중하는 행위의 전부가 될 수는 없다(백수진, 2015). 연구자는 동의를 획득하는 과정 그 자체를 연구자의 윤리적 의무를 수행하는 것으로 이해해야 하며, 동의 획득을 자기 방어를 위한 수단으로 여기거나 동의를 획득했다는 결과만을 놓고 연구자로서의의무를 다했다고 착각해서는 안 된다(백수진, 2015).

동의 획득이 “영혼 없는 하나의 서류”(백수진, 2015: 35)를 작성하는 것으로 끝나지 않으려면 연구자의 윤리적인 의식과 책임 있는 태도가 뒷받침되어야 한다.

동의 획득은 연구대상자 보호에 대한 연구자로서의 윤리적 책임을 다하겠다는 의미이자(백수진, 2015) 연구 기간 동안 연구참여자의 권리와 안전을 보호하겠다는 의미로 이해되어야 한다(김진경, 2014). 다시 말해 동의 획득은 앞으로의 연구수행에 있어 연구자의 윤리적인 책임이 시작되는 출발점으로 이해되어야 한다.

많은 질적연구는 탐구적이며 조사 영역은 연구팀에게조차 분명하지 않을 수 있다. 따라서 연구에서 발생할 수 있는 모든 이익과 위험을 동의서에 상세하게 명시하는 것은 어려울 수밖에 없다(Hesse-Biber & Leavy, 2011).

그러므로 질적연구에서 동의 획득은 연구가 수행되는 과정 동안에 이루어지는 끊임없는 협상의 과정으로 이해되어야 한다(O'Reilly & Kiyimba, 2015). 연구참여자와의 자유로운 정보 교환과 의사결정 과정은 연구자와 연구대상자 간에 신뢰 형성에 도움을 줄 것이며, 연구대상자는 수동적인 참여자가 아닌 연구자와 대등한 관계에서 참여가 가능할 것이다. 또한, 연구대상자와 논의를 통해 적절한 방향으로 연구를 이끌어나가는 과정은 그들로 하여금 존중받고 있다는 느낌을 갖게 할 것이며 이는 긍정적인 연구수행으로 이어질 수 있다.

3) 익명성과 사생활 보호

기밀유지란 사적인 정보를 관리하는 것을 의미하며, 사생활은 수용할 수 없는 침해로부터 자유로운 상태를 의미한다. 익명성은 개인 혹은 기관의 이름을 기재하지 않는 것을 의미하지만 연구 영역에서 익명성은 타인에 의해 확인될 수 있는 개인 혹은 기관에 대한 어떠한 정보도 포함하지 않는 것을 의미한다(Walford, 2005). 익명성은 사생활과 기밀을 유지하는 장치로 사용된다(Giordano et al., 2007).

질적자료를 수집하는 방법에 있어서 참여관찰은 연구참여자의 생활을 침범하는 강력한 도구가 되며 정보가 노출됨으로써 그들의 사생활은 침해받을 수 있다(Spradley, 1980). 참여관찰은 연구자의 역할과 목적에 대한 설명, 관찰 기간과 범위에 따라 다양한 스펙트럼을 구성하며 이는 사생활 노출과 밀접한 관련이 있다.

참여관찰의 스펙트럼과 사생활 노출의 위험 정도(김시형 외, 2016; 김영천, 2016)를 토대로 재구성하였다.

참여관찰의 기간이 길수록, 관찰 범위가 광범위할수록, 연구자의 역할에 대한 설명과 연구 목적에 대한 설명이 충분히 제공되지 않을수록 사생활 노출의 위험은 높아지게 된다. 특히 사생활 노출은 관찰 기간과 밀접한 관련이 있는데 관찰이 길어질수록 연구참여자의 사생활 노출 가능성은 증가하게 된다. 이는 단시간 동안에는 자기표현을 자제할 수 있지만 시간이 길어질수록 긴장이 풀리면서 일상적인 모습이 그대로 드러나기 때문이다(김시형 외, 2016). 실제로 다문화 아동을 대상으로 한 현장연구(전은희, 2012)에서 연구자는 초기 교사들이 자신을 어색해하고 부담스러워했지만 시간이 지날수록 자신을 의식하지 않게 되고, 경계가 느슨해지면서 교사들의 속내를 듣고 일상의 자연스러운 모습을 관찰하는 것이 가능했다고 설명하였다.

질적연구에서는 연구의 타당성 확보를 위해 불가피하게 연구의 목적 혹은 연구자의 존재를 숨기고 연구를 진행하는 경우가 발생한다. 또한, 특정 사회현상과 관련하여 정보를 수집하려면 은밀한 연구가 불가피하다는 입장도 존재한다(Hesse-Biber & Leavy, 2011).

그러나 연구의 목적과 연구자의 존재를 밝히지 않은 상태에서 관찰을 시도하는 연구는 연구참여자들 자신이 관찰당하고 있다는 사실을 모르기 때문에 연구에 대한 참여 여부를 결정할 기회를 박탈당하게 된다. 뿐만 아니라 연구참여자들은 자신을 방어할 수 있는 기회가 사라지게 됨으로써 사생활 노출의 가능성은 더욱 높아지게 된다.

질적연구를 위한 면담 과정에서 연구참여자는 어떤 주제에 대해 이야기해 줄 것을 요청받게 되는데, 개인적인 것을 공유하는 과정에서 연구참여자의 사적인 부분이 노출될 수 있다(Corbin & Morse, 2003). 만약 이때 익명성과 기밀이 유지되지 않는다면 이로 인해 연구참여자는 신체적·경제적·사회적·법적 위험에 놓일 수 있다. 예를 들어 가정폭력 연구에 참여한 사실이 누설될 경우 연구대상자는 상대 배우자로부터 신체적 위험을 당할 수 있다(최병인 역, 2010).

또한, 알코올 혹은 약물 남용과 관련된 연구에 참여한 연구대상자의 경우 고용주가 해당 사실을 알게 될 경우(최병인 역, 2010) 직업을 잃게 되거나 주변 사람들로부터 비난받게 되면서 경제적·사회적 위험에 놓일 수 있다.

또한, 연구대상자가 제공한 정보가 불법 혹은 범죄와 관련된 경우(최병인 역, 2010) 기밀이 누설됨으로써 연구대상자는 법적인 책임에 놓일 수 있다.

질적연구에서 연구참여자의 익명성은 연구의 전 과정에서 반드시 유지되어야 하며 연구자가 수집한 정보로 인해 그들을 당황스럽게 하거나 그들에게 피해가 가게 해서는 안 된다(Bogdan & Biklen, 2007). 따라서 연구계획서뿐만 아니라 전사 자료, 최종 보고서상에 연구참여자의 이름과 기관의 실명, 연구참여자가 언급한 제3자의 이름은 모두 가명으로 처리하거나 이니셜로 변경해야 한다(Seidman, 2006).

연구자는 개인에 대한 방대한 자료의 관리에 있어서도 주의를 기울여야 한다(O'Reilly & Kiyimba, 2015). 따라서 연구참여자들의 이름과 연락처 등이 기재된 자료, 서명된 동의서, 녹음 혹은 녹화 테이프 등은 반드시 잠금장치가 있는 장소에 보관해야 한다(Seidman, 2006). 또한, 연구 파일은 모두가 접근할 수 있는 공용 컴퓨터가 아닌 개인 컴퓨터 혹은 개인 USB에 암호를 설정하여 보관해야 한다. 연구원이 여러 명일 경우에는 해당 파일에 접근할 수 있는 권한을 제한하여 노출을 최소화해야 한다.

연구자는 연구참여자의 사생활 보호와 기밀유지를 위해서 다음의 사항을 분명히 하고 해당 내용을 연구참여자에게도 알려야 한다. 먼저 면담 자료를 연구자가 직접 전사하지 않는 경우 전사를 맡을 사람이 누구인지 밝혀야 한다(Seidman, 2006).

또한, 연구참여자에 대한 정보와 면담 내용을 다른 목적으로 사용하지 않을 것임을 밝혀야 한다(Seidman, 2006). 연구자는 면담 내용이 글에 어떻게 인용되고 어느 정도 들어가는지 설명하고 익명성을 유지하여도 직접 인용과 다양한 사례의 조합으로 인해 연구참여자가 노출될 수 있음을 분명히 알려야 한다.

또한, 자료의 안전한 보관을 위해 어떤 방법을 사용할 것인지 밝혀야 하며 자료의 기밀성을 보호할 수 있는 능력과 관련하여 어떤 한계가 있다면 해당 사실을 연구참여자에게 알려야 한다(DuBois, 2006).

녹음기, 캠코더 등의 사용은 연구참여자의 가시성을 증가시키고 자료의 기록과 보관, 삭제에 있어 문제를 동반할 수 있으므로 연구자는 해당 자료를 관리하는 데 민감해야 한다. 예를 들어 치매, 마비 혹은 신체기능 장애를 가진 Seidman(2006)은 연구계획서를 공적 문서로 보았으며, 따라서 연구계획서상에도 연구참여자의 이름과 기관의 실명은 모두 이니셜 혹은 가명으로 처리해야 한다고 주장한다.

「생명윤리 및 안전에 관한 법률 시행규칙」 제15조 제2항에 따르면 인간대상 연구에서 연구자는 연구계획서, 서명된 동의서, 개인정보 수집, 이용 및 제공 현황, 연구종료 보고서, IRB 승인서 등을 연구가 종료된 시점으로부터 3년간 보관해야 한다.

사람을 대상으로 예술치료의 효과성을 살펴보기 위한 질적연구에서 연구참여자의 모습을 녹화한다고 할 때 연구참여자 입장에서는 타인에게 보이고 싶지 않은 모습이 공개될 수 있다.

따라서 연구자는 신체 어느 부위까지 녹화가 될 것인지 명확하게 알리고 녹화와 관련하여 거부할 수 있는 권리가 있음을 분명히 알려야 한다. 또한, 연구참여자가 철회를 요청할 경우 연구자는 비디오편집기를 사용하여 이미지를 왜곡함으로써 식별 기능을 삭제해야 하는 경우도 발생할 수 있다(Bottorff, 1994). 따라서 연구자는 연구참여자에게 녹화한 자료에 대한 삭제 가능 여부에 대해 설명하고 이에 대한 한계가 있다면 충분히 알려야 한다.

연구자는 연구참여자에게 거짓을 말해서는 안 되며 숨겨진 장치를 통해 대화를 기록해서도 안 된다(Bogdan & Biklen, 2007; Bailey, 2007). 연구참여자의 말과 행동을 녹음 혹은 녹화하겠다는 언급 없이 그리고 이에 대한 연구참여자의 동의 없이 숨겨진 장치를 통해 기록하는 행위는 비윤리적이며 연구참여자를 기만하는 것이다.

연구자는 녹음, 녹화에 대한 내용을 연구참여자에게 설명하고 이와 관련된 내용이 서명된 동의서에 이미 포함되었다 하더라도 녹음을 시작하기 전에 구두로 다시 한번 설명하고 허락을 받아야 한다(Bailey, 2007).

참여관찰에서 특정한 공간에 들어가는 것을 허락받게 되더라도 연구자는 이것이 현장에서 일어나는 모든 것을 관찰해도 된다는 의미로 받아들여서는 안 된다(Bailey, 2007). 예를 들어, 비서실 직원들을 관찰한다고 할 때 이것이 명백한 허락이 없이 그들의 책상 서랍까지 살펴보는 것을 허용한다는 의미는 아니다(Bailey, 2007).

다시 말해 참여관찰에 대한 허락은 그들의 개인적이고 사적인 모든 것에 추가적인 허락 없이도 접근이 가능하다는 것을 의미하지 않는다. 따라서 이미 참여관찰에 대해 설명하고 동의를 받았다 하더라도 연구자는 자료 접근에 있어 연구참여자에게 다시 한번 물어보고 확인하는 과정을 거쳐야 한다. 또한, 연구자는 필요 이상으로 자료를 수집하거나 단지 개인적 호기심으로 이야기를 수집해서는 안 된다(O'Reilly & Kiyimba, 2015).

질적연구에서 익명성이라는 단어가 굉장히 막연하게 사용되고 있는데 이름을 지운다고 해서 익명성이 자동적으로 수반되는 것은 아니다(DuBois, 2006). 특히 질적연구에서는 익명의 과정을 거치더라도 개인의 깊이 있고 구체적인 내용이 많이 제시되기 때문에 연구참여자가 누구인지 쉽게 알 수 있다(박순용, 2006; Seidman, 2006). 또한, 연구참여자와 가까운 사람들은 연구에 소개된 사례 혹은 연구참여자가 소개된 표만 보고도 누가 연구에 참여했는지 확인할 수 있다.

질적연구에서는 기밀이 유지된다고 하더라도 사생활이 노출될 수 있다. 실제로 Humphreys 연구에서 연구자는 연구대상자들을 식별할 수 있는 정보를 삭제함으로써 기밀을 유지할 수 있었지만 그들의 사생활은 그대로 드러날 수밖에 없었다. 이는 개인식별 정보의 삭제가 반드시 연구참여자의 사생활 보호와 연결되는 것은 아님을 보여주며 기밀을 유지했다고 해서 연구자로서의 의무를 다한 것으로 보기 어렵다는 것을 의미한다.

4) 잠재적 위험과 위험의 최소화

연구대상자들은 연구 참여로 인해 경험하지 않아도 되는 일을 겪을 수 있으며 개인의 자유가 일부 제한될 수 있다. 또한, 연구참여자들은 연구 참여가 종료된 이후에도 참여 결과 혹은 결과의 영향력 안에 의도하지 않게 포함될 수 있다(백수진, 2015). 사회, 행동 및 경제, 과학 연구에서 연구참여자에게 발생할 수 있는 위험의 유형은 여섯 가지로 구분할 수 있다(백수진, 2015).

첫째, 신체적 위험으로 사망, 부상, 통증, 고통, 불편함이 포함된다. 신체적 위험은 연구에 참여함으로써 직접적으로 발생할 수 있지만 연구 과정에서 수집된 민감한 정보가 공개됨으로써 기밀유지 위반으로 인해서도 발생할 수 있다(최병인 역, 2010). 이와 관련하여 DuBois(2006)는 anonymous(익명성)이라는 단어 대신 이름, 주소, 주민등록번호와 같은 개인정보를 제거한다는 의미에서 de-identified를 사용하는 것이 좀 더 정확하다고 주장한다.

둘째, 정신적 위험으로 이는 부정적인 자기인식, 불안, 수치심, 공포와 같은 정서적 고통을 포함한다(Citro et al., 2003). 정신적 위험은 수집된 민감한 정보가 공개됨으로써 발생할 수 있으며 인터뷰나 설문지에 응답하는 과정에서도 발생할 수 있다(Citro et al., 2003). 예를 들어, 면담 과정에서 과거의 트라우마를 회상해야 할 경우 연구대상자는 고통스러운 기억을 떠올리면서 불안, 우울 등을 경험할 수 있다(최병인 역, 2010).

셋째, 사회적 위험으로 이는 차별, 낙인과 같이 타인과의 상호작용이나 관계에 부정적인 영향을 주는 것을 의미한다(Citro et al., 2003). 사회적 위험은 민감한 정보를 수집하는 연구일 경우 연구대상자의 연구 참여 사실 혹은 연구대상자의 답변이 노출됨으로써 발생할 수 있다(최병인 역, 2010).

넷째, 경제적 위험으로 이는 연구에 참여함으로써 발생하는 경제적 손실을 의미한다(Citro et al., 2003). 연구참여자의 믿음, 태도, 행동에 대한 연구자료의 부적절한 공개는 경제적 위험을 야기할 수 있으며 건강과 관련된 정보의 부적절한 공개는 의료보험의 손실을 야기할 수 있다(최병인 역, 2010).

다섯째, 법적 위험으로 체포, 유죄선고, 투옥, 민사소송 등이 포함된다(Citro et al., 2003). 예를 들어, 불법 행동에 대한 연구자료 혹은 불법 약물 사용에 대한 연구자료가 공개될 경우 연구참여자는 법적 책임에 놓일 수 있다(최병인 역, 2010).

여섯째, 인간 존엄에 관련된 위험으로 이는 개인이 목적을 위한 수단으로 취급되거나 개인의 가치 혹은 선호가 존중받지 못할 때 발생한다(Citro et al., 2003).

5) 연구참여자 보호

연구참여자를 단순히 정보 제공자로 여기고 객체로 여기는 행위, 그들의 자율성과 의사결정을 존중하지 않는 행위로 인해 연구참여자는 인간존엄에 관련된 위험에 놓일 수 있다.

(1) 연구 단계별 위험: 연구 설계

질적연구는 연구 초기에 모든 것이 완벽하게 설계되는 것이 아니라 연구현장에 들어가서야 명확해지는 특성을 가진다. 또한, 질적연구는 연구가 이루어지는 동안에도 계속적인 순환을 통해 변화되고 진화되는 특성을 가진다.

질적연구의 유연하고 귀납적인 특성은 연구자를 다양한 갈등과 윤리적 문제에 직면하게 하고 연구참여자를 잠재적인 위험에 노출시킬 수 있다. 따라서 연구자는 설계 단계에서 연구에서 발생할 수 있는 상황과 위험에 대해 예측하고 이에 대한 대책을 마련함으로써 윤리적이고 안전한 연구수행을 준비하고 연구참여자에게 발생할 수 있는 위험을 최소화해야 한다.

연구 설계에 신중을 기하고 정밀하고 촘촘한 연구계획을 마련한다 해도 연구에 참여함으로써 발생할 수 있는 모든 일을 완벽하게 예측한다는 것은 사실상 불가능하다. 그러나 연구로 인해 발생할 수 있는 다양한 문제들을 사전에 고민하고 연구에 임하는 것과 그렇지 않은 것에는 분명한 차이가 존재한다.

따라서 연구자는 연구참여자 선정, 자료수집과 분석, 출판 단계에서 발생할 수 있는 다양한 문제에 대해 생각해 보고 연구자의 어떤 태도와 행동이 연구참여자들을 객체화시키고 연구로부터 소외시키는지 생각해 봐야 한다.

연구자는 연구로 인해 연구참여자 혹은 연구참여자가 속해 있는 집단이 얻을 수 있는 잠재적인 이익이 무엇인지도 생각해 봐야 한다. 아울러 연구자는 연구 과정에서 상호호혜성을 어떻게 실천할 것인지도 고려해 봐야 한다.

연구자는 연구로 인해 연구참여자보다 상대적으로 많은 이익을 얻는다. 그들은 연구를 통해 지적 욕구를 만족시키고 출판을 통해 저작권을 가지게 되며 경력을 쌓고 승진하는 등의 이익을 얻을 수 있지만 연구참여자들은 시간적·정신적으로 소모될 뿐 연구 참여로 인해 얻을 수 있는 이익이 명확하지 않다(신옥순, 2001). 따라서 연구자는 상호호혜성의 관점에서 연구참여자에게 보다 적극적으로 유형의 의미 있는 보상을 제공하는 데 관심을 가져야 한다(김영천, 2001).

모든 연구가 그렇지만 질적연구 또한 연구로서 가치 있어야 하며 불필요한 연구가 아니어야 한다. 연구참여자들이 비슷한 연구에 여러 번 참여하게 되면서 시간적·정신적으로 소모되는 일은 없어야 한다.

또한, 심층적인 이해 혹은 새로운 시각을 제시하는 연구가 아닌 기존에 비슷한 질적연구를 반복함으로써 연구의 본질과 가치를 훼손하는 일은 지양해야 한다. 따라서 연구자는 연구 설계 단계에서 선행연구를 충분히 찾아보고 연구의 필요성과 목적을 분명히 해야 하며 연구가 반드시 이루어져야만 하는 근거를 제시할 수 있어야 한다(Creswell, 2003).

(2) 연구 단계별 위험: 연구참여자 섭외

질적연구에서는 안면이 있는 사람을 연구참여자로 섭외하거나 자신이 알고 있는 사람을 통해 연구참여자를 섭외하는 경향이 나타난다(Seidman, 2006). 그러나 자신이 관리, 감독하는 사람, 자신의 학생, 자신의 친구 혹은 알고 있는 사람을 섭외하는 경우 연구자와 연구참여자는 다양한 갈등과 딜레마에 직면할 수 있다(Seidman, 2006). 예를 들어, 초등학교 교장이자 박사학위 과정에 있는 연구자가 자신의 학교에 재직하고 있는 교사들을 대상으로 연구할 경우 연구자는 교사를 채용하고 해고할 수 있는 권력을 가지고 있고 그들을 관리하고 감독하는 위치에 있기 때문에 동의 획득 과정 혹은 면담 과정에서 교사들은 연구자의 권력을 경험할 수 있다(Seidman, 2006).

교사가 자신의 학생을 대상으로 연구하는 경우에도 학생들은 연구 참여에 대한 압력을 경험할 수 있으며, 교수자와 좋은 학기 혹은 좋은 관계를 유지하는 데 도움이 될 것이라 생각하여 연구에 참여할 수도 있다. 따라서 연구자는 그들의 협조가 진심에서 우러나오는 것이라고 확신할 수 없다면 자신의 학생을 연구참여자로 섭외하는 것은 지양해야 한다(Bodgan & Biklen, 1982). 부득이하게 자신의 학생을 대상으로 연구를 해야 한다면 연구자가 직접 참여 의사를 물어보는 것보다 모집 공고를 통해 연구 참여에 대한 선택의 기회를 제공하는 것이 좀 더 바람직하다(Bodgan & Biklen, 1982). 또한, 연구 참여는 성적과 학점에 직접적인 관계가 없어야 하며, 이러한 사실은 학생들에게도 분명히 알려야 한다.

교사의 경우 자신의 교수방법 혹은 교육과정에 대한 연구를 위해 자신이 가르치는 학생들을 연구대상자로 섭외하는 경우가 있다(Seidman, 2006). 이때도 교사의 지위가 학생들의 연구 참여에 대한 자발적인 결정에 영향을 미칠 수 있으므로 연구자는 다른 학교 학생을 섭외하거나 자신과 유사한 교수방법 혹은 교육과정으로 가르치고 있는 교사의 학생을 섭외하는 것이 좀 더 바람직하다(Seidman, 2006).

자신이 알고 있는 사람을 면담하는 경우에는 기존의 관계로 인해 자세한 질문을 망설이게 됨으로써 깊이 있는 주제 탐색이 어려워질 수 있다. 자신의 친구를 면담하는 경우에도 관계 설정이 어려울 수 있으며, 서로에 대해 잘 알고 있다고 생각하기 때문에 심도 있는 접근이 어려워질 수 있다(Seidman, 2006).

또한, 상대방의 의도를 나름대로 판단해 버림으로써 의미 해석에 왜곡이 발생할 수 있다(Seidman, 2006). 연구자와 연구참여자 간의 관계가 밀접할수록 연구자는 다양한 윤리적 갈등 상황을 보다 빈번하게 직면하게 되며 기본적인 연구윤리원칙과 절차를 무시하게 될 가능성 또한 높아진다(허유성 · 김정연, 2012).

질적연구에서는 연구대상자를 선정하는 과정에서 연구자가 이미 알고 있는 사람을 통해 상대방을 소개받아 대상자를 늘려가는 이른바 눈덩이 표집(스노우볼링) 방법이 활용된다. 그러나 눈덩이 표집 방식은 몇 가지 문제를 가지고 있다.

박순용(2006)은 눈덩이 표집과 관련하여 특정 제보자의 선택과 그에 대한 의존이 깊이 있는 자료수집에 한계로 작용할 수 있다고 주장한다. 또한, 눈덩이 표집은 접근이 곤란한 집단을 모집할 때 효과적인 방법이지만 사실상 허락 없이 그들에 대해 민감한 정보를 드러낼 것을 요청하는 것이기 때문에 연구 참여 전부터 그들의 사생활이 노출되는 문제가 있다(DuBois, 2006).

연구자와 가장 가까운 곳에서 연구참여자를 모집할 경우 연구참여자 섭외가 쉽고 자료수집이 용이하다는 이점이 있다. 그러나 이때 연구자는 연구참여자의 자율성과 관련하여 다양한 갈등과 윤리적 문제에 직면할 수 있으며 연구참여자와의 관계로 인해 심층적인 주제 탐색이 어려워질 수 있다.

7. 연구자와 연구참여자

질적 연구는 특수한 사례와 맥락에 집중하면서 연구 참여자들의 실제 삶 속에서 현상을 이해하고자 한다. 이런 측면에서 질적 연구는 연구자와 연구 참여자들 간의 상호 교류가 중요시된다. 또한 연구 작업에 개입되는 연구자의 학문적인 권위나 사회적, 역사적 위치가 연구나 연구 참여자와 어떻게 관계를 맺는지에 대한 부단한 자기반성적 사유가 필요하다.

1) 연구자의 정체성과 연구 참여자와의 관계

질적 연구를 수행하는 데 연구자는 연구 현장을 최대한 '오염'시키지 않아야 한다. 이런 점에서 연구 참여자와의 관계를 발전시키고 신뢰를 구축하는 것은 매우 중요하다. 연구 참여자와 관계를 형성하는 것은 어려운 일인데, 이때 연구자의 정체성은 연구 참여자들과 관계를 맺고 자료를 얻어내는 데 많은 영향을 준다. 즉 연구자의 성, 연령, 교육 수준, 인종, 계층, 종교, 결혼 여부 등은 연구자가 연구 주제를 선정하고, 연구 참여자에게 접근하고, 관계를 형성하고, 자료를 수집하고 해석하는 과정 전반에 관련된다는 점을 인식해야 한다.

연구자의 정체성이 중요한 이유 중 하나는 이것이 연구 참여자들과의 라포(rapport)형성과 밀접한 연관이 있기 때문이다. 연구 참여자에게 접근하고 우호적인 관계를 맺는 것, 즉 라포를 형성하는 것은 연구자가 현장의 일상을 방해하지 않고 자연스러운 상황을 관찰하고 사람들과 상호작용함으로써 솔직하고 진실된 자료를 얻을 수 있다는 점에서 중요하다. 그러나 연구자와 연구 참여자 간에 어느 정도 라포가 있어야 한다 하더라도, 지나친 라포의 위험에 대한 경고 또한 제기되고 있다(Burgess, 1984).

이는 연구자가 연구 참여자 혹은 연구 대상이 되는 사건이나 상황에 지나치게 몰입하게 되면 편견이 발생할 수 있기 때문이다. 이런 문제들을 극복하기 위해 우호적이지만 지나치게 감정이 개입되지 않은 '적절한' 연구 수행이 필요하다. 연구자의 지나친 몰두와 개입은 연구 참여자 집단에 연구자가 필요 이상의 감정이입을 발생시킴으로써 자료의 수집과 해석 과정에서 선입관을 갖게 할 수 있다. 또한 연구 참여자들이 제공하는 정보의 방향과 내용에도 영향을 미칠 수 있다.

따라서 연구자에게는 자신의 정체성 내지는 사회적, 문화적 위치가 연구 수행과 연구 참여자와의 관계 형성에 미치는 영향에 대한 점검과 자기 성찰이 반드시 필요하다. 이런 성찰적 논의는 독자가 연구 결과를 이해하는 데 도움을 줄 뿐만 아니라 후속 연구를 위한 귀중한 방법론적 자원이 될 수 있다는 점에서도 필요한 작업이라 하겠다.

2) 연구 현장에서 연구자의 역할

현장 연구에서 연구자는 종종 참여 관찰을 하게 된다. 여기서 연구자는 연구 참여자들과 직접 관계를 맺게 되며, 연구자가 관찰되는 현장의 일부가 된다. 즉 연구자는 현장에서 일정한 역할을 수행함으로써 '연구자 효과'를 발생시키는데, 연구자의 참여는 연구 현장 혹은 연구 참여자에게 영향을 미칠 수 있다. 따라서 참여 관찰을 수행하는 데 연구자는 자신의 역할을 어떻게 설정할 것인지 그리고 그것이 연구에 미치는 영향과 함의는 무엇인지 깊이 고민하고 선택해야 한다.

참여 관찰자로서 연구자의 역할 유형은 대체로 네 가지로 설정된다(Burgess, 1984). 첫째, 완전한 참여자(the complete participant)이다. 이는 관찰자로서의 역할이 은밀히 수행되는 것인데, 예컨대 관찰 대상 집단의 구성원으로 활동하면서 연구를 수행하는 것이다. 이 경우, 연구자가 자신이 참여한 집단의 구성원에 영향을 미침으로써 그들의 행동을 바꿀 수 있으며, 참여자 역할에 지나치게 몰입해 연구자 자신이 내부자(native)가 될 수도 있다. 또한 관찰 행위를 알리지 않는 것은 윤리적 문제를 발생시킬 수 있다.

둘째, 관찰자로서 참여자(the participant-as-observer)이다. 이 유형은 관찰뿐만 아니라 적극적으로 현장에 참여하는데, 완전한 참여자와의 차이는 연구 사실의 비밀 유지 여부다. 현장에서 행동이 자유롭고 다양한 현장 상황을 관찰할 수 있으며, 직접적인 참여를 통해 좀 더 다양한 자료를 확보할 수 있다. 반면 현장에서 갈등이 발생할 때 어느 쪽의 입장을 취할지 난감한 상황이 발생할 수 있으며, 어느 정도 참여할 것인가의 문제도 발생할 수 있다(Roy, 1970).

셋째, 참여자로서 관찰자(the observer-as-participant)로, 관찰자로서 참여자와는 달리 연구 참여자와의 접촉이 간단하고 공식적이다. 따라서 현장에서 참여자들의 관계나 행동이 갖는 의미에 제대로 접근하기 어렵다(Schatzman & Strauss, 1973).

넷째, 완전한 관찰자(the complete observer)로, 일종의 '엿듣기(eavesdropping)'

나 '정찰(reconnaissance)' 행위와 동일시된다. 이런 역할에서 연구자는 연구 참여자와의 지속적인 상호작용이 어려우며, 연구 대상자들의 시각을 제대로 이해하지 못하는 문제가 발생할 수 있다.

그러나 연구자가 현장에 전혀 영향을 미치지 않고 완벽하게 관찰만을 수행하기는 어렵다. 연구자가 현장에서 거리를 유지하고 개입하지 않는다 하더라도 연구자의 존재 자체가 현장에 영향을 미칠 수 있으며, 연구자의 태도나 행동 등이 연구 참여자들에게 다양하게 해석될 수 있다. 연구자는 관찰자와 참여자로서 자신의 역할을 선택하고, 그때그때 상황에 따라 역할을 수정하고 전략적인 결정을 내려야만 한다. 따라서 연구자는 자신이 현장에서 어떤 위치에 있으며, 참여자들과 어떤 관계를 맺고 어떤 역할을 수행할 것인지, 그리고 그것이 어떤 영향을 미치는 것인지 지속적으로 성찰할 필요가 있다.

3) 연구 윤리의 문제

연구 윤리의 문제는 연구 수행의 전체적인 윤리성, 연구 참여자와의 관계 형성과 유지, 충분히 인지된 상태에서 이루어진 연구 참여자의 동의 여부, 자료 활용에 대한 연구자의 권리 등 다양한 측면에서 제기될 수 있다. 이는 무엇보다도 연구 참여자의 비밀을 보장하는 문제에서부터 연구를 통해 연구자의 지식 습득이 연구 참여자에게는 어떤 이익을 가져다주는가와 같은 문제에 이르기까지 연구 참여자의 복지 문제와 관련되어 있다.

그러나 이런 연구의 윤리적 문제는 매우 소홀히 다루어진 경향이 있다. 이는 연구자가 신의 관점(God's point of view)에서 지식 생산이라는 목표를 위해 연구 참여자를 통제하고 객관화할 수 있는 존재로서, 연구자와 연구 참여자 간의 불평등한 권력관계를 생성했기 때문이다(김영천, 1997). 연구자와 연구 참여자 간의 불평등한 관계는 연구 참여자를 통제하거나 착취할 수 있고, 이에 따라 왜곡된 자료와 결과를 생산할 수 있다. 특히 질적 연구는 연구자와 연구 참여자가 서로 직접적이고 대인적인 관계를 맺고 연구

참여자의 지속적인 참여를 통해 연구가 이루어지기 때문에 연구 윤리의 문제는 더욱 강조된다.

또한 연구 현장에 들어가 연구 참여자의 삶을 이해하려는 질적 연구 방식에서는 탈개인화되어 숫자로 전환된 자료에 대한 통계적 분석의 익명성 뒤에 안주할 수 없기 때문에(Mason, 1996/1999), 참여자 개인의 비밀이나 사생활을 보호하기가 힘들다는 특성이 있다. 따라서 연구자는 연구 참여자에게 연구 과정을 충분히 설명함으로써 자발적인 참여를 얻어 내는 것이 필요하며, 연구 참여자와 관련된 기밀을 유지해야 한다.

또한 연구자와 연구 참여자가 상호 이득을 얻을 수 있는 아이디어를 실천해야 한다. 예컨대 연구 참여자의 느낌과 정서를 공유하거나 나아가 연구 참여자가 연구를 통해 자신의 삶이나 문제를 새롭게 인식하고 실천력을 갖게 해 준다면 이는 연구 참여자가 얻을 수 있는 하나의 성취가 될 수 있다. 아울러 연구자는 연구 참여자의 삶이나 문화에 대한 기술과 관련될 수 있는 정치적, 윤리적 문제를 반성해 볼 필요가 있다. 즉 연구자 자신의 다양한 정치적, 문화적, 사회적 배경이 연구 작업에 어떤 영향을 끼쳤는지 반성함으로써 독자에게 어떤 관점에서 연구 참여자의 세계에 대한 해석을 구성했는지를 보여 주는 것이라 하겠다(김영천, 1997).

4) 연구자의 가치 중립

어떤 연구자는 사회가 매우 갈등의 상태에 있다고 보고, 어떤 연구자는 사회가 매우 기능적으로 움직인다고 본다. 어떤 연구자는 개인 행위자들에게 관심이 있고, 어떤 연구자는 사회 구조가 어떻게 움직이는지에 관심이 있다. 어떤 연구자는 질적 연구를, 어떤 연구자는 양적 연구를 주로 한다.

기본적으로 연구자는 사회 현상을 바라보면서 연구 주제를 정하고 연구 문제, 연구 설계, 연구 방법, 자료 수집 방법을 정할 때 자신의 주관이나 가치를 개입시킬 가능성이 있다. 또한 연구 결과와 관련하여 '이 연구 결과는 ~ 측면에서 의의가 있으며 이와 관련하여 앞으로 ~해야 한다'라고 주장하는 경우에도 가치 개입이 일어난다. 그러므로 연구 주제를 정하거나 결과를 통해 결론을 내릴 경우에도 가치중립을 강조하지만 이 과정에서는 연구자의 선호가 작용하기에 어느 정도 가치를 연관시키는 것을 용인한다.

그렇다면 연구자에게 요구하는 가치중립은 무엇일까? 이는 연구 설계에 따라 연구를 진행할 때, 즉 연구 대상을 정하고 자료 수집을 하고, 수집된 자료를 분석할 때 연구자 자신이 가진 개인적인 가치나 주관 등을 개입시켜서는 안 된다는 것을 말한다.

어떻게 해야 가치 중립이 될까? 이것은 마치 국가간 축구경기를 하는데 양 국가 중 한쪽의 국적을 가진 사람이 심판을 하는 것과 같다. 공정하고 중립적으로 판정을 내리기 위해 심판은 어떻게 해야 할까? 심판이 오는 공을 자국의 선수 쪽으로 차주거나, 파울을 한 상대 선수에게만 옐로카드를 주거나, 자국의 선수가 찬 들어가지도 않은 공을 골인이라고 인정하는 등의 일을 했다면? 만약에 그렇게 하면 심판의 오심판정이 논란이 될 것이고 결국 그 국가가 승리하더라도 그것은 항상 문제가 될 것이다.

연구자는 대부분 자신이 속한 사회 현상을 연구하게 된다. 너무 잘 알아서 또는 친밀감이 있어서 혹은 자신의 편의를 위해서 오심판정을 하듯이 연구를 하면 문제가 된다. 여기서 말하는 오심판정이란 연구자의 가치개입 문제이다.

예를 들어 질문지법으로 자료 수집을 하면서 자신이 원하는 가치가 개입된 질문 문항을 만드는 것과 원하는 답을 해줄 수 있는 일부 집단만을 한정하여 조사 대상으로 하는 것, 실험이나 조사 결과를 왜곡하는 것, 문헌 연구를 하면서 자신에게 불리한 의견이나 내용은 넣지 않고 유리한 자료만 서술하는 것, 면접 자료나 참여관찰한 자료를 자신의 주관에 따라 적당히 해석하는 것 등, 이 모든 것이 심판의 오심과 같은 것이다. 따라서 이런 일을 하지 않는 것이 연구자에게 필요한 가치중립의 기본 사항이다.

자신의 연구 과정에서 가치중립을 위해 최대한 노력하지만, 불가피하게 가치가 개입되는 경우가 있다. 이 점에서 연구자는 자신의 연구 과정을 공개하고, 다른 사람들이 연구에 대하여 가치가 개입되었음을 이야기하면 연구 과정을 새롭게 살펴보거나 분석을 다시 하는 등의 노력을 보임으로써 가치중립을 위해 노력해야 한다. 결국 가치중립은 연구자의 의무이면서도 연구자로서 양심을 걸고 최대한 노력해야 하는 연구의 한 과정이다.

연구자의 주관을 객관화하는 방법

『어린 왕자』를 읽다 보면 재미있는 대화가 나온다. 어린 왕자가 묻는다. "이 그림 무섭죠?" 그림을 보던 어른이 대답한다. "무섭다고? 머리에 쓰는 모자가 뭐가 무섭다고 그러니?" 그런데 어린 왕자는 모자를 그린 것이 아니라 코끼리를 통째로 삼킨 보아뱀을 그린 것이었다. 결국 어린 왕자의 의도를 모르는 사람들에게 어린 왕자는 모자처럼 생긴 모양 안에 코끼리를 그려준다.

이처럼 우리의 일상에서 관찰한 것이 무엇인가를 설명할 때 사람마다 다르게 이해하는 현상은 자주 일어난다. 사람들은 대체로 자신의 주관에 따라 세상을 보기 때문이다.

그렇다고 사람들의 주관에 따라 완전히 다르게 세상을 이해하지는 않는다. 길을 가다가 돌을 보고 어떤 이는 '돌이다'라고 하겠지만, 어떤 이는 '자갈이다'라고 할 것이다. 또 다른 이는 '돌멩이다'라고 할 것이고, 어떤 이는 '돌덩어리다'라고 할 것이다. 모두 동일한 대상을 관찰하고도 다르게 지칭한다.

그런데 한 가지 유사성이 있다. '돌, 자갈, 돌멩이, 돌덩어리'라는 인식에서 차이는 있지만 기본적으로 돌이라는 인식에서 크게 벗어나지는 않는다. 이렇게 '돌, 자갈, 돌멩이, 돌덩어리'라고 인식하는 것은 개인의 주관적인 측면이 반영된 것이다. 그럼에도 사람들의 주관적인 의견에는 어느 정도의 유사성이 들어 있음을 알 수 있다.

일정하게 비슷한 환경이나 경험을 한 사람들의 경우, 각기 자신의 주관에 따라 무엇인가를 보더라도 여러 사람의 주관이 모이면서 그 안에 담긴 나름의 유사성을 확인할 수 있고 그러한 유사성으로 인해 일정한 결론에 도달할 수 있다. 이처럼 각자가 가진 주관 안에 엿보이는 유사한 측면, 즉 여러 사람의 주관 속에 '공유'되는 주관성이 있는데 이것을 간주관성이라고 한다.

연구자가 자기 나름의 연구를 하면서 자신의 주관에 치우치지 않고 객관성을 유지한다는 것은 누가 봐도 '그것이다'라고 인정할 수 있는 객관성으로 나아가야겠지만, 어떤 경우에는 유사한 연구를 하는 다른 연구자가 봤을 때 '그것인 것 같다'라는 인식이 가능한 간주관성만 확보해도 주관성을 배제하려는 노력한 것으로 이해받을 수 있을 것이다.

이런 점에서 연구자는 연구를 진행하면서 최대한 주관성을 배제하려는 노력을 해야 한다. 결국 연구자에게 가치중립이란 연구 과정에 대하여 객관성이나 간주관성을 갖춘 것으로 인정받은 것을 말한다. 따라서 객관성이나 간주관성을 위해서 연구자는 자신의 연구 설계와 연구 과정을 개방하여 다른 사람의 비판을 수용하고, 자신의 연구 과정에 대하여 성찰적으로 반성하면서 가치 개입이 일어나지 않았는지 끊임없이 반성하는 자세가 필요하다.

5) 연구자가 반드시 가져야 하는 연구 윤리 문제

우리는 자주 설문 조사에 응답해 달라는 요구를 받는다. 귀찮아서 싫다고 하는 경우도 있지만 내 답변이 알려질까 봐 거부하는 경우도 있다. 질문지에 답을 적는 순간 내 개인의 의견이나 판단을 제공하는 것이기 때문이다. 특히 "당신은 술을 마셔본 적이 있습니까?", "당신은 결혼 전 성관계에 대해 어떻게 생각하십니까?"와 같은 질문을 받게 되면 한국 사회에서 학생들이 답하기 곤란한 문제라는 생각이 들 수 있다.

따라서 연구자들은 질문지 조사를 할 때 몇 가지를 유의해야 한다. 우선 연구자의 수치심을 자극하는 질문을 해서는 안 되며, 강제로 답변을 요구해서도 안 된다. 또한 조사 대상자가 처음부터 혹은 중간이라도 그만두겠다고 하면 응답을 더 이상 강요해서는 안 된다. 더 중요한 것은 조사 내용은 오로지 조사의 목적만으로 사용해야 하고 응답자의 사생활을 유출해서는 안 된다. 이를 위해서 연구자는 연구의 목적과 내용, 그리고 연구자 자신에 대하여 명확하게 밝혀야 한다.

그런데 연구 대상자의 사생활을 보호하고 연구 대상자에게 연구 목적이나 연구자를 밝히는 문제는 질문지법에서만 해당되는 것은 아니다. 이것은 모든 자료 수집법에 해당되며 연구자는 어떤 경우에라도 연구 대상자의 익명성을 지켜주어야 한다. 그래서 연구 대상자가 한 명이거나 소수 집단인 경우, 예를 들어 면접법으로 누군가를 조사한 내용을 연구 결과에 기록할 때는 항상 가명을 적게 되어 연구 대상자를 추측하기 어렵게 한다.

연구자의 윤리는 이런 부분만 있는 것은 아니다. 연구자는 자신이 연구하는 주제와 내용이 사회와 사람들에 미칠 영향도 고려해야 한다. 자신이 만든 다이너마이트가 전쟁에 사용되자 혼란을 느끼고, 다이너마이트로 모은 자신의 재산을 세계 평화를 위해 사용한 사람에게 상을 주는 재단을 만든 노벨과 같이, 자신의 연구 결과가 인류에게 미친 영향에 대하여 사후에 반성적으로 성찰하기보다는 사전에 성찰할 필요가 있다.

또한 연구자가 연구 주제를 정하고 연구의 결론에 기초하여 제언을 할 때 어느 정도 가치 개입이 일어나는 것을 용인받는다고 하여 인간 사회를 해치거나 인권을 침해하는 방향에서도 허용되는 것은 아니다.

독일의 히틀러는 인간에게는 우수한 형질을 가진 자와 그렇지 않은 자가 나누어진다는 우생학자들의 연구 결과를 믿었다. 그리고 우수한 형질을 가진 인간은 사회 유지에 긍정적이고 그렇지 않은 인간은 부정적이기에 우수하지 못한 형질을 가진 사람들을 사회에서 제거해야 한다는 주장을 이끌어냈다. 이에 따라 혼혈아와 청소년 범죄자에 대해서는 불임 시술을 했고, 유대인은 대학살까지 이른다.

이외에 몇몇 나라에서도 우생학 연구 결과를 받아들여서 장애가 있거나 정신질환이 있는 경우에 국가가 불임시술을 하는 경우도 있었다.

연구자는 주체적으로 자신의 연구를 계획하고 실행하면서 사회 현상에 대하여 법칙을 통해 설명하거나 사람들의 행위에 대한 의미를 이해하는 일을 한다. 이를 통해 연구자는 스스로의 지적 호기심을 만족시키며, 사회적으로는 사회 현상에 대한 이해와 사회 문제의 해결책 등을 발견하는 역할을 한다.

참고문헌

강성리(2014). 근거이론에 의한 유아통합학급 자유선택활동에 나타난 유아특수교사의 놀이지도 경험 분석. 단국대학교 대학원 박사학위논문.

강영은, 양병이(2011). 전통민속마을 방문의 추진 요인 및 유인 요인이 만족도에 미치는 영향 연구: 경주 양동민속마을을 대상으로. **농촌계획**, 17(4), 1-11.

강영택, 김정숙(2012). 학교와 지역사회의 파트너십에 대한 사례연구: 홍성군 홍동지역을 중심으로. **교육문제연구**, 43, 27-49.

강현석(2011). **현대 교육과정 탐구**. 서울: 학지사.

강현석, 최윤경(2009). 내러티브 영재의 개념과 교과교육의 시사. **교육과학연구**, 40(2), 99-129.

강효련(2021). 정신분석적 꿈 심리치료를 통한 불안장애 내담자에 관한 단일사례연구. 한세대학교 대학원 박사학위논문.

견주연, 정계숙(2013). 다문화 유아교실을 만들기 위한 협력적 실행연구. **유아교육연구**, 33(6), 205-236.

고미영(2009). 이야기 치료의 경험에 관한 질적연구: 이야기의 전환은 가능한가. **한국사회복지학회**, 30, 1-24.

고미영(2010). 중학교 가정교과 관련 교내자율장학의 실태와 개선방안. 한국교원대학교 교육대학원, 석사학위논문.

고미영(2013). **질적사례연구**. 서울: 청목출판사.

고미영(2016). 국내 학술지 복지관광 연구동향에 관한 내용분석. **동북아관광학회**, 12(4), 181-201.

고원규(2006). 문화의 관광상품화를 통해 본 전통의 재구성: 청학동의 사례연구. 영남대학교 대학원 박사학위논문.

고홍월, 권경인, 김계현, 김성희, 김재철, 김형수, 서영석. 이형국, 탁진국, 황재규(2014). **상담연구방법론**. 서울: 학지사.

공병혜(2004). 간호연구에서의 현상학. **철학과 현상학 연구**, 23, 151-178.

곽영순(2009). **질적연구: 철학과 예술 그리고 교육**. 경기: 교육과학사.

구인회(2010). 죽음의 이해 가능성에 관한 철학적 접근. **생명윤리**, 11(2), 9-21.

구정숙(2016). 유아 음률교육의 효율적 운영을 위한 협력적 실행연구. 아주대학교 석사학위논문.

권구영, 김미라, 김순홍, 김신영, 김영란, 양철호, 정영해, 조지현(2013). **사회복지조사방법**. 서울: 한국사회조사연구소.

권구영, 김미라, 김순홍, 김신영, 김영란(2007). **사회복지조사방법**. 한국사회조사연구소.

권기남, 권순용. (2013). 여자축구선수들의 성 정체성 갈등에 관한 근거이론적 접근. 한국연구 재단(NRF).

권영활(2019). 초등학교 통합학급 교사의 자폐성장애 학생 지도경험 연구. 대구대학교 대학원 박사학위논문.

권인탁, 임영희(2017). **평생교육경영론(제2판)**. 서울: 학지사.

권정혜(1991). **임상에서의 단일사례 실험연구법. 현장 연구방법론 각론**. 서울: 성원사.

권지성(2008). 쪽방 거주자의 일상생활에 대한 문화기술지. **한국사회복지학**, 60(4), 131-156.

길병휘, 이명숙 외(2001). **교육연구의 질적 접근**. 서울: 교육과학사.

김경동, 이온죽, 김여진(2009). **사회조사연구방법: 사회연구의 논리와 기법(개정판)**. 서울: 박영사

김경호, 차은진(2012). **학위논문 프로포절**. 서울: 나눔의집.

김계현, 고홍월, 김경은(2013). 대학생 진로의사결정 상태의 하위유형 분석. **상담학연구**, 14(6), 3633-3652.

김광식(2007). 현주공동체(Continuing Community) 유산등록기준과 등록유산사례검토. **역사와실학**, 32, 899-929.

김귀분, 신경림, 김소선, 유은광, 김남초, 박은숙, 김혜숙, 이경순, 김숙영, 서연옥(2005). **질적연구방법론**. 서울: 현문사.

김규리, 최은수(2014). 컬러테라피 프로그램을 통한 성인학습자의 감성리더십 개발과정 연구: 전환학습 관점을 중심으로. *Andragogy Today : Interdisciplinary journal of adult & continuing education*, 181-212.

김규호(2010). 문화관광의 고유성과 탈근대관광: 문화유산의 관광자원화에 관한 논의. **관광학연구**, 34(2), 11-31.

김규호, 임배근(2009). 문화유산 관광자원화와 문화경제적 가치추정: 황룡사복원을 중심으로. **문화산업연구**, 9(1), 75-92.

김대행(1995). 수필과 문학교육론: 고 유병석 교수의 수필을 중심으로. **한국언어학회**, 13, 363-382.

김동일(2018). 이주여성의 한국생활적응 과정과 교회평생교육 경험에 관한 연구. 광주대학교 대학원 박사학위논문.

김동일(2020). **평생교육실습 이론과 실제**. 경기: 정민사.

김미란(2013). **효과적으로 읽고 쓰는 법**. 한국교양기초교육원.

김미연, 강동진(2012). 양동마을의 세계문화유산 등재이후 변화 분석에 따른 주민자력형 보전체계 정립. **국토계획**, 47(6), 5-18.

김미예, 김미선, 신경림(2004). 고령화 한국사회에서 성공적 노후 삶의 기대에 따른 노인부양체제 구축. 한국연구재단(NRF).

김민창(2017). 액체 크로마토그래피 탠덤 질량분석기를 이용한 인체 혈장 중 dexmedetomidine의 고민감도 정량 분석법. 고려대학교 대학원, 석사학위논문.

김병극(2012). 내러티브 탐구의 존재론적, 방법론적, 인식론적 입장과 탐구과정에 대한 이해. **교육인류학연구**, 15(3), 1-28.

김병욱(2014). 질적연구유형별 정당화 논거 탐색: 내러티브 연구법과 담론분석법을 중심으로. **교육사회학연구**, 24(1), 55-76.

김사헌(2008). 어리의 관광시선론 재론(再論): 시선주의(視線主義)의 비판과 확장. **관광학연구**, 32(6), 85-103.

김선화(2012). 중년기부부의 친밀감과 의사소통에 관한 현상학 연구. 경북외국어대학교 복지상담대학원 석사학위논문.

김소선(2003). 근거이론 연구방법의 이론과 실제. **간호학탐구**, 12(1), 69-81.

김수진(2021). 초등체육에서 스포츠강사와의 협력수업 운영에 대한 사례연구. 청주교원대학교 대학원 석사학위논문.

김신혜(2020). **내러티브 탐구와 제2언어 학습**. 대구: 계명대학교출판부.

김영경, 김영해, 양진향, 유연지, 태영숙(2004). 한국 여성 노인의 학대경험에 관한 현상학적 연구. **질적연구**, 5(1), 1-9.

김영석(2014). 평생교육학 분야의 질적연구 동향분석(2000-2014년). **평생교육학연구**, 20(3), 135-166.

김영아(2008). 집단 독서치료프로그램이 학령기 자녀를 둔 중년여성들의 정신건강에 미치는 영향. 이화여자대학교 교육대학원 석사학위논문.

김영옥(2011). 표현중심 문학치료가 정신분열증 환자의 정서표현과 대인관계 향상에 미치는 효과. 경북대학교 대학원 석사학위 논문.

김영천(1997). **네 학교 이야기: 한국 초등학교의 교실생활과 수업**. 문음사.

김영천(2001). **질적연구방법론**. 문음사.

김영천(2013). **질적연구방법론** Ⅰ. 서울: 아카데미프레스.

김영천(2016). **질적연구방법론**. 서울: 아카데미프레스.

김영천, 이현철, 김필성, 정상원, 박승민, 이동성, 박창민, 조재성, 허창수, 김명희, 오영범, 이상우, 전영국, 이현주, 김도헌, 주재홍, 궁선혜(2017). **질적 연구: 열다섯 가**

지 접근. 경기: 아카데미프레스.

김영천, 최성호(2017). 질적자료분석방법으로서 영역 분석: 그 다양한 방법들의 탐색. 질적탐구, 3(1), 133-155.

김영필(2002). 현대철학: 후설에서 들뢰즈까지. 울산: 울산대학교출판부.

김영희(2010). 자기 탐색 글쓰기의 효과와 의의-대학 신입생 글쓰기 수업 사례를 중심으로. 작문연구, 11, 45-109.

김용익(1999). 수학 교육에서의 쓰기(writing)의 활용 방향. 학교수학, 1(2), 589-603.

김은정(2009). 고백적 글쓰기 치료 프로그램이 중년 여성의 우울 및 자아존중감에 미치는 효과. 평택대학교 상담대학원 석사학위논문.

김은하, 김은지, 방미나, 배정우, 이승수, 조원국, 주순희(2017). 영화치료의 기초: 이해와 활용. 서울: 박영스토리.

김은희(2004). 사회적 구성주의 패러다임의 학습 공동체 실천을 통한 기관수준의 유아교육과정 변형에 관한 연구. 한국유아교육학회, 유아교육연구, 24(4).

김인숙(2021). 한국 청소년의 라면섭취빈도에 따른 혈액 생화학적 특성 및 영양소 섭취상태. 전북대학교 교육대학원 석사학위논문.

김정문, 정나라(2006). 전통문화관광지의 관광활성화 방안 연구: 순창 전통고추장민속마을을 중심으로. 한국산림휴양학회지, 10(3), 21-29.

김정숙(2012). 유아 수학교육의 효율적 운영을 위한 협력적 실행과정과 의미. 중앙대학교 대학원 박사학위논문.

김정희・고전・권동택・강낙원・백정하・정일환・주동범(2018). 2017년도 국내 연구윤리 활동 실태 및 인식조사 연구보고서.

김종두(2017). 의사소통 능력. 경기: 정민사.

김주아, 박보영, 강진구, 김성길(2015). 논문작성 길라잡이. 경기: 공동체.

김중순(2010). 인류학적 기업연구와 기업에서의 '에스노그라피(ethnography)' 활용. 마케팅 Ethnography 연구방법 워크숍 자료집, 3-23.

김지선(2019). 고등학교장의 교육과정리더십에 관한 질적 사례연구. 한국교원대학교 대학원 박사학위논문.

김지선, 이훈(2010). 문화유산관광의 지속가능한 관리모형 개발. 관광레저연구, 22(5), 479-496.

김지숙(2014). 채용 프로세스의 질적 개선 방안에 관한 연구: 광주권 금융기관. 공기업을 중심으로. 조선대학교 경영대학원 석사학위논문.

김지혜(2011). 유치원 과학영역의 활성화를 위한 협력적 실행 연구. 중앙대학교 대학원 박사학위 논문.

김진경(2014). 인간 대상 연구에서 타자에 대한 책임을 통한 연구자-연구 대상자 관계

윤리 정립: 레비나스의 타자윤리를 중심으로. **한국생명윤리학회**, 15(2), 통권 30호, 1-14.

김진숙(2008). 가정위탁아동의 친부모에 대한 연구 - 근거이론 접근. 조선대학교. 한국연구재단(NRF)

김진아(2017). 경계선급 지능 아동에 대한 초등학교 교사들의 인식: 포커스 그룹 인터뷰 방법을 통하여. 서울교육대학교 교육대학원 석사학위논문.

김진택(2011). 시선의 권리와 지각적 사유와 체험. AURA, 24, 31-43.

김창룡(1994). **인터뷰, 그 기술과 즐거움**. 서울: 김영사.

김철원, 이태숙(2019). 개별외래관광객(FIT)을 관광 콘텐츠 개발연구:근거이론 중심. 한국마이스관광학회, **MICE관광연구**, 19(2).

김한별(2012). 결혼초기 부부의 적응과정에서 학습경험 탐색: 근거이론 접근. **교육문제연구**, 44, 1-35.

김해연, 김용진, 김명희, 서경희, 김규현, 박용해, 김혜숙, 백경숙(2016). **담화분석**. 서울: 종합출판사.

김혜민(2006). 농촌마을개발사업의 전개와 주민참여에 관한 연구: 산청 남사전통테마마을을 대상으로. **농촌계획**, 12(3), 1-11.

김홍기(2008). 한국과 일본의 전통마을 보존제도에 관한 비교연구. **대한건축학회논문집**, 24(12), 67-75.

김홍중(2009). 진정성의 기원과 구조. **한국사회학**, 43(5), 1-2 .

김황기(2005). 미술교육에서의 질적 연구방법의 탐색. **한국미술연구학회**, 19(2), 81-96.

김희봉(1998). 후설의 현상학과 "자연적 세계"의 의미. **철학과 현상학 연구**, 10, 15-32.

김희봉(1999). 현상학적 환원의 성격과 의미. **철학과 현상학 연구**, 13, 241-265.

김희봉(2003). 후설의 경험 개념과 현상학. **철학과 현상학 연구**, 20, 1-22.

나란희, 윤용철, 김영주(2010). AHP법을 이용한 농촌전통테마마을사업의 성과분석. **농업생명과학연구**, 44(4), 57-68.

나장함(2006). 질적연구의 다양한 타당성에 대한 분석 연구. **교육평가연구**, 19(1), 265-283.

남궁용권, 남궁지영(2008). **이해와 활용이 쉬운 논문작성의 이론과 실제**. 경기: 양서원.

노승희(2019). 만 5세 유아음악교육의 효율적 운영을 위한 협력적 실행연구. 중앙대학교 대학원 박사학위논문.

노용호, 조광익, 이상영(2006). AHP를 활용한 농촌관광마을 사업성과지표개발: "농촌전통테마마을"을 중심으로. **관광학연구**, 30(4), 191-209.

노용호, 조록환, 김경남(2006). 브랜드 자산가치가 방문객 의사결정에 미치는 영향 연구: 농촌 전통테마마을 사례. **관광경영연구**, 27, 25-46.

류의근(2003). 메를로-퐁티와 신. **철학연구**, 88, 97-121.

류정아(1998). **전통성의 현대적 발견: 남 프랑스 마을의 축제 문화**. 서울: 서울대학교 출판부.

문옥표(2000). 관광을 통한 문화의 생산과 소비: 하회 마을의 사례를 중심으로. **한국문화인류학**, 33(2), 79-110.

문창현(2008). 전통문화구역의 관광명소개발이 지역주민에 미치는 영향: 전주한옥마을을 중심으로. **관광연구저널**, 23(3), 61-79.

문창현(2009). 전통한옥민박 체험관광의 관광객 만족도 및 행동의도에 관한 연구: 전주한옥마을을 중심으로. **관광연구저널**, 22(1), 31-53.

문화재청(2008). 한국의 역사마을 하회, 양동.

문화재청(2010). 한국의 전통가옥: 경주양동마을 기록화보고서.

민정원(2021). 자기애 성향 내담자의 자기(seif)변형에 관한 단일사례연구: Heinz Kohut 관점을 중심으로. 한세대학교 대학원 박사학위논문.

박경희(2005). 과학영재학교 교육프로그램에 대한 학생 및 교사의 인식 분석. **교육과정연구**, 23(3), 159-185.

박경희(2006). 외상경험 글쓰기의 치료적 효과와 기제: 가정폭력 피해 여성을 중심으로. 서울대학교 박사학위논문.

박도순, 권재기, 김정민, 남현우, 양길석, 원효헌, 이원석, 조지민(2020). **교육연구방법(제3판)**. 파주: 교육과학사.

박민정(2006). 내러티브란 무엇인가: 이야기 만들기, 의미구성, 커뮤니케이션의 해석학적 순환. **아시아교육연구**, 7, 27-47.

박민지(2019). 대학생의 완벽주의 성향이 주관적 안녕감에 미치는 영향에서 자기불일치의 매개효과. 단국대학교 대학원 석사학위논문.

박석희(2004). 세시풍속의 농촌관광 자원화 가능성과 방법. **농촌관광연구**, 11(1), 74-90.

박선우(2021). 배우자 사별 독거노인의 애도 집단상담 참여 경험에 대한 질적 사례연구. 경성대학교 대학원 박사학위논문.

박순용(2006) 연구자의 위치와 연구윤리에 관한 소고 : 문화기술지연구를 중심으로. **연세대학교 미래교육연구**, 19(1), 3-18.

박승민(2012). 상담학 분야의 질적연구 경향분석: 국내 학술지 논문을 중심으로. **상담학연구**, 13(2), 953-977.

박옥희(2020). **사회복지조사론(제2판)**. 서울: 학지사.

박유경(2014). 미숙아 어머니를 위한 통합적 글쓰기 치료 프로그램 개발 및 효과. 동아대학교 대학원 박사학위논문.

박인철(1992). 후설 현상학에 있어서 반성의 의미와 역할. **철학논구**, 20, 102-131.

박인철(2009). 숭고의 현상학과 현상학적 예술론. **철학연구**, 85, 161-198.

박인철(2013). **에드문트 후설: 엄밀한 학문성에 의한 철학의 개혁**. 경기: 살림.

박인철(2016). 후설 현상학에 있어서 반성의 의미와 역할. **철학논구**, 20, 102-131.

박주성(2009). 글쓰기 프로토콜 분석을 통한 사회과 문제해결과정의 이해. 한국교원대학교 교육대학원 석사학위논문.

박중신(2013). "인간대상 연구윤리", 서이종 편저. **학문 후속세대를 위한 연구윤리**. 서울: 박영사. pp. 57-76.

박현옥, 이소현(2000), 장애유아 통합교육을 위한 일반교사와 특수교사 간 협력방안 고찰. **교육과학연구**, 31(1), 37-52.

박현이(2006). 자아정체성 구성으로서의 글쓰기교육 연구. **한국문학이론과 비평**, 32(10)/3, 107-139.

백수진(2015). 자율성으로 본 동의와 동의면제에 대한 고찰. **생명윤리정책연구**, 9(1), 33-48.

백운영(2012). 이마고 부부관계치료 경험을 통한 부부관계 기대감 변화과정에 대한 질적 사례연구. 숭실대학교 대학원 석사학위논문.

변우희, 김기태, 김진훈(2006). 울산 전통문화마을의 투자평가 적정모형 연구. **관광레저연구**, 18(2), 261-280.

서이종(2015). 황우석 사태 이후 서울대 IRB : 무엇이 문제인가. **한국과학기술학회 학술대회**, 2015(12), 171-188.

서정임(2010). 생명윤리의 연구 범위 확장과 정책 입안을 위한 기초. 생명윤리, 11(2), 59-75.

성숙진, 유태균, 이선우, 이기영(2005). **사회복지조사방법론**. 서울: 시그마프레스.

성태제, 시기자(2014). **연구방법론(제2판)**. 서울: 학지사.

손윤수(2021). 연구 활동으로서의 관찰 | 과학 2022.
https://ko.scienceforming.com › 과학

손정희(2019). 글쓰기 문학치료가 대학생의 불안과 자아정체감에 미치는 영향. 나사렛대학교 재활복지대학원 석사학위논문.

송용준(2016). 학교 간 연계를 통한 학생 선택형 영재교육 프로그램 운영에 관한 협력적 실행연구. 건국대학교 대학원 박사학위논문.

송인섭, 박소연, 이희현, 김누리, 한윤영, 김효원, 김희정, 안혜진, 최영미, 성소연(2008). **실제 논문작성을 위한 연구방법론**. 경기: 교육과학사.

송혜윤(2020). 신경발달장애아동의 시지각 및 소근육 발달을 위한 조형 활동 중심 미술치료 단일사례연구. 명지대학교 사회교육대학원 석사학위논문.

신경림(2003). 현상학적 연구의 이론과 실제. 연세대학교 간호정책연구소. **간호학탐구**,

12(1), 49-68.

신경림, 고명숙, 공병혜, 김경선, 김미영, 김은하, 노승옥, 노영희, 양진향, 조명옥(2004). 질적연구방법론. 서울: 이화여자대학교출판부.

신경림, 김정선, 신수진(2004). 안전사고 예방프로그램이 저소득 여성노인의 안전사고에 대한 지식, 태도 및 예방행위에 미치는 효과. 한국노년학회. **한국노년학**, 24(4), 53-67.

신경림, 장연집, 박인숙, 김미영, 정승은(2004). **현상학과 심리학연구**. 서울: 현문사.

신경림, 장연집, 조영달, 김남선(2003). **질적연구용어사전**. 서울: 현문사.

신경림, 조명옥, 양진향(2004). **질적 연구방법론**. 서울: 이화여자대학교 출판부.

신다영(2015). 자전적 글쓰기 프로그램참여 성인 여성들의 경험에 관한 연구. 서울대학교 대학원 석사학위논문.

신영미(2012). 결혼이주여성을 대상으로 한 문학치료 활동의 실제. 인천대학교 대학원 석사학위논문.

신옥순(2001). **유아교육학개론**. 서울: 학지사.

신옥순(2001). 질적연구의 윤리. **초등교육연구**, 14(2), 105-117.

심승희(2000). 문화관광의 대중화를 통한 공간의 사회적 구성에 관한 연구: 강진 • 해남 지역을 사례로. 서울대학교 대학원 박사학위논문.

안지영(2015) '유아' 대상 질적연구의 연구윤리와 진정성. **교육인류학연구**, 18(1), 67-104.

양만규(2011). 전통문화 공간의 가치측정에 관한 연구: 전주한옥마을 중심으로. **관광경영연구**, 47, 67-83.

양미선(2009). 만 5세 파랑반의 동극 활동 개선을 위한 실행연구. **교육연구**, 46, 217-250.

양성관, 김진수, 김형수, 박귀영, 이용환, 전선영, 박옥신(2014). **사회복지사 1급 준비를 위한 사회복지조사론**. 경기: 정민사.

양홍식(2017). 상담 분야의 근거이론 연구 동향분석 : 국내·외 학술지 논문을 중심으로. 한국상담대학교 대학원 석사학위논문.

염지숙(1999). 내러티브 탐구를 통한 유아 세계 이해: 유치원에서 초등학교 1학년으로의 전이 경험 연구를 중심으로. **교육인류학연구**, 2(3), 57-82.

염지숙(2003). 교육연구에서 내러티브 탐구의 개면, 절차, 그리고 딜레마. **교육인류학연구**, 6(1), 119-140.

염지숙(2009). 유아교육연구에서의 내러티브 탐구 관계와 삼차원적 내러티브 탐구 공간에 주목하기. **유아교육학연구**, 13(6), 235-253.

오경균(2009). 글쓰기 전략에 관한 연구: 표현전략을 중심으로. 한남대학교 대학원 석사학위논문.

오상훈(2005). **관광과 문화의 이해**. 서울: 형설출판사.

오순환, 김태성(2005). 농촌관광객의 방문유형별 만족도 조사: 농촌전통테마마을을 중심으로. **농촌관광연구**, 12(1), 121-139.

유기웅, 정종원, 김영석, 김한별(2021). **질적연구방법의 이해(제2판)**. 서울: 박영스토리.

유선미(2015). 교육청과 지자체의 협력적 교육 거버넌스 모델에 관한 연구: K혁신교육지구를 중심으로. 한국교원교원대학교 교육대학원 석사학위논문.

유영민, 장혜진, 박노천, 김용근(2005). 민속 마을 관리상 발생하는 사회적 갈등의 이해: 하회마을을 중심으로. **한국조경학회지**, 33(5), 31-42.

유혜령(1998). 질적연구의 자료 해석 과정: 현대 해석학의 관점. 교육인류학연구회 하계워크숍 자료집.

유혜령(2005). 아동교육 연구의 현상학적 접근: 역사와 과제. **교육인류학연구**, 8(1), 57-90.

유혜령(2009). 교육현상학적 질적연구에서의 성찰과 연구 기법의 문제. **아동교육**, 18(1), 37-46.

유혜령(2013). 현상학적 질적연구에 대한 오해와 이해: 연구 논리와 연구 기법 사이에서 길 찾기. **현상·해석학적 교육연구**, 10(1), 5-31.

유혜령(2015). 현상학적 질적연구의 논리와 방법: Max van Manen의 연구방법론을 중심으로. **가족과 상담**, 5(1), 1-20.

윤민준(2018). 정서중심 글쓰기 프로그램이 만성 조현병환자의 자아존중감과 불안에 미치는 영향. 경북대학교 대학원 석사학위논문.

윤택림(2002). 질적연구방법과 젠더: 여성주의 문화기술지(feminist ethnography)의 정립을 향하여. **한국여성학**, 18(2), 201-229.

윤택림(2004). **문화와 역사 연구를 위한 질적연구방법론**. 서울: 아르케.

윤택림(2008). 문화인류학과 새로운 로컬 연구. **로컬리티 인문학 학술심포지움 자료집**, 77-93.

윤현호, 황희정, 이훈(2012). 중국인관광객과 내국인의 상호 시선 비교: Urry이론의 비판적 적용. **관광학연구**, 36(10), 239-263.

이경옥(2002). 전통마을의 관광자원화 과정에 나타난 주민의 태도: 경주 양동을 중심으로. 영남대학교 대학원 석사학위논문.

이국환(2008). 전통적 교양과 대학 교양교육으로서의 '글쓰기' 연구. **동아대학교 석당학술원**, 42, 139-168.

이근호(2007). 질적연구방법론으로서의 현상학: 독특성과 보편성 사이의 변증법적탐구양식, **교육인류학연구**, 10(2), 41-64.

이기환(2006). 제주도의 전통촌락과 새로운 문화관광마을 개발에 관한 소고. **제주도연**

구, 2, 229-252.

이남은(2009). 과학글쓰기 프로그램 적용에 의한 개념 변화 과정 분석. 한국교원대학교 교육대학원 석사학위논문.

이남인(1996). 에드문트 후설(박정호 편, 현대철학의 흐름). 서울: 동녘.

이남인(1996). 하이데거의 후설 비판과 해석학적 현상학. 현상학과 현대철학, 8, 199-242.

이남인(2005). 현상학과 질적연구방법. 철학과 현상학연구, 24. 91-122.

이남인(2010). 현상학적 교육학. 교육철학, 47, 127-158.

이남인(2014). 현상학과 질적연구: 응용현상학의 한 지평. 경기: 한길사.

이문희(2009). 소암 이동식 선생의 치료개입 특성에 대한 질적 사례연구. 이화여자대학교 대학원 박사학위논문.

이상현(2004). 안동 문화의 변화와 민속의 재창조. 비교민속학, 26, 523-567.

이새암(2010). 사범대학 학생들의 삶에 관한 내러티브 연구. 교육인류학연구, 13(1), 99-128.

이소영(2005). 지역문화관광 상품화 과정의 문화매개집단 역할에 관한 연구. 서울대학교 대학원 박사학위논문.

이수영(2018). 영아 안전교육의 효율적 운영을 위한 협력적 실행연구. 성신여자대학교 대학원 박사학위논문.

이승원(2014). 제1편 과학적 연구조사의 기초이해
http://contents.kocw.or.kr > 2014 > eomboonghoon

이영순(2012). 정서인식명확성, 정서조절과 외상 후 성장 및 주관적 안녕감 간 관계. 경성대학교 인문과학연구소, 30, 415-438(24).

이예슬(2014). 글쓰기 치료의 효과 연구에 대한 메타분석. 서울대학교 대학원 석사학위논문.

이오덕(2005). 삶을 가꾸는 글쓰기 교육. 경기: 도서출판보리.

이용숙, 김영천, 이혁규, 김영미, 조덕주, 조재식(2005). 실행연구방법(교육현장 개선과 함께하는). 서울: 학지사.

이용숙, 이수정, 정진웅, 한경구, 황익주(2012). 인류학 민족지 연구 어떻게 할 것인가. 서울: 일조각.

이윤경(2017). 과학적 지식, 인식론, 질적연구방법. 한국사회학회 사회학대회 논문집. Vol. 2017 No.12.

이은성(2010). 컨벤션센터 브랜드 이미지 형성 과정 : 근거이론을 중심으로. 경희대학교 대학원, 석사학위논문.

이은성(2014). 표면이온스위칭 기법을 활용한 난소암 바이오마커 발굴 및 유용성 평가. 보건복지부, 국립의과학지식센터(NCMIK).

이은영(2014). 생명의료윤리에서 자율성의 새로운 이해: 관계적 자율성을 중심으로. **한국의료윤리학회지**, 17(1), 1-13.

이정우(2004). **개념 뿌리들 2**. 서울: 철학아카데미.

이정희(2004). 현대일본문학과 한국체험 I: 이츠키 히로유키(五木寬之)의 한국체험. **아태연구**, 3(2004), 127-139.

이종규(2007). **질적연구방법론**. 서울: 교육과학사.

이종승(2009). **교육・심리・사회 연구방법론**. 서울: 교육과학사.

이진경(2010). **근대적 시・공간의 탄생(개정증보판)**. 서울: 그린비출판사.

이진교(2000). 하회마을의 관광지화와 행위주체들의 관계양상. 안동대학교 대학원 석사학위논문.

이진교(2009). 민속마을의 관광지화와 시선의 재구성: 하회마을을 중심으로. **실천민속학연구**, 13, 71-94.

이진우(1997). **도덕의 담론**. 서울: 문예출판사.

이혜정(2017). 학교폭력에서 여자청소년의 방관경험에 대한 현상학적 연구: 한나 아렌트의 사유 및 행위 개념을 중심으로. 순천향대학교 대학원 박사학위논문.

이후석, 오민재(2004). 관광객 시선이 관광동기와 만족도에 미치는 영향에 관한 탐색적 연구. **호텔경영학연구**, 13(4), 205-217.

이희영(2005). 사회학 방법론으로서의 생애사 재구성. **한국사회학**, 39(3), 120-148.

임미원(2006). 의료윤리적 문제로서의 피실험자의 동의와 자율성. **법철학연구**, 9(1), 200-214.

임수정(2021). 시나리오 기반 중학교 글쓰기 수업 개발과 효과에 대한 연구: 중학교 1학년을 중심으로. 고려대학교 교육대학원 석사학위논문.

임재해(1992). 한국 사회의 변동과 문화적 전통의 변혁성. **문학과 사회**, 5(1), 316-345.

임철우, 최준영(2008). **행복한 인문학**. 서울: 이매진.

임희섭(1985). **한국문화의 변화와 전망. 한국사회 어디로 가고 있나**. 사울: 현대사회연구소.

장만식(2009). 문학치료의 이론과 적용에 대한 연구. 상지대학교 대학원 박사학위논문.

장사형(2013). 내러티브에 기초한 인간학의 방향. **교육철학**, 51, 65-91.

전경수(1994). **관광과 문화: 관광인류학의 이론과 실제**. 서울: 일신사.

전은희(2012). 초등학교에서 다문화 아동들에 대한 인류학적 현지연구를 한다는 것: 연구과정의 어려움과 한계, 시사점을 중심으로. **교육인류학연구**, 15(3), 63-97.

정상원(2014). 질적연구에서의 현상학적 글쓰기의 전략과 방법의 탐구. **교육문화연구**, 20(3), 5-42.

정수경, 강현석(2015). 내러티브 개념의 다양성 탐구. **내러티브와 교육연구**, 3(1), 23-45.

정연희(2013). 문화예술교육 정책의 정당성 제고에 관한 소론. **미술교육연구논총**, 35(2013), 317-346.

정재림, 문선영(2019). 시나리오 기반 글쓰기 교육 방안 연구, **리터러시연구**, 10(5), 한국리터러시학회, 1-30.

정종원, 이종원(2011). 내러티브 탐구(Narrative Inquiry)와 행정현상 연구: 연구방법론으로서의 이해와 적용을 중심으로. 한국사회와 행정연구.

정진웅(2007). 한국 사회의 중심-주변의 구도와 역학에 대한 연구의 활성화를 위한 제언. **한국문화인류학**, 40(1), 223-255.

조광익(2006). **현대관광과 문화이론: 푸코의 권력이론과 부르디외의 문화적 갈등이론**. 서울: 일신사.

조난심(1993). 전통의 의미와 가치관 교육의 방향. **한국청소년연구**, 13, 16-30.

조덕임(2011). 문제음주자의 분노유발요인과 분노표출에 대한 현상학적 연구. 경북외국어대학교 복지상담대학원 석사학위논문.

조덕임(2014). 문제음주부모와 청소년자녀의 심리사회적 적응에 대한 현상학적 연구. 복음신학대학원대학교 박사학위논문.

조명옥(2003). 질적 간호 연구방법: 문화기술지. **간호학 탐구**, 12(1), 97-118.

조명환, 장희정(2005). 전통문화의 관광자원화에 대한 지역주민의 태도 연구: 지리산 청학동과 안동 하회마을 사례를 중심으로. **관광, 레저연구**, 17(1), 133-154.

조성남, 이현주, 주영주, 김나영(2011). **질적연구방법과 실제**. 서울: 그린.

조영남(2001). 질적연구와 양적연구. **초등교육연구논총**, 17(2), 307-329.

조영달(2005). **제도공간의 질적연구방법론**. 서울: 교육과학사.

조영달(2015). **질적연구방법론**(학교와 수업 연구의 새 지평, 실제편). 근사.

조용환(1999). **질적연구: 방법과 사례**. 서울: 교육과학사.

조용환(2011). 질적연구논문의 작성과 평가. 서울대학교 교수학습개발센터 글쓰기 교실.

조희순(2014). 자성적 글쓰기가 활용된 모래놀이상담에서의 유아교사 개성화과정에 관한 질적연구. 한국상담대학원대학교 박사학위논문.

주은하(2022). 발달장애 가족이 경험한 양육불안 및 사회적 고립감에 대한 사례연구. 광신대학교 대학원 박사학위논문.

지완종(2018). 중년기 여성의 자기이해를 위한 정신 역동적 집단미술치료 사례연구. 성산효대학원대학교 박사학위논문.

진명숙(2006). 전주풍남제의 담론의 변화: 향토축제 담론에서 산업화 담론으로. **지역사회연구**, 14(4), 201-226.

최병인 역(2010). **생명과학 연구윤리 교육과정**. 지코사이언스.

최석란, 조성연, 김선영(2009). **학술논문작성과 출판**. 서울: 학지사.

최승담, 최영석(2007). 전통문화관광지의 공간이미지 구성요인과 방문객 만족도와의 영향 관계: 남산골 한옥마을을 중심으로. **서울도시연구**, 8(2), 215-228.

최신일(2001). 질적연구의 철학적 배경. **초등교육연구논총**, 17(2), 263-275.

최옥채(2008). **사회복지사를 위한 질적연구**. 서울: 도서출판 신정.

최윤진(2016). 중학교 수준별 수업의 현실과 의미에 대한 비판적 성찰. **교육사회학연구**, 26(2), 145-192.

최종호(2009). 우리시대 관광자원으로서 사비백제문화의 가치와 왜곡. **실천민속학 연구**, 14, 119-155.

하성화(2005). 변화하는 교육환경에 따른 뉴스포츠의 현장 활용 소개와 적용방안. 연세대학교 교육대학원 석사학위논문.

하승수, 권석만(2011). 표현적 글쓰기가 특정 공포 증상에 미치는 영향: 한국과 미국의 대학생 집단을 대상으로. *Korean Journal of Clinical Psychology, 30*(2). 359-380.

한덕웅, 박준호(2005). 스트레스 사건에 관한 생각억제와 자기노출이 행복과 건강에 미치는 영향. **한국심리학회지 건강**, 10(2), 183-209.

한상길, 김현영, 김윤정(2020). **연구와 실천을 위한 평생교육방법론**. 경기: 공동체.

한상일(2009). 우리시대의 관광자원으로서 민속의 가치구현에 관한 연구. **실천민속학 연구**, 14, 157-191.

한숙영, 김사헌(2007). 유산과 유산관광의 개념에 관하여. **관광학 연구**, 31(3), 209-223.

한유리(2018). **질적연구의 30가지 노하우**. 서울: 피와이메이트.

한혜숙(2002). 전통마을의 관광 활성화 방안: 경주 양동민속마을 중심으로. 한양대학교 대학원 석사학위논문.

행정안전부(2021). 2020 행정업무운영 편람.

허유성, 김정연(2012). 특수교육 분야의 인간대상 연구윤리 실태 및 발전방향 탐색. **특수교육 저널 : 이론과 실천**, 13(4), 233-259.

허준(2014). 국내 CVB의 조직효과성 분석 지표 개발에 관한 연구: 경쟁가치모형 적용을 중심으로. 경희대학교 대학원 박사학위논문.

현명선, 남경아, 김현례, 김수영(2020). 정신장애인의 동료지원활동 경험에 대한 근거이론적 접근. 한국간호과학회, **한국간호과학회 학술대회**, 2020(10).

현홍준, 서용건, 고계성(2010). 문화유산으로서 제주해녀의 관광자원 선택속성영향인식 차이에 관한 연구: 관광객과 지역주민 간 비교를 중심으로. **탐라문화**, 37, 481-515.

현화동(2018). 유아교사의 미술교육 교수법 개선을 위한 협력적 실행연구. 중앙대학교 대학원 박사학위논문.

홍석준(1998). 전통의례에서 관광 이벤트로: 말레이시아의 와양꿀릿(wayangkulit)을 중심으로. **한국문화인류학**, 31(2), 481-517.

홍영숙(2015). 내러티브 탐구에 대한 이해. **내러티브와 교육연구**, 3(1), 5-21.

홍영숙(2019). 관계적 탐구로서의 내러티브 탐구. **질적탐구**, 5(1), 81-107.

홍현미라, 권지성, 장혜경, 이민영, 우아영(2008). **사회복지 질적연구방법론의 실제**. 서울:학지사.

홍혜인(2015). 성장 글쓰기가 데이트 폭력 피해자의 기본 세계관과 친밀감 두려움에 미치는 영향. 중앙대학교 대학원 석사학위논문.

황금숙(2005). 국내 독서치료 연구동향 분석 연구. **한국도서관정보학회지**, 36(1). 117-130.

황인실(2008). 초등학교와 학원의 학습자 평가방법에 대한 질적연구. 진주교육대학교 교육대학원 석사학위논문.

황지영(2018). 감정코칭을 통한 외톨이 유아의 또래관계 형성에 관한 협력적 실행연구. 중앙대학교 대학원 박사학위논문.

황희정, 윤현호(2012). 정주형 생활유산에서의 지역주민 공정성: 지역주민과 관광객간 상호 인식을 중심으로. **관광연구**, 27(3), 475-503.

Adams, K. M. (1997). Ethnic Tourism and the Renegotiation of Tradition in Tana Toraja(Sulawesi, Indonesia). *Ethnology, 36*(4), 309-320.

Allen, J. (1991). Review of Urry, J., The Tourist Gaze: Leisure and Travel in Contemporary Societies. *Environment and Planning A, 23*(9), 1382-1383.

Atkinson & Hummersley(1994). Nuclear Instruments and Methods in Physics Research Section A: Accelerators, Spectrometers, Detectors and Associated Equipment, 346(1-2), 312-321.

Atkinson, P. & Hammersley, M. (1998). Ethnography and Participant Observation. in N. Denzin & Y. S. Lincoln(eds.). *Strategies of Qualitative Inquiry*. London: Sage.

Atkinson, R. (1998). *The life story interview*. Thousand Oaks, CA: Sage.

Bandura et al.(1977). Analysis of self-efficacy theory of behavioral change. A Bandura, NE Adams - Cognitive therapy and research.

Barkhuizen, G., Benson, P., & Chik, A. (2014). *Narrative inquiry in language teaching and learning research*. New York: Routledge.

Barney, G. Glaser, Anselm L, Strauss. (1967) . *The Discovery of Grounded Theory*. New Brunswick(U.S.A.) and London (U.K.)

Barthel, D. (1996). *Historic preservation: Collective memory and historical identity*. New Brunswick: Rutgers University Press.

Bauman, R. (1992). Folklore. in Bauman, R. (ed). *Folklore, Cultural Performances and Popular Entertainments: A Communications Centered Handbook*. Oxford: Oxford University Press.

Beauchamp, T. L., & Childress, J. F.(2009). *Principles of biomedical ethics*(6th ed.). New York Oxford University Press.

Berger, J. (1972). *Ways of Seeing*. England: Penguin Book. 편집부 역. (1990). 이미지: 視覺과 미디어. 서울: 동문선.

Blumer, H.(1986). 상징적 상호작용주의: 관점과 방법. books.google.com.

Bogdan & Biklen(1982). *Qualitative Research for Education: An Introduction to Theory and Methods*. Boston: Allyn and Bacon. 신옥순 역(1991). 교육연구의 새 접근: 질적 연구. 서울: 교육과학사.

Bogdan, R. C., & Biklen, S. K. (2007). *Qualitative research for education* (5th. ed.). Boston: Pearson Education.

Bogdan, R. C., & Biklen, S. K.(2003). *Qualitative Research of Education: An Introductive to Theories and Methods*(4th ed.). Boston: Allyn and Bacon.

Boorstin, D. (1964). *The Image: a Guide to Pseudo-vents in America* (2nd Ed.). New-York: Simon & Schuster. 정태철 역. (2004). 이미지와 환상. 서울: 사계절.

Breuer & Freud(1957). *Studies on hysteria*. New York : Basic Books.

Breuer, J., & Freud, S.(1957). *Studies on hysteria*. Basic Books.

Brinkmann, S., & Kvale, S. (2015). *Interviews: Learning the craft of qualitative research interviewing* (Vol.3). 정승은, 신수진, 권유림, 김건희, 김윤주, 박금주, 서금숙, 차지영 역. (2019). 인터뷰: 질적연구 인터뷰 기법 배우기(제3판). 서울: 하나의학사.

Britton, S. (1992). Review of Urry, J., The Tourist Gaze: Leisure and Travel in Contemporary Societies. *Progress in Geography, 16*(3), 496-468.

Brown, D. (1996). *Genuine Fakes. In The Tourist Image: Myths and Myth Making in Tourism*, Tom Selwyn, ed., 3347. Chichester: Wiley.

Bruner, E. M. (1991). Transformation of Self in Tourism. *Annals of Tourism Research, 18*, 238-250.

Bruner, E. M. (1994). Abraham Lincoln as Authentic Reproduction: A Critique of Postmodernism. *American Anthropologist, 96*(2), 397-415.

Bruner, J. (1986). *Actual minds, possible worlds*. Cambridge, MA Harvard University Press.

Bruner, J. S. (1990). Act of meaning. 강현석, 유제순, 이자현, 김무정, 최영수, 이순옥 역. (2011). 인간 과학의 혁명: 마음, 문화, 그리고 교육. 서울: 아카데미프레스.

Burgess, R. G.(1984). *In the field: An introduction to field research*. Boston: George Allen & Unwin.

Burt, M. R., & Katz, B. L. (1987). Dimensions of recovery from rape focus on growth outcomes. *Journal of Interpersonal Violence, 2*(1), 57-81.

Cameron, L. D. & Nicholls, G. (1998). Expression of stressful experiences through writing: Effects of a self-regulation manipulation for pessimists and optimists. *Health Psychology, 17*(1), 84-92.

Charmaz, K.(2006). The power of names. *Journal of Contemporary Ethnography, 35*(4), 396-399.

Charmaz, K.(2013). 근거이론의 구성. 서울: 학지사, 139.

Chatman(1992). The information world of retired women. EA Chatman.

Cheong, S. M. & Miller, M. L. (2000). Power and Tourism: A Foucauldian observation. *Annals of Tourism Research, 27*(2), 371-390.

Chhabra, D. (2010). How they see us: Perceived effects of tourist gaze on the Old Order Amish. *Journal of Travel Research, 49*(1), 93-105.

Chhabra, D., Healy, R. & Sills, E. (2003). Staged Authenticity and Heritage Tourism. *Annals of Tourism Research, 30*(3), 702-719.

Churchill, L. (1978). *Question strategies in sociolinguistics*. Rowely, MA: Newbury House.

Clandinin, D. J. & Connelly, F. M (2000). *Narrative Inquiry: Experience and Story in Qualitative Research*. 소경희, 강현석, 조덕주, 박민정 역. (2007). 내러티브 탐구: 교육에서의 질적연구의 경험과 사례. 경기: 교육과학사.

Clandinin, D. J. (2013). *Engaging in narrative inquiry*. Walnut Creek, CA: Left Coast Press, Inc.

Clandinin, D. J., & Connelly, F. M. (2000). *Narrative inquiry: Experience and story in qualitative research*. San Francisco, CA: Jossey-Bass.

Clandinin, D. J., & Rosiek, J. (2007). *Mapping a landscape of narrative inquiry: Borderland spaces and tensions*. In D. J. Clandinin (Ed.), narrative inquiry. Handbook of narrative inquiry: Mapping a methodology (pp.35-75). Thousand Oaks, CA: Sage.

Clark. G. K. (1967). *The critical historian*. Portsmouth, NH: Heinemann Educational Books,

Cloke, P. & Perkins, H. C. (1998). Cracking the Canyon with the Awesome Foursome: Representations of Adventure Tourism in New Zealand.

Environment and Planning D: Society and Space, 16, 185-218.

Cohen, E. (1988). Authenticity and Commoditization in Tourism. *Annals of Tourism Research, 15*(3), 371-386.

Cohen, L., Manion, L. & Morrison, K. (2000). *Research Methods in Education*. London: Routledge.

Corbin, J. & Morse, J.M.(2003). The Unstructured Interactive Interview: Issues of Reciprocity and Risks when Dealing with Sensitive Topics. 9 Qualitative Inquiry 2003, p. 335-354.

Corbin, J. M. & Strauss, A. L. (2008). *Basic of Qualitative Research: Techniques and Procedures for Developing Grounded Theory* (3rd ed.). SAGE Publications Inc.

Corbin, J.M., & Strauss, A.L.(2015). *Basics of qualitative research: Techniques and procedures for developing grounded theory*. 4th ed. Los Angeles (CA): Sage; 2015. p. 1-431.

Crane, J. G. & Angrosino, M. V. (1992). *Field Projects in Anthropology: a Student Handbook* (3rd ed.). Illinois: Waveland Press. 한경구, 김성례 역. (1996). **문화 인류학 현지조사 방법**. 서울: 일조각.

Creswell, J. W. (1998). *Qualitative inquiry and research design: Choosing among five traditions*, Thousand Oak, CA: Sage Merleau-Ponty, M. (1945). Phenomenologie de la Perception.

Creswell, J. W. (2005). *Educational research: Planning, conducting, and evaluating quantitative and qualitative research*. 조흥식, 정선욱, 김진숙, 권지성 역. (2013). **질적연구방법론 다섯 가지 접근**. 서울: 학지사.

Creswell, J. W. (2007). **질적연구방법론**(조흥식, 정성욱, 김진숙, 권지성 역), 서울: 학지사.

Creswell, J. W. (2009). *Research design: Qualitatve, quantitative, and mixed methods approaches* (3rd ed.). Thousand Oaks, CA: Sage.

Creswell, J. W. (2011). **연구방법: 질적, 양적 및 혼합적 연구의 설계**(김영숙, 류성림, 박판우, 성용구, 성장환 공역), 서울: 시그마프레스. (원저 2009년 출판).

Creswell, J. W. (2012). *Educational research: Planning, conducting, and evaluationg quantitative and qualitative research* (4th ed.). Boston: Pearson.

Creswell, J. W. (2013). *Qualitative inquiry and research design: Choosing among five approaches* (3rd. ed.). Thousand Oaks, CA: Sage.

Creswell, J. W. (2013). **질적연구방법론**(조흥식, 정성욱, 김진숙, 권지성 역). 서울: 학지사. (원저 2007년 출판).

Creswell, J. W.(2009). Mapping the Field of Mixed Methods Research. *Journal of Mixed Methods Research, 3*(2), 95-108.

Creswell, J. W.(2010). Research design: pendekatan kualitatif, kuantitatif, dan mixed. Yogjakarta: PT Pustaka Pelajar.

Creswell, J.W., & Hanson, W.E.(2007). 질적 연구 설계: 선택 및 구현. 한국연구재단(NRF) ournals.sagepub.com.

Creswell, John W.(2005). **질적 연구방법론**. 조흥식 역. 서울: 학지사.

Crick, M. (1989). Representation of Sun, Sex, Sights, Savings and Servility: International Tourism in the Social Sciences. *Annual Review of Anthropology, 18*, 307-344.

D. Jean Clandin.(2011). 연구방법론(내러티브 탐구를 위한). 소경희 외 역. 서울: 교육과학사.

D. Jean Clandinin, F. Michael Connelly et al.(2007). 내러티브 탐구 (교육에서의 질적 연구의 경험과 사례). 소경희 외 역. 서울: 교육과학사.

Davey, G. C. L. (1997). *A conditioning model of phobias*. In G. C. L. Davey (Ed.), Phobias: A handbook of theory, research and treatment (pp. 301-322). Chichester, England: Wiley.

Davidson, Donald. (2001). *Subjective, Intersubjective, Objective*. Clarendon Press. Oxford.

Davidson.(2003). Alterations in Brain and Immune Function Produced by Mindfulness Meditation. *Psychosomatic Medicine*, 564-560.

Davis, G. B., & Parker, C. A. (1997). *Writhing the doctoral dissertation* (2nd ed.). Nwe York: Barron's.

Denzin, N. K. (1989). *Interpretive biography*. Newbury Park, CA: Sage.

Denzin, N. K., & Lincoln, Y. S. (1994). *Handbook of qualitative research*. Thousand Oaks, Calif.: Sage Publications.

Dewey, J. (1997). *Experience and education*. New York: Simon and Schuster. (original work published in 1938).

Ehlers, A., & D. M. Clark.(2000). A cognitive model of posttraumatic stress disorder. *Behaviour Research and Therapy. 15*(3), 249-275.

Eisner, Elliot W.(1993). Forms of Understanding and the Future of Educational Research. *Educational Researcher, 22*, 5-11.

Elliot W. Eisner.(1993). Reshaping assessment in education: some criteria in search of practice. 219-233, https://doi.org.

Esterberg. K. G. (2002). *Qualitative methods in social research*. New York: McGraw-Hill.

Fetterman, D. (1989). *Ethnography step by step*. Newbury Park: Sage.

Flick, U. (1995). *Qualitative Soziaforschung*(2nd ed.). Reinbek bei Hamburg: Rowohlt Taschenbuch Verlag. 임은미, 최금진, 최인호, 허문경, 홍경화 역. (2009). **질적연구 방법**. 경기: 도서출판 하울.

Foa, E. B., & Kozak, M. J.(1986). Emotional processing of fear: Exposure to corrective information. *Psychological Bulletin, 99*(1), 20-35

Foucault, M. (1975). *Surveiller et punir. Paris: Gallimard.* 오생근 역. (1994). **감시와 처벌**. 서울: 나남출판.

Frattaroli. (2006). Experimental Disclosure and Its Moderators: A Meta-Analysis. *Psychological Bulletin, 132*. 823-865.

Freedman, K. (2003). The importance of student artistic production to teaching visual culture. *Art Education, 56*(2), 38-43.

Freud, S. (1963b). *Therapy and technique*. New York: Collier.

Friend, M., & Cook, L.(2003). *Interactions: Collaboration skills for school professional(4th ed.)*. New York:Longman.

Geertz, C. (1973). *The Interpretation of Cultures*. New York: Basic Books. 문옥표 역. (1998). **문화의 해석**. 서울: 까치.

Gillespie, A. (2006). Tourist Photography and the Reverse Gaze. *Ethos*, 34(3), 343-366.

Giorgi, A.(1985). Phenomenology and Psychological Research, Pittsburgh: Duquesne University Press.

Giorgi, B. (2004). *Phenomenology and Psychological Research*. Advanced Workshop on the Descriptive Phenomenological Method.

Glaser, B. G. (1978). Theoretical Sensitivity: Advances in the Methodology of Grounded Theory. 1978, Mill Valley, Calif.
http://www.riss.kr/link?id=M14463266

Glassie, H. (1995). Tradition. *Journal of American Folklore, 108*, 395-412.

Goetz, J. P., & LeCompte, M. D.(1984). *Ethnography and Qualitative Design in Educational Research*. Academic Press.

Goffman, E. (1959). *The Presentation of Self in Everyday Life*. Garden City, New York: Doubleday, 144-145.

Goodall, B. (1991). Review of Urry, J., The Tourist Gaze: Leisure and Travel in

Contemporary Societies. *Regional Studies, 25*(6), 580.

Greenberg, M. A., Wortman, C. B., & Stone, A. A. (1996). Emotional expression and physical health: Revising traumatic memories or fostering self-regulation? *Journal of Personality and SocialPsychology, 71*, 588-602.

Guastella, A. J., & Dadds, M. R. (2009). Sequential growth in cognitive-behavioral emotion-processing: A laboratory study. *Cognitive Therapy and Research, 33*(4), 368-374.

Guignon, C. (2004). *On Being Authentic*. London: Routledge. 강혜원 역(2005). 진정성에 대하여. 서울: 동문선.

Hamilton-Smith, E. (1991). Review of Urry, J., The Tourist Gaze: Leisure and Travel in Contemporary Societies. *Australian and New Zealand Journal of Sociology, 27*(2), 257-259.

Hammersley, M. & Atkinson, P. (1983). *Ethnography: Principles in Practice*. London: Tavistock.

Heidegger, M. (1962). *Being and Time*. Oxford: Basil Blackwell.

Heppner, P. P., & Heppner, M. J. (2004). *Writing and publishing your thesis, dissertation and research: A Guide for students in the helping professions*. Belmont, CA: Brooks/Cole-Thomson Learning.

Hobsbawm, E. & Ranger, T. (eds.). (1983). *The Invention of Tradition*. Cambridge: Cambridge University Press. 박지향, 장문석 역. (2004). 만들어진 전통. 서울: 휴머니스트.

Hodson, D. (1993). In science of rationale for multicultural science education. *Science Education, 28*(2-3), 261-289.

Hughes, G. (1995). Authenticity in Tourism. *Annals of Tourism Research, 22*, 181-803.

Husserl, E. (1948). *Experience and Judgment: Investigations in a Genealogy of Logic*. (Ed. L. Landgrebe, Tr. J. S. Churchill and K. Ameriks.). Evanston, IL: Northwestern University Press. J. Siller, Psychosocial Aspects of Physical Disability. In J. Meishn (ED.), Rehabilitation Medicine and Psychiatry, Spring Field, IL Charles C. Thomas, 1976, 455-484.

Husserl, E. (1959). *Recueil commemoratif publie a I'occasion du centeaire de Ia naissance du philosophe*.

Husserl, E. (1999). *The essential Husserl: Basic writings intranscendental phenomenology*. Indiana University

Husserl, E.(1954). Die Krisis der Europäischen Wissenschaft und die transzendentale Phänomenologie. Eind Einleitung in die phänomeonologische Philsophie. Den Haag: Martinus Nijhoff.

Husserl, E.(1970). Logical investigations. Two volumes (Tr. J. Findlay) New York. Humanities Press. (German original, 1900).

Janelli, R. L. & Yim, D. H. (1994). 전통의 새로운 개념: 전통의 구성: 한국의 한 재벌에 있어서의 사례연구. **비교민속학**, 11, 19-43.

Janoff-Bulman, R.(1989). Assumptive worlds and the stress of traumatic events: Applications of the schema construct. *Social Cognition, 7*(2), 113-136.

Jensen, Klaus Bruhn & Jankowski, Nicholas.(1991). **매스커뮤니케이션 연구를 위한 질적 방법론 핸드북**. books.google.com.

Jorgensen, D. L. (1989). *Participant Observation: A Methodology for Human Studies*. London: Sage.

Kazdin, A. E. (1982). *Single-case research designs: Methods for clinicaland applied settings*. 임경원, 이병혁, 서선진, 박경옥, 김호연, 김은경 역. (2016). **단일대상연구**. 서울: 시그마프레스.

Kim, J. H. (2016). *Understanding narrative inquiry*. Thousand Oaks, CA: Sage.

Knoblauch, H., Tuma, R., & Schnettler, B. (2014). *Video analysis and videography*. In U. Flick (Ed.), The SAGE handbook of qualitative data analysis (pp. 435-449). London: Sage Ltd.

Kundsen, D. C., Soper, A. K., & Metro-Roland, M. (2007). Commentary: Gazing, performing and reading: A landscape approach to understanding meaning in tourism theory. *Tourism Geographies, 9*(3), 227-233.

Kvale, S. (2003). The psychoanalytical interview as inspiration for qualitative research. *Qualitative research in psychology: Expanding perspectives in methodology and design*, 275-297.

Labov, W., & Waletsky, J. (1067). Narrative analysis: Oral versions of personal experience. In J. Helm (Ed.), *Essays on the verbal and visual arts*(pp. 12-44). Seattle/London: University of Washington Press.

Lash, S. & Urry, J. (1996). *Economies of Signs and Space*. London: Sage. 박형준, 권기돈 역. (1998). **기호와 공간의 경제**. 서울: 현대미학사.

LeCompte, M. D. & Schensul, J. J. (1999). *The handbook of qualitative research in education*. San Diego, CA: Academic Press.

Leiper, N. (1992). Review of Urry, J., The Tourist Gaze: Leisure and Travel in

Contemporary Societies. *Annals of Tourism Research, 19*(3), 604-607.

Lepore, S. J., Greenberg, M. A., Bruno, M., & Smyth, J. M. (2002). *Expressive writing and health: Self-regulation of emotion-related experience, physiology, and behavior*. In S. J. Lepore, & J. M. Smyth (Eds.), The writing cure: How expressive writing promotes health and emotional well-being (pp. 99-117). Washington, DC: American Psychological Association.

Levine, F. J. & Skedsvold, P. R. (2008). Where the rubber meets the road: Aligning IRBs and research practice. *Political Science & Politics, 41*(3), 501-505

Lincoln, Y. S., & Guba, E. G. (1985). *Naturalistic inquiry*. Newbury Park, Calif: Sage.

Little, K. (1994). Review of Urry, J., The Tourist Gaze: Leisure and Travel in Contemporary Societies. *American Ethnologist, 21*(4), 940-941.

Mac Naughton, Glenda , & Hughes, Patrick(2013). 유아교육에서 실행연구하기. 박은혜 외 역. 서울: 창지사.

MacCannell, D. (1976). *The Tourist: a New Theory of the Leisure Class.*

Maoz, D. (2006). The Mutual Gaze. *Annals of Tourism Research, 33*(1), 221-239.

Marshall, C., & Rossman, G. B. (2009). *Designing qualitative research*(5th ed.). Singapore: Sage.

Marshall, C., & Rossman, G. B. (2011). *Designing qualitative research*(5th ed.). Thousand Oaks, CA: Sage.

Mason, J. (1996). *Qualitative Research*. London: Sage. 김두섭 역. (1999). 질적연구방법론. 서울: 나남출판.

Mason, J.(1996). *Qualitative researching*. 김두섭 옮김(1999). 질적 연구방법론. 나남.

Massey, D. (1995). Places and their Pasts. *History Workshop Journal, 39*, 182-192.

Maxwell, J. A. (2005). *Qualitative research design: An interactive approach*(2nd ed.). Thousand Oaks, CA: Sage.

McCrone, D. (1991). Review of Urry, J., The Tourist Gaze: Leisure and Travel in Contemporary Societies. *International Journal of Regional Research, 15*(2), 311-312.

McIntyre. (1984). *After virtue Indiana*. 이진우 역. (1997). 덕의 상실. 서울: 문예출판사.

Mead, M.(1934). The use of primitive material in the study of personality.

Mellor, A. (1991). Review of Urry, J., The Tourist Gaze: Leisure and Travel in Contemporary Societies. *Media, Culture & Society, 13*(3), 423-426.

Merleau-Ponty, M. (1945). *Phenomenologie de la Perception*. 류의근 역. (2002). 지각

의 현상학. 서울: 문학과 지성사.

Merleau-Ponty, M. (2002). 지각의 현상학. 서울: 문학과 지성사.

Merriam, S. B. (1988). *Case study research in education: a qualitative approach*. 허미화 역. (1994). 질적 사례연구법. 서울: 양서원.

Merriam, S. B. (2009). *Qualitative research: A guide to design and implementation*. San Francisco, CA: Jossey-Bass.

Merriam, S. B.(1994). Fallstudien som forskningsmetod. Lund: Studentlitteratur.

Merriam, S. B.(1994). Fallstudien som forskningsmetod. Lund: Studentlitteratur.

Merriam, S. B., & Simpson, E. L. (2000). *A guide to research for educators and trainers of adults*(2nd ed.). Malabar, FL: Krieger.

Merriam, S. B., & Tisdell, E. (2015). *Qualitative research: A guide to design and implementation*(4th ed.). San Francisco: Jossey-Bass.

Merriam, Sharan B.(2010). 정성연구방법론과 사례연구. 강윤수 역. 서울: 교우사.

Mertler, C. A. (2009). *Action research: Teachers as researchers in the classroom*(2nd ed.). Thousand Oaks, CA: Sage.

Mills, G. E. (2007). *Action research: A guide for the teacher researcher*(3rd ed.). Upper Saddle River, NJ: Pearson Merrill Prentice Hall.

Morgan, D. L. (1998). *Focus groups as qualitative research*. Newbury Park, CA: Sage.

Morgan, D. L., & Krueger, R. A. (1998). *The focus group guidebook*. Thousand Oaks, CA: Sage.

Morrison, K. R. B. (1993). *Planning and accomplishing school-centred evaluation*. Norfolk: Peter Francis Publishers.

Morse, Janice M. & Niehaus, L.(2009). 혼합 방법 설계: 원칙 및 절차. 예테보리대학교. https://doi.org/10.17169/fqs-12.1.1523.

Mowforth & Munt(1998). Tourism and Sustainabili: New Tourism in the Third World, Routledge. London

Munhall, K. G.(2001). 음성생성 중 기능적 이미징. Acta Psychologica.

Niessen(1999). Threads of Tradition, Thread of Invention, In Unpacking Culture: Art and Commodity in Colonial and Post Colonial Worlds, R. B. Phillips and C.B. Seiner, eds.: 162-177, Berkly: Univ. of California Press.

Niles, J. D. (1999). *Homo narrans: The poetics and anthropology of oral literature*. Philadelphia: University of Pennsylvania Press.

O'Reilly, M., & Kiyimba, N.(2015). *Advanced qualitative research: A guide to using theory*. London, United Kingdom: Sage.

Patton, M. Q. (2015). *Qualitative research & evaluation methods : integrating theory and practice*. 김진호, 나장함, 차동춘, 조대훈, 조윤경, 임정완, 임부연, 최윤정, 이연선, 최진혁, 박주영 역(2017). **질적연구 및 평가 방법론**. 경기: 교육과학사.

Patton, Michael Quinn(2017). **질적연구 및 평가 방법론** (PATTON과 함께하는 행복한 여행). 서울: 교육과학사.

Patton.(1992) *Qualitative evaluation and research methods*(2nd ed.). Thousand Oaks: Sage Publications.

Patton.(2002). *Qualitative Research & Evaluation Methods*(3rd ed.). Thousand Oaks, CA: Sage Publications, Inc.

Pavlenko, A. (2007). Autobiographic narratives as data in applied linguistics. *Applied Linguistics, 28*(2), 181-195.

Pennebaker, J. W. & Beall, S. K. (1986). Confronting a traumatic event: Toward an understanding of inhibition and disease. *Journal of Abnormal Psychology, 95*(3), 274-281.

Pennebaker, J. W. & Francis, M. E. (1996). Cognitive, emotional, and language processes in disclosure. *Cognition and Emotion, 10*, 601-626.

Pennebaker, J. W. (1989). Confession, inhibition, and disease. *Advances in Experimental Social Psychology, 22*, 211-244.

Pennebaker, J. W. (1997). Writing about emotional experiences as a therapeutic process. *Psychological Science, 8*(3), 162-166.

Pennebaker, J. W. (2007). **글쓰기 치료**. 이봉희 역. 서울: 학지사. (원저 2004년 출판)

Pennebaker, J. W. Mayne, T. J. & Francis, M. E. (1997). Linguistic predictors of adaptive bereavement. *Journal of Personality and Social Psychology, 72*(4), 863-871.

Pennebaker, J. W.(1985). Tramatic experience and psychosomatic disease: Exploring the roles of behavioral inhibition, obsession, and confinding. *Canadian Psychology, 26*, 82-95

Pennebaker, J. W.(1993). Putting stress into words: Health, linguistic, and therapeutic implications. *Behaviour Research and Therapy, 31*(6), 539–548.

Phillips & Carr(2006). *Becoming a Teacher through Action Research: Process, Context, and Self-Study*.

Polit & Hungler(1987). Validity in Qualitative Research. *CJNR, 19*(3).

Polkinghorne, D. E. (1995). Narrative configuration in qualitative analysis. *Qualitative*

Studies in Education, 8(1), 5-23.

Polkinghorne. (1988). *Narrative knowing and the human science*. 강현석, 이영효, 최인자, 김소희, 홍은숙, 강웅경 역. (2009). **내러티브, 인문과학을 만나다: 인문과학 연구의 새 지평**. 서울: 학지사.

Rajadurai, J. (2010). Malays are expected to speak Malay: Community ideologies, language use and the negotiation of identities. *Journal Language, Identity, and Education, 9*(2), 91-106.

Reissman, C. K. (1993). *Narrative analysis*. In A. M. Huberman & M. B. Miles (Eds.). *The qualitative researcher's companion*(pp. 217-270). Thousand Oaks, CA: Sage.

Richards(2011). Creativity and tourism: The state of the art-G.Richards-Annals of tourism research. *Annals of Tourism Research, 38*(4), 1225-1253.

Riessman, C. K. (2003). Performing identities in illness narrative: Masculinity and multiple scerosis. *Qualitative Research, 3*(1), 5-33.

Riessman, C. K. (2008). *Narrative methods for human science*. Thousand Oaks, CA: Sage.

Riessman, C. K., & Quinney, L. (2005). Narrative in Social Work: A Critical Review. *Qualitative Social Work, 4*, 391-412.

Roy, D.(1970). The study of southern Labor Union organizing campaigns. In R. Habenstein(ed.), *Pathways to data*(216-244). Chicago: Aldine.

Sagor, Richard D.(2010). *The Action Research Guidebook: A Four-Stage Process for Educators and School Teams*, Second Edition.

Schatzman, L. & Strauss, A. L.(1973). *Field research: Strategies for a natural sociology*. Englewood Cliffs, NJ: Prentice-Hall.

Schreiber, R. S., & Stern, P. N.(2001). Using grounded theory in nursing. books.google.com.

Schwandt, T. A. (2007). *The SAGE dictionary of qualitative inquiry*(3rd ed.). Thousand Oaks, CA: Sage.

Seidman, I.(2006). *Interviewing as qualitative research: A guide for researchers in education and the social sciences*. New York: Teachers College Press.

Seidman, I.(2009). **질적 연구 방법으로서의 면담 교육학과 사회과학 분야의 연구자들을 위한 안내서**. 서울: 학지사.

Shils(1981). *Tradition*. Chicago: Univ. of Chicago. 김병서 신현순 역(1992). 전통. 서울: 민음사.

Silverman, D. (1976). Interview talk: Bringing off a research instrument. In Silverman, D. & Jones, J. (Eds.), *Organizational work: The language of grading, the grading of language*, 133-150. London: Collier Macmillan.

Simmel, G.(1904). The Sociology of Conflict. I. Journals.uchicago.edu.

Simons, H. (1981). Conversation piece: The practice of interviewing in case study research. In C. Adelman (Ed.) *Uttering, muttering*. 27-50. London: Grant McIntyre.

Smith, R. C. (2002). Analytic strategies for oral history interviews. In J. F. Gubrium & J. A. Holstein (Eds.). *Handbook of interview research: Context and method.* London: Sage, 711-731.

Spradley, J.(1980). *Participant Observation*. New York: Holt, Rinehart and Winston.

Stake, R. (1995). *The art of case study*. Thousand Oaks, CA: Sage.

Stake, R. E. (1994). Case studies. In Denzin, N. K. & Lincoln, Y. S. (Eds.). *Handbook of qualitative research*. Thousand Oaks, CA: Sage.

Stake, R. E. (2010). *Qualitative research: Studying how things work*. New York: Guilford Press.

Stake, R. E.(1995). *The art of case study research*. Thousand Oaks, CA: Sage.

Stern, D. N. S.(1980). Grounded Theory Methodology: Its Uses and Processes. https://doi.org.

Stopsky, F. et. al. (1994). *Social Studies in a Global Society*. Delmar Publisher, Inc.

Strauss & Corbin, J.(1990). 근거이론 연구: 절차, 규범 및 평가 기준. **질적사회학**, 13, 3-21.

Strauss & Corbin, J.(1998). 질적연구 기법의 기초.

Strauss, A., & Corbin, J. (1998). *Basics of qualitative research: Techniques and procedures for developing grounded theory*(2nd ed.). Thousand Oaks, CA: Sage.

Strauss, A., & Corbin, J. M. (1990). Basics of qualitative research: Grounded theory procedures and techniques. Thousand Oaks, CA, US: Sage Publications, Inc.

Suddaby, Roy(2006). From the Editors: What Grounded Theory is Not. https://doi.org/10.5465.

Suedfeld, P., & Pennebaker, J. W.(1997). Health outcomes and cognitive aspects of recalled negative life events. *Psychosomatic Medicine, 59*(2), 172-177.

Taylor, S. E., Lichtman, R. R., & Wood, J. V.(1984). Attributions, beliefs about control, and adjustment to breast cancer. *Journal of Personality and Social*

Psychology, 46(3), 489–502.

Tedeschi, R. G., Park, C. L., & Calhoun, L. G.(Eds.).(1998). Posttraumatic growth: Positive changes in the aftermath of crisis. Lawrence Erlbaum Associates Publishers.

Tolich, M.(2010). A Critique of Current Practice: Ten Foundational Guidelines for Autoethnographers. *Qualitative Health Research, 20*(12), 1599–1610.

Urry(1990). *Tourist Gaze*. London: Dage Publication.

Urry(1992). The Tourist Gaze "Revisited". *The American Behavioral Scientist, 36*(2), 172-186.

van Manen, M. (1990). *Researching Lived Experience: Human Science for an Action Sensitive Pedagogy*. London Ontario, Canada: University of Western Ontario. 신경림 역. (2000). **체험연구 – 해석학적 현상학의 인간과학 연구방법론**. 서울: 현문사.

van Manen, M. (1994). 체험연구: 해석학적 현상학의 인간과학 연구방법론(신경림, 안규남 공저). 서울: 동녘. (원저 1990년 출판).

van Manen, M. (2000). **체험연구: 해석학적 현상학의 인간과학 연구방법론**. 경기: 현문사.

Walford, G.(2005) Research ethical guidelines and anonymity. *International Journal of Research and Method in Education, 28*(1), 83–93.

Yin, R. K. (2003). *Case study research: design and method*(ed.). Thousand Oaks, CA: Sage.

Yin, R. K. (2009). *Case study research: design and method*(4rd ed.). Thousand Oaks, CA: Sage.

Yin, R. K. (2016). *Case study research: design and methods*. 신경식, 서아영, 송민채 역. (2016). **사례연구방법**. 서울: 한경사.

저자소개

■ **이미나**
상담심리학박사, 이학박사
현) 광신대학교 전임교수
광신대학교 휴먼서비스행복연구소장

■ **김동일**
교육학박사
현) 광신대학교 초빙교수
주식회사 토브컴퍼니 전임강사

■ **김병남**
교육학박사
현) 해남군청소년상담복지센터 청소년동반자
해남디딤상담교육연구소장

■ **이은경**
교육학박사
고구려대학교 전임교수
마음쉼상담센터장

■ **조미정**
교육학박사
로뎀심리상담센터장

■ **주은하**
교육학박사
현) 은하수심리상담센터장
광주광역시서부교육지원청 학교폭력심의위원

■ **추 양**
교육학박사
현) 마음숲심리상담센터장
마음숲마을학교 대표

질적연구방법

초판 1쇄 인쇄 / 2022년 8월 25일
초판 1쇄 발행 / 2022년 9월 1일

•

공저자 / 이미나 · 김동일 · 김병남 · 이은경
조미정 · 주은하 · 추양
발행인 / 이 중 수
발행처 / **동 문 사**

•

서울특별시 서대문구 홍제원 1길 12
(홍제동 137-8)
Tel: 02)736-3718(대), 736-3710, 3720
Fax: 02)736-3719
등록번호: 1974.04.27 제9-17호
가격: 18,000원

•

ISBN: 979-11-6328-424-6(93370)
E-mail: dong736@naver.com
www.dongmunsa.com